BANK- UND FINANZWIRTSCHAFTLICHE FORSCHUNGEN BAND 261

Institut für
Schweizerisches Bankwesen
der Universität Zürich

Schweizerisches Institut für
Banken und Finanzen
an der Universität St. Gallen

Verkaufsfähigkeit als Erfolgsfaktor im inländischen Firmenkunden-geschäft

von
Dr. Giancarlo A. Menk

Verlag Paul Haupt
Bern · Stuttgart · Wien

Giancarlo A. Menk (1964), Dr. oec. publ., machte zuerst eine Banklehre. Dann holte er auf dem zweiten Bildungsweg die Matura nach. An der Universität Zürich studierte er Wirtschaftswissenschaften mit Vertiefung Volkswirtschaftslehre. Während des Studiums unterrichtete er unter anderem an der kaufmännischen Berufsschule in Zürich. Nach dem Studium arbeitete er in verschiedenen Funktionen bei der Credit Suisse. Während dieser Zeit absolvierte er das Doktorandenstudium an der Wirtschaftswissenschaftlichen Fakultät der Universität Zürich und promovierte mit der vorliegenden Dissertation. Derzeit ist er bei STG-Coopers & Lybrand Consulting AG als Consultant im Bereich «Financial Services» tätig.

Die Deutsche Bibliothek – CIP-Einheitsaufnahme

Menk, Giancarlo A. :
Verkaufsfähigkeit als Erfolgsfaktor im inländischen Firmenkundengeschäft /
von Giancarlo A. Menk.–
Bern ; Stuttgart ; Wien : Haupt, 1997
(Bank- und finanzwirtschaftliche Forschungen ; Bd. 261)
Zugl.: Zürich, Univ., Diss., 1997
ISBN 3-258-0576-8

Dieses Papier ist umweltverträglich, weil chlorfrei hergestellt
Printed in Switzerland

Für Barbara

Vorwort

Die Fähigkeit, Produkte und Dienstleistungen aktiv verkaufen zu können, wird auch im Bankgeschäft immer wichtiger. Verkaufsfähigkeit wird, eine These dieser Arbeit, über eine *meisterliche* Beherrschung des Verkaufsprozesses geschaffen. Der Verkaufsprozess im Marktsegment der mittleren und grossen inländischen Firmenkunden ist Gegenstand dieser Dissertation.

Viele Personen haben einen direkten oder indirekten Beitrag zum Gelingen dieser Arbeit geleistet. Ihnen allen danke ich. Ganz besonderen Dank schulde ich Herrn Prof. Dr. Rudolf Volkart, meinem akademischen Lehrer. Er hat mein Dissertationsprojekt von Anfang an unterstützt und mich während des ganzen Projektes wohlwollend begleitet.

Die vorliegende Arbeit entstand parallel zu meiner Tätigkeit bei der Credit Suisse. Zuerst war ich im Segmentmanagement Firmenkunden tätig. Ich möchte Herrn lic. oec. HSG Peter Angehrn, Mitglied der Direktion, für seine Unterstützung in der Anfangsphase meines Dissertationsprojektes danken. Dann arbeitete ich in einem Führungsstab der Generaldirektion. Meinem dortigen Vorgesetzten, Herrn lic. iur. Martin Vollenwyder, Mitglied der Direktion, möchte ich für das meinem Projekt und meiner Person gegenüber gezeigte Verständnis und Wohlwollen herzlich danken.

Dr. oec. publ. Christian Meier, Dr. oec. publ. Robert Bachmann und lic. oec. publ. Monika Rast danke ich für die kritische Durchsicht der Arbeit sowie für die zahlreichen Anregungen und Hinweise.

Der herzlichste Dank geht an Barbara. Sie hat mich, gerade in der nicht leichten Anfangsphase, immer wieder moralisch unterstützt. Ihr ist deshalb dieses Buch gewidmet.

Zürich, im Oktober 1997 *Giancarlo A. Menk*

Inhaltsübersicht

Inhaltsverzeichnis

Abbildungsverzeichnis

Abkürzungsverzeichnis

AHV	Alters- und Hinterlassenversicherung
bzw.	beziehungsweise
CS	Credit Suisse
CSG	Credit Suisse Group
Def.	Definition
d.h.	das heisst
EDV	Elektronische Datenverarbeitung
IT	„Information Technology“
SBG	Schweizerische Bankgesellschaft
SBV	Schweizerischer Bankverein
SKA	Schweizerische Kreditanstalt
SVB	Schweizerische Volksbank
UBS	Union Bank of Switzerland
usf.	und so fort

Teil I

Grundlegung

1. Einleitung

1.1 Problemstellung und Zielsetzung der Arbeit

Nach SKA-internen Berechnungen erzielten die Schweizer Banken im inländischen Firmenkundengeschäft in den letzten Jahren eine Eigenmittelrendite von etwa *minus* 14%.[1]

Es gibt drei Ansatzpunkte, um die Rentabilität im inländischen Firmenkundengeschäft zu verbessern:

1. Reduktion der Risikokosten[2];
2. Reduktion der Prozesskosten;
3. Steigerung der Erträge.

Diese Arbeit beschäftigt sich mit dem dritten Hebel. Bei allen Überlegungen steht das inländische Marktsegment der *mittleren bis grossen* Firmenkunden im Vordergrund. Es wird hauptsächlich aus der Sicht einer Grossbank[3] argumentiert.

Der Dissertation liegt folgende Fragestellung zugrunde: Wie können die Grossbanken im inländischen Marktsegment der mittleren bis grossen Firmenkunden ihre Verkaufserträge steigern? Die Frage impliziert das Ziel: Die Arbeit will, von der Theorie herkommend, einen Beitrag zur Ertragssteigerung im inländischen Marktsegment der mittleren bis grossen Firmenkunden leisten.

1.2 Vorgehen

Folgende Annahme steht am Anfang: Die Erträge aus dem Marktsegment mittlerer bis grosser Firmenkunden sind eine Funktion verschiedenster, untereinander ver-

---

1 Vgl. *Meier* (1995a).

2 Damit sind Rückstellungen und Abschreibungen auf notleidenden Krediten gemeint.

3 Der Autor arbeitet in einer Grossbank.

knüpfter Variablen wie Produktepolitik, Konditionenpolitik, Image der Gesamtbank, Konjunktur, Konkurrenz, Verkaufsfähigkeit und unzählige mehr. Bei einem methodisch einwandfreien Vorgehen müssten zuerst die wichtigsten auf den Segmentsertrag wirkenden Variablen identifiziert werden. Diese Variablen bilden zusammen ein System, da sie mit grosser Sicherheit in der einen oder anderen Form miteinander verknüpft sind. Dieses System müsste dargestellt werden, d.h. die Verbindungen zwischen den einzelnen Variablen sowie der Einfluss einer Veränderung einer einzelnen Variable auf den Segmentsertrag müsste quantifiziert werden.[4] Aus der Sicht einer Bank wird es mindestens zwei wesentliche Fragen an ein solches System geben:

1. Welche Variablen kann die Bank direkt oder zumindest indirekt beeinflussen?
2. Bei welchen direkt oder zumindest indirekt beeinflussbaren Variablen ist der Wirkungsgrad bezüglich des Segmentsertrages am grössten?

Diese Arbeit basiert nicht auf einem solchen System. Es wurden Annahmen getroffen. Es wird angenommen, dass die *Verkaufsfähigkeit* eine Variable mit hoher, direkter Wirkung auf den Segmentsertrag ist. Im weiteren wird davon ausgegangen, dass eine Bank ihre Verkaufsfähigkeit direkt beeinflussen kann. In anderen Worten gesagt: Eine Bank kann über eine Verbesserung ihrer Verkaufsfähigkeit den Ertrag aus dem Marktsegment mittlerer bis grosser Firmenkunden wesentlich steigern.

Weiter wird angenommen, dass die Vertriebseinheit Träger dieser Verkaufsfähigkeit ist. Eine Vertriebseinheit kann mit Hilfe der Wertschöpfungskette von *Porter*[5] modellartig abgebildet werden. Eine Wertschöpfungskette besteht aus Wertschöpfungsaktivitäten. Externes Beziehungsmanagement, Verkauf, „Check- up", internes Beziehungsmanagement, Qualitäts- und Kulturmanagement werden in *dieser* Arbeit als Wertschöpfungsaktivitäten betrachtet.[6] Das *erfolgsorientierte* Zusammenspiel dieser Wertschöpfungsaktivitäten kann als *Verkaufsprozess* verstanden werden. Der Begriff Verkaufsfähigkeit lässt sich auf dieser Grundlage definieren: Die *Verkaufsfähigkeit* besteht in der *meisterlichen* Beherrschung der einzelnen Wertschöpfungsaktivitäten im Verkaufsprozess.

---

4 Zur beschriebenen Methode vgl. *Ulrich und Probst* (1991).

5 Vgl. *Porter (*1985).

6 Herleitung und Definition der einzelnen Wertschöpfungsaktivitäten erfolgt im Abschnitt 3.2.

In den Teilen 2 und 3 dieser Arbeit wird jede Wertschöpfungsaktivität gesondert betrachtet. Dabei sollen Erfolgsfaktoren identifiziert werden. Zu den einzelnen Erfolgsfaktoren wird theoretisch fundiertes Handlungswissen eingeführt. Dieses Handlungswissen soll der Praxis helfen, die Leistungen der einzelnen Wertschöpfungsaktivitäten im Verkaufsprozess zu steigern. Damit soll die Verkaufsfähigkeit der Vertriebseinheit im gesamten verbessert werden. Als Folge davon sollten auch die Segmentserträge wachsen.

2. Grundsätzliche Überlegungen zum inländischen Firmenkundengeschäft

2.1 Bedeutung des inländischen Firmenkundengeschäftes für die Grossbanken

Interne Berechnungen der Schweizerischen Kreditanstalt (SKA, heute CREDIT SUISSE) ergaben, dass die Grossbanken 1995 weit über 50% Marktanteil im Firmenkundengeschäft gehalten haben. An zweiter Stelle standen die Kantonalbanken.

Nach Schätzungen der SKA erwirtschafteten in den letzten Jahren alle Schweizer Banken zusammen Erträge in der Höhe von Fr. 5.2 - 6.5 Mia. pro Jahr aus dem Firmenkundengeschäft. Nach Abzug aller Kosten verbleibt branchenweit ein Verlust zwischen Fr. 1.6 - 2.2 Mia. Das Ergebnis entspricht einer negativen Eigenmittelrendite von etwa 14%.[7]

Die inländischen Firmenkunden machen bei der SKA und der Schweizerischen Volksbank (SVB, heute CREDIT SUISSE) anzahlmässig nur etwa 5% der Gesamtkundschaft aus. An die inländischen Firmenkunden gehen aber zwischen 30% bis 45% der Ausleihungen. Im weiteren generieren sie einen erheblichen Teil des gesamten Zahlungsverkehrsvolumen (wiederum etwa zwischen 30% und 45%).[8] Die Verhältnisse werden bei der Schweizerischen Bankgesellschaft (SBG, heute UBS) und beim Schweizerischen Bankverein (SBV) ähnlich sein.

In der Schweiz beschäftigen 80% aller Firmen weniger als 10 Mitarbeiter.[9] Diese Struktur widerspiegelt sich im Kreditportfolio der Banken. 67% der gewährten Kredite bei der SBG sind kleiner als Fr. 100'000.[10]

---

7 Vgl. *Meier* (1995a).

8 Vgl. *Meier* (1995a).

9 *Bundesamt für Statistik* (1993, S. 18f.).

10 Vgl. *Knecht* (1995).

Zusammenfassend kann gesagt werden, dass

- die Grossbanken im inländischen Firmenkundengeschäft eine starke Marktposition haben;
- das inländische Firmenkundengeschäft im gesamten zurzeit wohl für die meisten Banken unrentabel ist;
- das inländische Firmenkundengeschäft bei den Grossbanken wesentlich zum Geschäftsvolumen beiträgt;
- das inländische Firmenkundengeschäft weitgehend ein Massengeschäft ist.

2.2 Wirtschaftliche Rahmenbedingungen für das inländische Firmenkundengeschäft

Die Führung des inländischen Firmenkundengeschäftes wird massgeblich durch die folgenden Faktoren erschwert:

1. **Enge Margen auf den Aktivprodukten**

   Die Zinsmargen in der Schweiz betragen nur rund die Hälfte des europäischen Durchschnitts und liegen beispielsweise 50% unter denjenigen in Deutschland.[11]

2. **Anhaltend angespannte Risikosituation**

   Die Schweizer Grossbanken weisen weiterhin hohe Rückstellungen für Problemkredite aus. Die hohen Rückstellungen sind unter anderem eine Folge des erschwerten wirtschaftlichen Umfeldes in den vergangenen Jahren, einer grosszügigen Kreditvergabepraxis in den achtziger Jahren und einer Ent-

---

11 Vgl. *Meier* (1995a).

wicklung, die *Volkart*[12] wie folgt beschreibt: „Bedingt durch die Hinwendung erster Adressen zu den öffentlichen Finanzmärkten und die entsprechende Securitization mit verstärkten In-house-Banking-Aktivitäten der grossen Konzerne nahm der Stellenwert der „PME"-Kunden (kleinere und mittlere Betriebe) im Inlandgeschäft weiter zu, und die Durchschnittsbonität verringerte sich, auch bedingt durch grössere Problemgeschäfte, zusehends." Es scheint aber unrealistisch zu glauben, dass bei günstigeren wirtschaftlichen Bedingungen die Rückstellungen, bzw. die Risikokosten, automatisch zurückgehen würden: „Although bankruptcies are cyclical, the current environment has produced, in both commercial and personal segments, two to three times as many defaults as in past recessions. This is related to the increase in debt built into balance sheets now as compared with the late 1970s. It is likely that bankruptcies will continue to be cyclical but at a structurally higher level."[13]

3. Wettbewerbsdruck: Überkapazitäten in der Bankenbranche und mehrere Bankenbeziehungen pro Firmenkunde

Die Feststellung, dass im inländischen Bankgeschäft nach wie vor Überkapazitäten vorhanden sind, scheint unbestritten. So schätzt u.a. *Knecht*[14] die personellen Überkapazitäten im Bankensektor auf etwa 20%. Überkapazitäten in einem Markt erhöhen in der Regel den Wettbewerbsdruck. Die Baubranche ist dafür ein gutes Beispiel.

Zusätzlich nimmt die Loyalität des Firmenkunden zu „seiner" Bank ab.[15] Die Kundenbindung ist deutlich geringer als noch vor wenigen Jahren. Gemäss *Meier*[16] unterhalten selbst kleine Firmenkunden mehrere Bankenbeziehungen. Als Folge davon verteilen sich die realisierten Deckungsbeiträge auf zwei oder mehrere Banken und sind für sich allein betrachtet zu klein,

12 *Volkart* (1993, S. 33).

13 *Wuffli und Hunt* (1993, S. 94).

14 Vgl. *Knecht* (1995).

15 Vgl. *Bernet* (1994, S. 709).

16 Vgl. *Meier* (1995a).

um die anfallenden Kosten bei den Banken zu decken. Hinzu kommt eine zunehmende Preissensibilität der Firmenkunden.

4. Knappheit an Fach- und Führungskompetenz

Die Anforderungen an einen Firmenkundenberater sind vielfältig. Ein Kommerzsachbearbeiter sollte ein guter Analyst, ein guter Verkäufer und ein guter Administrator sein. Bei einer Führungskraft wird das Anforderungsprofil noch um die Führungskompetenz ergänzt.

Die Kommerzlaufbahn war bis vor kurzem noch eine solide Basis für den Aufstieg in einer Bank. Noch immer kommt die Mehrzahl der Niederlassungsleiter aus dem Kommerz. Die Niederlassung, früher eine Bank in der Bank, wird zusehends zu einer Vertriebseinheit.[17] Die Funktion eines Niederlassungsleiters verliert dadurch immer mehr an Attraktivität. Hinzu kommt, dass sich das schlechte Geschäftsergebnis im Firmenkundengeschäft auch auf die Höhe der bezahlten Löhne auswirkt.

5. Dichte des Filialnetzes

Die Schweiz verfügt, zusammen mit Deutschland, über das dichteste Filialnetz. Auf 1'600 Einwohner kommt in etwa eine Niederlassung.[18] Das Niederlassungsnetz verursacht hohe fixe Kosten (Einmalinvestitionen und laufende Betriebskosten). Gemäss *Ackermann*[19] wird sich die Zahl der inländischen Stützpunkte aller Bankgruppen bis ins Jahr 2000 um rund 10% reduzieren. Im Sinne einer weiteren Kostensenkungsmassnahme wird das Produkteangebot bei den verbleibenden Niederlassungen an die regionalen Gegebenheiten angepasst.[20]

---

17 Vgl. *Schuppli* (1995, S. 34).

18 Vgl. *Schlechthaupt* (1995, S. 255).

19 Vgl. *Ackermann* (1993, S. 5).

20 Als Beispiel hierfür seien die neuen Filialtypen Universal, Individual und Retail beim SBV erwähnt. Vgl. *Schlechthaupt* (1995, S. 265).

2.3 Strategische Überlegungen zum inländischen Firmenkundengeschäft

2.3.1 Segmentierung

Ziel der Segmentierung muss es sein, durch „segmentsbezogene Kundenproblemlösungen eine bessere Bedürfnisbefriedigung zu erreichen, als dies ohne segmentsspezifischen Einsatz des Marketinginstrumentariums der Fall wäre. Die hierbei bezweckten Problemlösungsvertiefungen sollen letztlich dazu führen, dass ein Unternehmen bestimmte Probleme konkreter Zielgruppen besser zu lösen vermag als die Konkurrenz".[21]

Die Gesamtheit aller in der Schweiz ansässigen Firmenkunden bildet den Markt für das inländische Firmenkundengeschäft. Multinationale Firmenkunden wollen wir von unseren weiteren Überlegungen ausschliessen. Diese Unternehmungen haben spezielle Bedürfnisse und finanzieren sich in der Regel nicht über den klassischen Bankkredit. Deshalb werden sie bei allen drei Grossbanken von Spezialeinheiten betreut.

Auch die verbleibenden Firmen (bei weitem die Mehrzahl) haben nicht identische bankbezogene Bedürfnisse. Um die Verschiedenheit der bankbezogenen Bedürfnisse inländischer Firmenkunden konkreter aufzuzeigen, nehmen wir als Beispiel einen Handwerksbetrieb mit drei Angestellten und vergleichen diesen mit einem exportorientierten Industrieunternehmen. Aus Bankensicht unterscheiden sich die beiden Firmen in bezug auf die Nutzung der *Produkte*, der Art der *Betreuung* und den Anforderungen an den *Kreditprozess*[22]. Der Handwerksmeister finanziert sich teilweise über einen Betriebskredit und nutzt den Zahlungsverkehr Inland intensiv. Seine Kenntnisse des Bankgeschäfts sind gering. Der Firmenkundenberater ist neben dem Treuhänder *die* Anlaufstelle für finanzielle Fragen. Im Tagesgeschäft legt der Handwerksmeister Wert auf eine reibungslose Abwicklung des Zahlungsverkehrs. Die Bonitätsprüfung eines Gewerbebetriebes ist relativ einfach. Ruft man sich nochmals in Erinnerung, dass etwa 86% aller Unternehmungen weniger als 9 Mitarbeiter beschäftigen und dass zum Beispiel bei der SBG 67% aller Inlandkredite

---

21 Vgl. *Kleb et al.* (1990, S. 376).

22 Unter einem Kreditprozess verstehen wir folgenden Arbeitsablauf: Kreditanalyse, Kreditsprechung, Kreditabwicklung, Kreditüberwachung, Kreditrückführung und Betreuung von gefährdeten Krediten.

kleiner als Fr. 100'000 sind, wird einem klar, dass die Mehrzahl der inländischen Kreditnehmer dem oben erwähnten Handwerksmeister in ihren bankbezogenen Bedürfnissen ähnlich sind.

Das Industrieunternehmen wird im Unterschied zum Handwerksbetrieb mehr Bankleistungen regelmässig nutzen. Im Zentrum steht auch hier der klassische Betriebskredit sowie der Zahlungsverkehr. Daneben wird das Industrieunternehmen aber zusätzlich auch Bankleistungen nutzen wie Akkreditive, Devisengeschäfte, Verwaltung von Pensionskassengeldern, fiduzarische Anlagen. Das Industrieunternehmen hat eine Finanzabteilung. Der Finanzabteilung steht ein Finanzchef vor. Der Finanzchef kennt das Bankgeschäft. Die Beurteilung der Unternehmungsbonität stellt an die Bank höhere Anforderungen.

Die beiden inländischen Firmenkunden sind in ihren Bedürfnissen bezüglich der Produktenutzung und der Betreuung derart verschieden, dass sich eine inländische Marktsegmentierung in Retail-Firmenkunden und mittlere bis grössere Firmenkunden beinahe aufdrängt. Im weiteren unterscheiden sich die kundenspezifischen Anforderungen an den bankinternen Kreditprozess (z.B. die Bonitätsprüfung). Aus diesem Grund sollten die Kreditprozesse segmentsspezifisch organisiert sein. Eine Marktsegmentierung hat die Erarbeitung von *segmentsspezifischen* Wettbewerbsstrategien zur Folge.

2.3.1.1 Retail-Segment

Der Retail-Firmenkunde (der Handwerksbetrieb in unserem Beispiel) hat einfache Produktbedürfnisse: einen Betriebskredit, hauptsächlich inländischen Zahlungsverkehr sowie einfache Anlageprodukte. Die Produkte sind stark standardisiert und benötigen wenig Beratung. Die Konkurrenz ist intensiv. Neben den Grossbanken sind auch die Kantonalbanken und Regionalbanken stark in diesem Segment vertreten. Die Kunden sind preissensitiv und die Margen auf den Produkten gering.

Wenn man an die geringen Margen und an die intensive Konkurrenz denkt, liegt die Frage nahe, warum die Grossbanken in diesem Segment derart stark vertreten sind. Nach *Porter*[23] ist die Gesamtattraktivität eines Marktsegmentes eine Funktion der folgenden Variablen:

---

23 Vgl. *Porter* (1985, S. 256f.).

- strukturelle[24] Attraktivität[25];
- Grösse und Wachstumsrate des Marktsegmentes;
- Übereinstimmung der Fähigkeiten der Firma mit den Erfordernissen des Segmentes.

Das Retail-Segment ist strukturell unattraktiv. Das Marktvolumen ist beachtlich, wenn auch stagnierend. Alle drei Grossbanken konnten in letzter Zeit mit ihren neuen Retail-Strategien[26] im Individualkundengeschäft wertvolle Erfahrungen sammeln. Die gemachten Erfahrungen lassen sich weitgehend auf das Retail-Firmenkundengeschäft übertragen.[27]

Es kommt noch ein weiterer Aspekt hinzu: Der schweizerische Markt für Bankleistungen ist in erster Linie ein Retail-Markt.[28] Ist man der Ansicht, dass eine international erfolgreich operierende Grossbank eine solide Verankerung im Heimmarkt benötigt,[29] ergibt sich daraus die strategische Forderung, auch im Retail-Geschäft Inland erfolgreich zu sein.

2.3.1.2 Mittlere bis grosse Firmenkunden

Der mittlere und grosse Firmenkunde unterscheidet sich in verschiedener Hinsicht vom Retail-Firmenkunden:

---

24 Die Branchenstruktur wird nach Porter massgeblich von fünf Wettbewerbskräften beeinflusst: Verhandlungsstärke der Abnehmer, Verhandlungsstärke der Lieferanten, Bedrohung durch neue Anbieter, Bedrohung durch Substitutionsprodukte und Intensität der Rivalität innerhalb der Branche. Vgl. *Porter* (1985, S. 6).

25 „... entscheidend, dass die fünf Wettbewerbskräfte die Eigentümerrendite massgeblich bestimmen, da sie Preise, Verkaufsmengen, Kosten, Investitionen und das Risiko eines Unternehmens in einer Branche beeinflussen. Diese Variablen wiederum bilden die Bausteine für die Werttreiber, die Einflussfaktoren auf den Shareholder Value.“ Vgl. *Rappaport* (1995, S. 84).

26 Vgl. *Meier* (1995b, S. 3).

27 Der SBV hat die beiden Retail-Segmente zusammengeführt. Vgl. *Menotti* (1994).

28 95% der Bevölkerung haben ein Einkommen von weniger als Fr. 100'000; 74% der Bevölkerung haben ein Vermögen von weniger als Fr. 100'000; 86% der Unternehmen haben weniger als 9 Mitarbeiter. Vgl. *Knecht* (1995).

29 Vgl. *Jeker* (1992).

- Der mittlere und grosse Firmenkunde hat einen Finanzchef und nutzt im allgemeinen mehr Bankleistungen. Die genutzten Leistungen sind komplexer, obwohl in der Regel noch immer standardisiert. Neben standardisierten werden aber auch massgeschneiderte Bankleistungen angeboten wie komplexe Devisen- und Zinsderivate oder aussergewöhnliche Finanzierungen. Die Kundenbetreuung wird dadurch anspruchsvoller. Der Firmenkundenbetreuer muss verschiedentlich auf Produktspezialisten zurückgreifen.

- Der Kreditprozess (vor allem die Kreditsprechung, Kreditüberwachung und Betreuung von gefährdeten Krediten) ist anspruchsvoller.

- Das Geschäft mit mittleren und grossen Firmenkunden gehört seit langem zum Kerngeschäft der Grossbanken.[30]

Die Trennlinie zwischen Retail-Firmenkunden und mittleren und grossen Firmenkunden ist von der jeweiligen Bank abhängig. Bei der CS liegt die Grenze bei einem Kredit von Fr. 100'000 ungedeckt, bzw. Fr. 500'000 gedeckt. Man kann sich fragen, ob es nicht sinnvoll wäre, das Segment mittlere bis grosse Firmenkunden nochmals zu unterteilen. Bei der CS werden Firmenkunden, die regelmässig massgeschneiderte Bankleistungen nachfragen, gesondert betreut.[31] Das gleiche gilt beim SBV.[32]

2.3.2 Segmentspezifische Normstrategien

„Industry segmentation is the division of an industry into subunits for purposes of developing competitive strategy.“[33]

---

30 „Aus einer Gründerbank wurde eine Bank, die das Depositen- und Kreditgeschäft ebenso pflegt wie das Emissions-, Devisen- und Börsengeschäft (1872 - 1913).“ *SKA* (1981, S. 8). Gleiches gilt auch für die SBG: 1912 fusionierten die Bank in Winterthur, die hauptsächlich im *Kreditgeschäft* tätig war, und die Toggenburger Bank, die ein weitläufiges Filialnetz besass und im Spar- und Hypothekengeschäft stark war. Aus dieser Fusion entstand die heutige UBS. Vgl. *Eiselin* (1996, S. 22).

31 Vgl. *Bulletin SKA* (1995).

32 Vgl. *Schlechthaupt* (1995, S. 265).

33 *Porter* (1985, S. 231).

Gemäss *Porter*[34] hat jede Unternehmung, in welchem Markt und Marktsegment sie auch tätig ist, grundsätzlich drei Normstrategien zur Verfügung: „The two basic types of competitive advantage combined with the scope of activities for which a firm seeks to achieve them lead to three generic strategies for achieving above-average performance in an industry: cost leadership, differentiation, and focus. The focus strategy has two variants, cost focus and differentiation focus.“[35]

Wenn man die markt- oder segmentsspezifische Kostenführerschaft anstrebt, muss man die eigenen Leistungen *kostengünstiger* als die Konkurrenz entwickeln, produzieren und anbieten. Diese strategische Absicht führt zu folgendem Vorgehen bei der Umsetzung: „A low-cost producer must find and exploit all sources of cost advantage. Low-cost producers typically sell a standard, or no-frills, product and place considerable emphasis on reaping scale or absolute cost advantages from all sources.“[36]

Verfolgt der Anbieter eine Differenzierungsstrategie, so will er seine Leistung von der Konkurrenz *differenzieren*. Es gibt verschiedene Möglichkeiten, sich von der Konkurrenz abzuheben: „The means for differentiation are peculiar to each industry. Differentiation can be based on the product itself, the delivery system by which it is sold, the marketing approach, and a broad range of other factors.“[37] Eine Differenzierung macht erst dann Sinn, wenn der Kunde bereit ist, für diese Differenzierung einen Aufpreis zu bezahlen. Die Differenzierung verursacht, verglichen mit einer „low cost strategy“, in der Regel Zusatzkosten. Daraus folgt, dass der Zusatzertrag aus dem bezahlten Aufpreis mindestens die Zusatzkosten der Differenzierung decken muss. Erst dann kann eine Differenzierungsstrategie erfolgreich sein.

Im Retail-Segment haben wir einfache und standardisierte Produkte, geringe Dekkungsbeiträge, hohe Volumen und einen engen Differenzierungsspielraum[38]. Die

---

34 Vgl. *Porter* (1985, S. 11ff.).

35 *Porter* (1985, S. 11).

36 *Porter* (1985, S. 12f.).

37 *Porter* (1985, S. 14).

38 Eine Bank hat grundsätzlich zwei Bereiche, in denen sie sich aus der Sicht des Kunden differenzieren kann: Relationship-Vorteile der Gesamtbank und Produktvorteile auf Geschäftsfeldebene. Eine Differenzierung im Bereich des Relationship-Vorteils der Gesamtbank ginge in erster Linie über eine Erweiterung des Präsenznetzes. Dies ist aus Kostengründen ausgeschlossen. Eine Differenzierung im Bereich der Produktevorteile geht vor allem über

konsequente Umsetzung der Strategie der Kostenführerschaft scheint für die Grossbanken im Retail-Segment der einzige Weg zu sein, um Mehrwert im Sinne des Shareholder Value-Ansatzes schaffen zu können.[39]

Der grösste Teil der mittleren bis grossen Firmenkunden nutzt eine relativ breite Palette von standardisierten Bankprodukten.[40] Ein kleiner Teil dieser Firmenkunden nutzt regelmässig Spezialleistungen mit hohen Wertschöpfungen.[41] Hier ist der Differenzierungsspielraum grösser. Ein Anbieter kann Teile seiner Bankleistungen, seiner Kundenbetreuung oder seiner Marketingaktivitäten differenzieren. Er muss aber darauf achten, dass der Preis seiner differenzierten Leistung nur wenig vom Preis des Kostenführers abweicht. Ansonsten riskiert er, dass die Nachfrager die Prämie für seine Differenzierung nicht bezahlen. Überall, wo er in der Wertschöpfungskette nicht differenziert, muss er eine „low cost strategy" verfolgen.[42]

Qualität/Service, Preis/Konditionen und Bearbeitungsgeschwindigkeit. Alle drei Elemente lassen sich mit der Kostenführerstrategie vereinbaren. Die Bearbeitungsgeschwindigkeit ist sogar eine Zielgrösse der Strategie der Kostenführerschaft. Vgl. *Strutz* (1993, S. 121ff.).

39 Vgl. *Rappaport* (1995, S. 53ff.) sowie *Strutz* (1993, S. 83ff. und S. 207ff.) für die Anwendung des Shareholder Value-Ansatzes auf die Bankbranche.

40 Bei der SKA nutzen 30% aller Firmenkunden sämtliche Standardprodukte. Vgl. *Meier* (1995a).

41 4% aller Firmenkunden nutzen bei der SKA regelmässig Spezialprodukte. Vgl. *Meier* (1995a).

42 „A differentiator cannot ignore its cost position, because its premium prices will be nullified by a markedly inferior cost position. A differentiator thus aims at cost *parity* or *proximity* relative to its competitors, by reducing cost in all areas that do not affect differentiation." *Porter* (1985, S. 14).

2.3.3 Kreditprozess

Die Segmentierung bestimmt nicht nur weitgehend die segmentsspezifische Wettbewerbsstrategie, sondern auch die bankinterne Wertschöpfungskette. Einer der Kernprozesse[43] im Firmenkundengeschäft ist der Kreditprozess. Der Kreditprozess besteht aus den Teilprozessen Kreditanalyse, Kreditsprechung, Kreditabwicklung, Kreditüberwachung, Kreditrückführung und Betreuung gefährdeter Kredite. Formal unterscheiden sich die Kreditprozesse in den beiden Segmenten Retail-Firmenkunden und mittlere bis grosse Firmenkunden nicht. Aufgrund verschiedener segmentsspezifischer Anforderungen an die Kreditanalyse, -sprechung, -überwachung und Betreuung gefährdeter Kredite unterscheiden sich die Prozesse aber inhaltlich. Die Kreditabwicklung kann für beide Segmente gemeinsam erfolgen.

Neben diesen Unterschieden im Kreditprozess sind die Wettbewerbsstrategie, die Produkte und die Anforderungen an die Betreuung, wie wir gesehen haben, in den beiden Segmenten *grundsätzlich* verschieden. Als Folge davon sollte der Vertrieb segmentsspezifisch organisiert werden, wie Abbildung 2.1 zeigt.

---

43 Beim Kernprozess handelt es sich um die Verknüpfung von Geschäftsprozessen mit der Unternehmungsstrategie, d.h. Identifikation derjenigen Prozesse, die wesentliche Komponenten der Wertschöpfung ausmachen. Ein Geschäftsprozess ist die Bündelung und strukturierte Reihenfolge von funktionsübergreifenden Aktivitäten mit einem Anfang und einem Ende sowie klar definierten Inputs und Outputs. Vgl. *Osterloh et al.* (1994, S. 1).

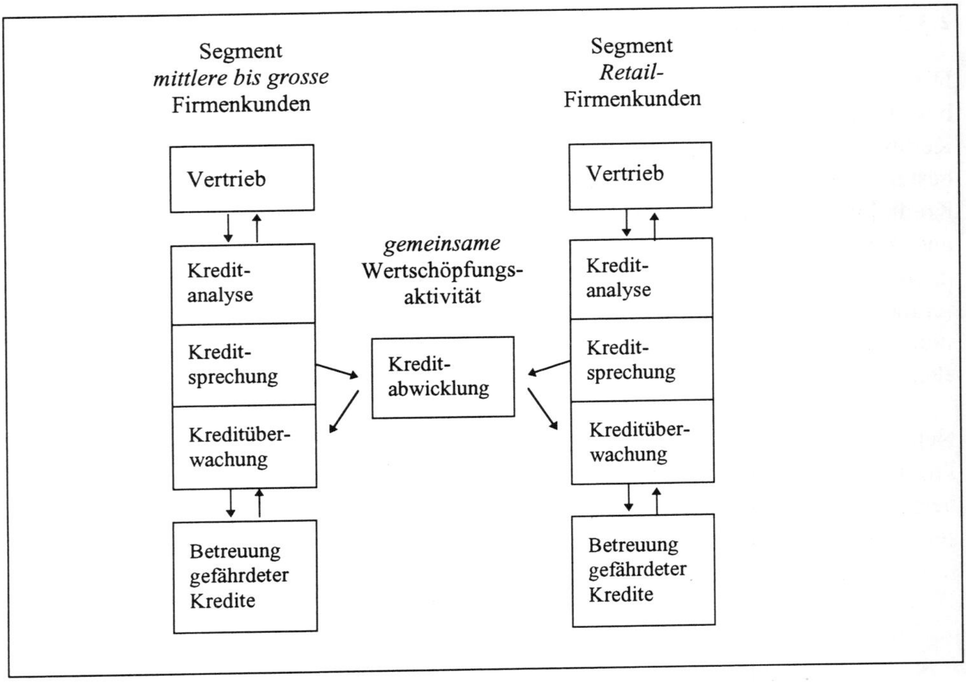

Abb. 2.1: Segmentsspezifische Wertschöpfungsketten[44]

Die Arbeit folgt bezüglich der Organisation des Firmenkundengeschäftes der Empfehlung von *Wuffli und Hunt*[45], die Kreditverantwortung strikte von der Kundenverantwortung zu trennen. Als Folge davon ist die Kreditanalyse, -sprechung und -überwachung vom Niederlassungsnetz zu trennen und zu zentralisieren.[46]

Im folgenden wird die Vertriebseinheit einer Bank im Segment mittlere bis grosse Firmenkunden im Vordergrund stehen.

---

44 In Anlehnung an *Porter* (1985, S. 259).

45 Vgl. *Wuffli und Hunt* (1993, S. 99).

46 Bei der SKA geschieht das konsequent.

3. Verkaufsfähigkeit als Erfolgsfaktor im Segment der mittleren und grossen inländischen Firmenkunden

„However, in the information age, a new type of firm will emerge - a 'customer information firm' (CIF). These firms will collect information from customers and transmit it directly or indirectly to manufacturers. Customers will order from the CIFs and manufacturers will provide products to them. They will be the nexus of the customer relationship." ... „The emerging 'retailers' are likely to be firms that manage - not simply products - but information, for both consumers and producers."[47]

Die inländischen Niederlassungsnetze der Grossbanken entwickeln sich immer mehr zu reinen Vertriebsorganisationen. Zuerst wurden Logistikaufgaben wie Zahlungsverkehr, Trouble shooting in Logistikzentren zusammengeführt. Dann wurden die Funktionen Kreditanalyse, -entscheidung, -überwachung und -abwicklung vollständig oder teilweise von der Front getrennt und in Kompetenzzentren zentralisiert. Von all diesen Funktionen „befreit" kann sich der Vertrieb nun vollständig auf den Verkauf segmentsspezifischer Bankleistungen und die Entwicklung der Kundenbeziehungen konzentrieren.[48]

3.1 Konzept der „federated bank"

Das Konzept der „federated bank"[49] sieht die Universalbank als Verbund von selbständigen Produktionszentren wie beispielsweise ein Produktezentrum Akkreditiv, Zahlungsverkehr, Fonds, Kredite und selbständigen, segmentsspezifischen Vertriebseinheiten.[50]

---

47 *Blattberg und Glazer* (1994, S. 27).

48 Vgl. *Schuppli* (1995, S. 34).

49 Vgl. *von Löhneysen et al.* (1990, S. 128).

50 „From a large battleship to a fleet of small boats." Vgl. *Aschwanden* (1996).

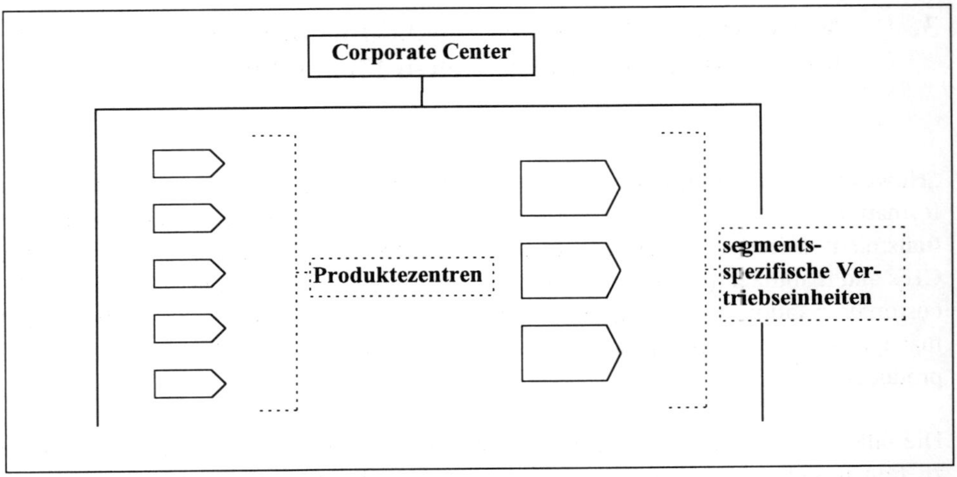

Abb. 3.1 Konzept „federated bank“[51]

Die Produktezentren und segmentspezifischen Vertriebseinheiten werden von einem „Corporate Center“ zusammengehalten. Das „Corporate Center“ übernimmt dabei Aufgaben, deren Zentralisierung im Vergleich zu einer dezentralen Lösung zusätzliche Werte schafft. Das strategische Management sowie das Asset und Liability-Management dienen hierfür als Beispiele. Die Einheiten sind untereinander über Transaktions-, Kommunikations- und Verrechungsprozesse verbunden. Die Abbildung 3.1 zeigt schematisch den Aufbau einer „federated bank“.

Das Konzept „federated bank“ basiert auf der Erkenntnis, dass auf dem europäischen Bankenmarkt *strategische Konzentration* und *hochentwickelte Fähigkeiten* für die Entwicklung von komparativen Wettbewerbsvorteilen wichtiger sind als Skalenerträge[52]. Strategische Konzentration und hochentwickelte Fähigkeiten werden durch Spezialisierung[53] erreicht.

---

51 Vgl. von *Löhneysen et al.* (1990, S. 128).

52 Definition *Skalenerträge*: Kostenersparnisse, die bei wachsender Ausbringungsmenge entstehen. Vgl. *Vahlens Grosses Wirtschafts Lexikon* (1994, S. 1888).

53 „The basic principle is that specialist units should be responsible for those stages of the business system where a real competitive advantage can be achieved by taking a focused approach.“ *von Löhneysen et al.* (1990, S. 129).

Wenn man das Konzept der „federated bank“ als „governing idea“[54] akzeptiert, werden die inländischen Niederlassungsnetze der Grossbanken zu eigentlichen Vertriebszentren, die Kundenbeziehungen pflegen und segmentsspezifische Bankleistungen verkaufen.[55]

3.2 Wertschöpfungskette im Vertrieb

„A systematic way of examining all the activities a firm performs and how they interact is necessary for analyzing the sources of competitive advantage.“[56]

In einer „federated bank“ werden durch Spezialisierung ausserordentliche Fähigkeiten aufgebaut. Diese Fähigkeiten sollen der Bank dazu verhelfen, auf dem Absatzmarkt vorübergehende[57] komparative Vorteile zu erringen. Es ist zu überlegen, was unter ausserordentlichen Fähigkeiten im Vertrieb an mittlere bis grosse Firmenkunden zu verstehen ist. Sobald davon eine konkrete Vorstellung erarbeitet worden ist, wird im zweiten und dritten Teil versucht, *Handlungswissen* für den Aufbau von solchen Fähigkeiten herzuleiten. Die folgenden Überlegungen basieren *konzeptionell* und *begrifflich* auf dem Modell der Wertschöpfungskette von *Porter*[58]. Wenn man dieses Modell auf unsere Problemstellung anwendet, *kann* man den Vertrieb als Zusammenspiel von vier primären[59] und zwei sekundären[60] Wertschöpfungs-

---

54 Vgl. *Normann und Ramirez* (1993, S. 65).

55 Die Realität hat das Konzept bald eingeholt!

56 *Porter* (1985, S. 33).

57 Wir gehen davon aus, dass der intensive Wettbewerb auf dem Bankenmarkt die Schaffung von langfristig haltbaren Wettbewerbsvorteilen stark erschwert. „Sustainable advantages have been shown for what they were all along - temporary; and they are becoming more temporary every day.“ *D'Aveni* (1994, S. 215).

58 Vgl. *Porter* (1985).

59 „Primary activities are the activities involved in the physical creation of the product and its sale and transfer to the buyer as well as after-sale assistance.“ *Porter* (1985, S. 38).

60 „Support activities support the primary activities and each other by providing purchased inputs, technology, human resources, and various firmwide functions.“ *Porter* (1985, S. 38).

aktivitäten („support activities“) darstellen.[61] Die sekundären Aktivitäten sind nur *mittelbar* am eigentlichen Wertschöpfungsprozess beteiligt. Die Abbildung 3.2 zeigt schematisch die Wertschöpfungskette für eine Vertriebseinheit im Marktsegment der mittleren bis grossen Firmenkunden.

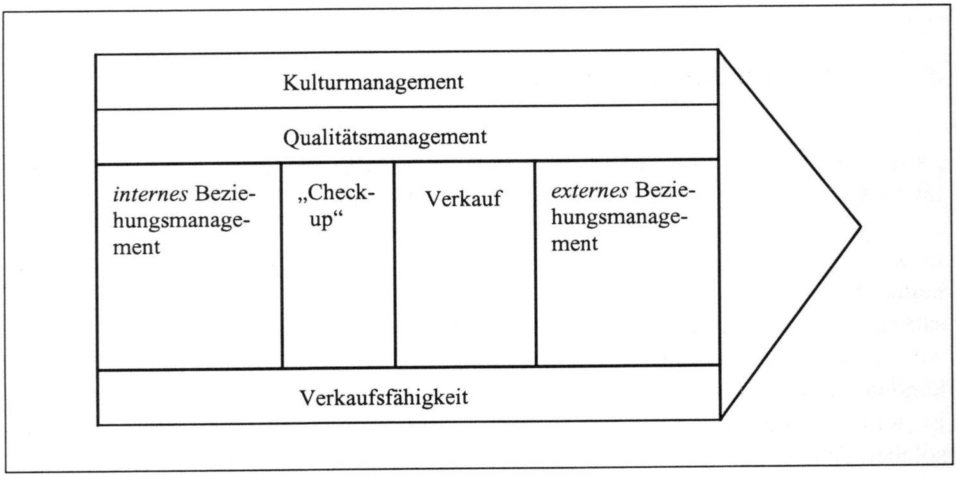

Abb. 3.2: Wertschöpfungskette im Vertrieb

Worin besteht die Wertschöpfung des Vertriebes? In den Produktezentren werden Bankleistungen entwickelt und erstellt. Der Vertrieb ist für die Kundenbeziehung und für den Verkauf der Bankleistungen verantwortlich. In Analogie zur Idee der optimalen Kapitalallokation[62] in der Volkswirtschaftslehre könnte man sagen, dass der Vertrieb für die *optimale Produkteallokation* verantwortlich sei. Der Vertrieb kennt beide Seiten, die Kunden und die Produkte. Das hilft ihm, die eigenen Pro-

---

61 Wir folgen hier der Ansicht, dass „jeder Autor die Freiheit hat, die Begriffe so zu definieren, wie er sie für die Analyse des von ihm zu untersuchenden Gegenstandes gebraucht“. *Gutenberg* (1953, S. 328). Dabei hat er aber darauf zu achten, dass die gewählten Begriffe der Natur des zu untersuchenden Gegenstandes angemessen sind. Vgl. *Gutenberg* (1953, S. 333).

62 Definition *Allokation*: „Verteilung von Produktionsfaktoren auf unterschiedliche Verwendungszwecke. Eine Allokation ist dann effizient, wenn durch eine Veränderung der Verteilung nicht mehr von einem Gut hergestellt werden kann, ohne dass nicht zugleich von einem anderen weniger produziert werden muss.“ *Vahlens Grosses Wirtschafts Lexikon* (1994, S. 59).

dukte dort zu „plazieren“, wo sie den grössten Kundennutzen erbringen. Darin besteht wohl die eigentliche Leistung des Vertriebes.

Um diese Leistung erbringen zu können, muss der Verkäufer verschiedenste Aktivitäten ausüben. Er muss u.a. zum Kunden eine Geschäftsbeziehung aufbauen, die von gegenseitigem Vertrauen getragen wird.[63] Alle Aktivitäten, die diesem Ziel dienen, werden unter dem Begriff *externes Beziehungsmanagement* zusammengefasst:

a. Externes Beziehungsmanagement

Das *externe Beziehungsmanagement* wird in Kapitel 4 behandelt. Zunächst geht es darum, die Eigenarten der Beziehung zwischen einer Bank und einem Firmenkunden möglichst klar zu erfassen. Die Beziehung Bank/Firmenkunde wird dabei als Teil eines Netzwerkes gesehen, das dem Firmenkunden helfen soll, auf seinem Markt erfolgreich zu sein. Die Bank ist darin Netzwerkpartner des Firmenkunden. In einem Netzwerk ist das Gestalten und Unterhalten von Beziehungen erfolgskritisch. In diesem Zusammenhang wird ein Modell „Relationship“ eingeführt. Dieses Modell wird Anhaltspunkte darüber geben, wie eine Beziehung Bank/Firmenkunde gelebt werden sollte. Im weiteren wird gezeigt, dass die Beziehungsqualität mit den beiden Konstrukten Kundenvertrauen und Kundenzufriedenheit gemessen werden kann.

Über regelmässige Kontakte, über beidseitig erlebten Nutzen und über aufgebautes Vertrauen versucht der Firmenkundenberater, die Kundenbeziehung in Richtung Partnerschaft zu entwickeln.[64] Dank guten Beziehungen zu seinen Kunden erhält der Firmenkundenberater detaillierte Einblicke in deren Wertschöpfungsprozesse. Dadurch hat der Verkäufer immer wieder Gelegenheit, beim Kunden Verkaufspotential zu identifizieren. Das ermittelte Verkaufspotential muss über kunden- und potentialgerechte Verkaufsaktionen[65] realisiert werden.[66] Die Verkaufsaktionen

---

63 „Diese Beziehungen erlauben eine vertiefte Auseinandersetzung mit dem Marktpartner, sie sind der Zugang zu seinen Wertschöpfungsprozessen.“ *Wehrli* (1993, S. 6).

64 Vgl. *Schüring* (1995, S. 8).

65 Verkaufsaktionen können z.B. Kundenbesuche, Telefongespräche, persönliche Anschriften, Präsentationen, Direct Mail usf. sein.

müssen Teil eines kundenspezifischen Marketingplanes sein. Der Marketingplan erleichtert das Überführen von Kundenpotential in Erträge. Unter dem Begriff *Verkauf* werden alle Aktivitäten zusammengefasst, die darauf zielen, das identifizierte Verkaufspotential zu realisieren.

b. Verkauf

Das Kapitel 5 befasst sich mit der Wertschöpfungsaktivität *Verkauf*. Die Verkaufsführung wird dabei im Mittelpunkt stehen. Anhand einer Motivationstheorie von *House*[67] und anderen theoretischen Konzepten wird das Thema Führung im Verkauf behandelt. Anschliessend wird die Frage der Erfolgsfaktoren im persönlichen Verkauf erörtert. Dabei wird eine breit angelegte Auswertung von empirischen Untersuchungen zu Erfolgsfaktoren im Verkauf im Vordergrund stehen.[68] Ein grundsätzlicher Mangel dieser Studien kann mit Hilfe der Skripttheorie eliminiert werden. Mit der Skripttheorie können Verkaufsgespräche *vollständiger* erfasst werden.[69] Das erlaubt u.a., die Frage nach möglichen Erfolgsfaktoren im Verkauf präziser zu stellen.

Der Bank sind viele Daten zugänglich, die ihre Kunden und deren Umwelt betreffen. Wenn es einer Bank gelingt, diese Daten für den Verkauf systematisch auszuwerten, wird sie in der Mehrzahl der Fälle Kundenbedürfnisse schneller und präziser identifzieren als die Konkurrenz. Alle Aktivitäten, die diesem Ziel dienen, werden unter dem Begriff *„Check-up"* zusammengefasst.

c. „Check-up"

Das Kapitel 6 beschäftigt sich mit der Wertschöpfungsaktivität *„Check-up"*. Zuerst wird der „Organizational Learning Process"[70] und das „Marketing

---

66 „... die Beziehungen zwischen den Marktpartnern in einen konkreten Tausch umzuwandeln." *Krulis-Randa* (1977, S. 110).

67 Vgl. *House* (1995).

68 Vgl. *Churchill et al.* (1985).

69 Vgl. u.a. *Leong et al.* (1989).

70 Vgl. *Day und Glazer* (1994).

Decision Support System“[71] eingeführt. Mit diesen beiden Konzepten erhält das Kapitel 6 seinen Aufbau. Anschliessend wird überlegt, welche kundenbezogenen Daten in einer Verkaufsdatenbank zu erfassen sind. Die Verkaufsdatenbank stellt das Datenmaterial für die Analysen zur Verfügung. Da die Datenmengen in der Regel sehr gross sind, muss die Analyse computergestützt erfolgen. Es werden zwei Arten von Analysen unterschieden: Die produktbezogene Analyse, die Aussagen über die Produktbedürfnisse der Kunden macht, und die verkaufsprozessbezogene Analyse, die Aussagen zur optimalen Gestaltung des Verkaufsprozesses macht. Das produktbezogene Potential eines Kunden kann in folgende Teilpotentiale zerlegt werden: *Wachstumspotential* (Wenn der Umsatz des Firmenkunden wächst, nimmt in der Regel auch seine Nachfrage nach Bankprodukten zu.); *Cross-Selling Potential* (Ein Kunde nutzt gewisse für ihn geeignete Bankleistungen nicht.); *Konzentrationspotential* (Wickelt ein Firmenkunde seine Geschäfte über mehrere Banken ab, besteht für jede der beteiligten Banken die Möglichkeit, ihren Anteil am Gesamtvolumen zu vergrössern.); *Preispotential* (Über Preiszugeständnisse können je nach Preissensibilität des Kunden Geschäfte gewonnen werden.); *Privatkundenpotential* (Bei vielen Firmenkunden gibt es Personen, die aufgrund ihres Vermögens und Einkommens attraktive Privatkunden der Bank sein könnten.).

Für die Wertschöpfung des Vertriebes wird die bedürfnisgerechte und kundenorientierte Zusammenarbeit mit den Produktespezialisten von grosser Bedeutung sein. Alle Aktivitäten, die die Gestaltung und Steuerung dieser Zusammenarbeit betreffen, werden unter dem Begriff *Internes Beziehungsmanagement* zusammengefasst:

d. Internes Beziehungsmanagement

Das *interne Beziehungsmanagement* wird im Kapitel 7 behandelt. Mit Hilfe verschiedener theoretischer Konzepte wird versucht, die Beziehung zwischen Firmenkundenberater und Produktespezialist im Rahmen des Verkaufsprozesses zu erfassen. Die Konzepte zeigen, dass bei der täglichen Zusammenarbeit Koordinationsleistungen und effektive Konfliktbewältigungsstrategien eine zentrale Rolle spielen. Darüber hinaus ist der Vertrieb aufgrund seines täglichen Kundenkontakts in der Lage, einen wichtigen Beitrag zur Produkteentwicklung zu leisten. Es ist zu überlegen, wie der

71 Vgl. *Mohan und Holstein* (1995).

diesbezügliche Informationsaustausch zwischen Vertrieb und Produktezentren verbessert werden kann.

Diese vier primären Wertschöpfungsaktivitäten werden in unserem Modell von zwei sekundären Wertschöpfungsaktivitäten unterstützt: *Qualitäts-* und *Kulturmanagement.*[72]

Wie man in Kapitel 4 sehen kann, ist die Qualität der Kundenbeziehung für den Verkauf von grosser Bedeutung. Die Beziehungsqualität ergibt sich aus dem Vertrauen und der Zufriedenheit des Kunden seinem Firmenkundenberater und der Bank gegenüber. Der Verkäufer hat es in der Hand, mit seinem Verhalten in der Geschäftsbeziehung Vertrauen beim Kunden aufzubauen. Die Kundenzufriedenheit ist ein emotionaler Zustand. Der Kunde beurteilt laufend die erhaltenen Bankleistungen nach *seinen* Kriterien. Wenn er die erhaltenen Bankleistungen positiv beurteilt, ist er zufrieden. Beurteilt er sie negativ, ist er nicht zufrieden. Alle Aktivitäten, die auf das Sichern und das Verbessern der Beziehungsqualität zielen, werden unter dem Begriff *Qualitätsmanagement* zusammengefasst.

e. Qualitätsmanagement

Das *Qualitätsmanagement* wird im Kapitel 8 behandelt. Darin werden konkrete Vorschläge formuliert, wie sich der Verkäufer in einer Kundenbeziehung verhalten sollte, um das Kundenvertrauen zu gewinnen. Ein Modell von *Zeithamel et al.*[73] wird die entscheidenden betrieblichen Ansatzpunkte zur Schaffung von Servicequalität bzw. Kundenzufriedenheit aufzeigen. Das Kapitel wird mit einem Beispiel aus der Praxis beendet.

Die Absicht der Vertriebseinheit, ihren Kunden Mehrwert zu schaffen, sollte in der Unternehmenskultur verankert sein. Unternehmenskultur dient den Mitarbeitern als Orientierungswissen. Über gelebte Werte wie die Kundenorientierung nimmt die Unternehmenskultur Einfluss auf die Verhaltensnormen. Diese Normen steuern das tägliche Verhalten der Mitarbeiter. Unternehmenskultur kann bewusst gestaltet werden. Alle Aktivitäten, die auf die bewusste Gestaltung der Unternehmenskultur im

---

72 Sekundäre Wertschöpfungsaktivitäten tragen *mittelbar* zur Wertschöpfung bei, indem sie die primären Wertschöpfungsaktivitäten unterstützen.

73 Vgl. *Zeithaml et al.* (1988).

Sinne einer beziehungsorientierten Verkaufsstrategie zielen, werden unter dem Begriff *Kulturmanagement* zusammengefasst.

f. Kulturmanagement

Im Kapitel 9 wird das Thema *Kulturmanagement* behandelt. Gemäss dem Modell „Mission“ von *Campbell und Yeung*[74] bildet die Unternehmenskultur zusammen mit dem Unternehmenszweck und der Unternehmensstrategie eine Einheit. Ausgehend von dieser Überlegung wird eine strategie- und unternehmenszweckkonforme Sollkultur für die Vertriebseinheit mittlere bis grosse Firmenkunden definiert. Anschliessend wird eine Matrix zur Umsetzung der Sollkultur im Tagesgeschäft eingeführt. Die Definition wie die Überlegungen zur Umsetzung der Sollkultur basieren methodisch auf *Pümpin et al.*[75]

3.3 Verkaufsprozess

Die primären Wertschöpfungsaktivitäten externes Beziehungsmanagement, Verkauf, „Check-up“ und internes Beziehungsmanagement ergeben in ihrem Zusammenspiel den eigentlichen Verkaufsprozess: Ausgehend vom gegebenen Leistungsangebot wird mittels einer sorgfältigen Bedürfnisanalyse das Absatzpotential der einzelnen Firmenkunden ermittelt (*„Check-up“*). Auf der Grundlage des ermittelten Absatzpotentiales werden potential- und kundengerechte Verkaufsaktionen geplant, in einem Marketingplan festgehalten und umgesetzt (*Verkauf*). Jede Verkaufsaktivität muss als Teil einer bestehenden Kundenbeziehung verstanden werden (*externes Beziehungsmanagement*). Möglicherweise müssen Produktespezialisten in den Verkaufsprozess integriert werden (*internes Beziehungsmanagement*). Die Resultate der Verkaufsaktionen werden mit den Zielen im Marketingplan verglichen. Die Verkaufsresultate und allfällige Zielabweichungen, die Verkaufsaktivitäten selbst und sonstige erfolgsrelevante Informationen werden in einer Verkaufsdatenbank erfasst und bilden zusammen mit den dort bereits gespeicherten Daten die Grundlage für die nächste Kundenanalyse (*„Check-up“*). Damit beginnt

---

74 Vgl. *Campbell und Yeung* (1995).

75 Vgl. *Pümpin et al.* (1985).

der Verkaufsprozess wieder von vorne. Der Prozess ist sehr schematisch gezeichnet. Die einzelnen Verkaufsphasen werden in der Realität mehr oder weniger simultan ablaufen. Die Abbildung 3.3 zeigt den Verkaufsprozess.

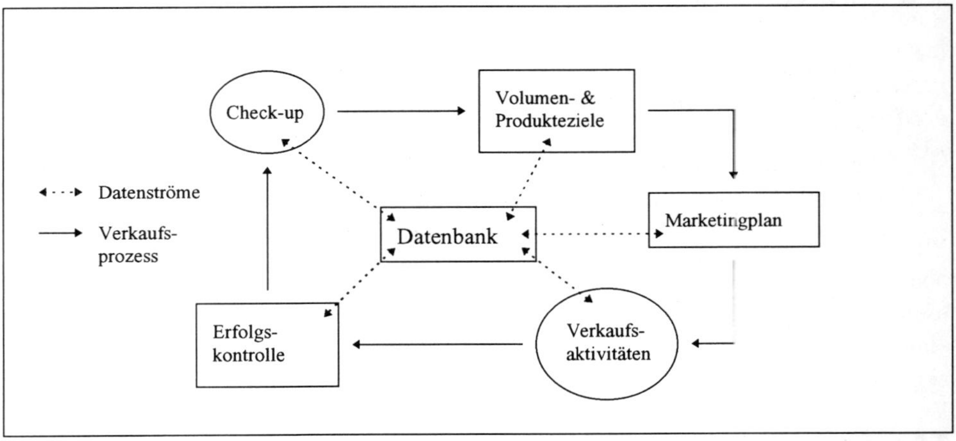

Abb. 3.3: Verkaufsprozess

Der Verkaufsprozess wird durch EDV unterstützt: Die kundenbezogenen und erfolgskritischen Daten werden in einer Verkaufsdatenbank erfasst und verwaltet. Der Verkäufer wird in der Analyse der Kundenpotentiale, beim Erstellen der Marketingpläne sowie bei der Vorbereitung und Nachbearbeitung der Verkaufsaktionen durch EDV unterstützt und teilweise geführt.[76]

3.4 Verkaufsfähigkeit als Erfolgsfaktor[77]

Es wird von der Annahme ausgegangen, dass der oben beschriebene Verkaufsprozess der Schlüssel-Geschäftsprozess[78] im Vertrieb ist. Die meisterliche Beherr-

---

76 Beim eben beschriebenen Verkaufsprozess handelt es sich um eine Sollvorstellung. Der Verkaufsalltag in einer Grossbank sieht anders aus.

77 „Critical success factors thus are, for any business, the limited number of areas in which results, if they are satisfactory, will ensure successful competitive performance for the organization." *Rockart* (1979, S. 85).

schung von Kernprozessen begründet in der Regel ausserordentliche *Fähigkeiten,* in unserem Fall ausserordentliche Vertriebsfähigkeiten.[79] Die Gestaltungselemente „Wissen, Können Erfahrung", „engagierte, informierte und motivierte Mitarbeiter" und „geschäftsspezifische Infrastruktur" wie EDV sind in der Regel knapp. Je durchdachter diese im Verkaufsprozess eingesetzt werden, desto erfolgreicher wird die Vertriebseinheit auf dem Markt sein.[80] Die ausserordentliche Verkaufsfähigkeit, verstanden als *meisterliche* Beherrschung des Verkaufsprozesses, führt zu einem vorübergehenden komparativen Vorteil auf dem Absatzmarkt und wird zu einem *Erfolgsfaktor* im inländischen Firmenkundengeschäft der Grossbanken.

Im *ersten* Teil wurden u.a. die konzeptionellen Grundlagen für diese Arbeit gelegt. Mit dem Konzept „federated bank" wird der Vertrieb innerhalb einer Grossbank positioniert. Die eingeführte Wertschöpfungskette zur Darstellung des Bankvertriebes im Segment der mittleren bis grossen Firmenkunden ist wie jedes Modell eine Vereinfachung der Wirklichkeit. Es stellt uns in Form von Wertschöpfungsaktivitäten sechs Kategorien zur Verfügung, um die vielen Aktivitäten, die in einer Vertriebseinheit ausgeübt werden, zu erfassen. Damit wird der Blick eingeengt. Im Gegenzug wird aber ein Ordnungsrahmen gewonnen, der es erlaubt, die Wirklichkeit systematisch wahrzunehmen.

Die sechs Wertschöpfungsaktivitäten ergeben in ihrem Zusammenspiel den Verkaufsprozess. Der *zweite* Teil dieser Arbeit wird sich detaillierter mit den vier primären Wertschöpfungsaktivitäten auseinandersetzen. Die Absicht wird es sein, für jede einzelne Wertschöpfungsaktivität erfolgskritisches Handlungswissen zu formulieren. Das Handlungswissen wird vielfach auf praxisorientierten Konzepten des angelsächsischen Bereiches basieren.[81]

Im *dritten* Teil stehen die zwei sekundären Wertschöpfungsaktivitäten im Vordergrund. Dabei wird wiederum eine anwendungsorientierte Vorgehensweise gesucht.

---

78 Schlüssel-Geschäftsprozess gleich Kernprozess.

79 Vgl. *Suter* (1995, S. 92).

80 Vgl. *Suter* (1995, S. 95).

81 Die *wissenschaftliche* Verkaufsforschung hat in Amerika eine lange Tradition.

Teil II

Primäre Wertschöpfungsaktivitäten im Verkaufsprozess

4. Externes Beziehungsmanagement

„Competitive advantage goes to those firms that best manage these relationships, in effect controlling the customer through direct contact and the continual exchange of information.“[82]

4.1 Kundenorientierung als Teil der Marktorientierung einer Bank

Auch im Segment der mittleren und grossen Firmenkunden besteht zwischen den Banken ein intensiver Konkurrenzkampf. Bei den Grossbanken sind die angebotenen Produkte, die Absatzkanäle, die Preise und die Werbung meist sehr ähnlich. Der Differenzierungsspielraum auf dem Markt ist klein. Daran wird auch die Einführung von risikoadäquaten Preisen[83] bei Krediten nicht viel ändern. Anfänglich mögen sich die firmenkunden- und transaktionsspezifischen Risikoeinschätzungen der verschiedenen Bankanbieter noch unterscheiden. Mit der Zeit wird aber eine Annäherung in den Risikobeurteilungen stattfinden. Diese Aussage kann wie folgt begründet werden: Die einzelne Bank erhält in den Preisverhandlungen mit ihren Firmenkunden laufend einen Marktfeedback. Signifikante Abweichungen der eigenen Risikobeurteilung von der durchschnittlichen Risikobeurteilung des Marktes („Marktrating“) können in den Gesprächen mit den Kunden schnell identifiziert werden. Diese Lernschleife und die laufende Auswertung interner Erfahrungszahlen[84] wird dazu beitragen, die Kompetenz der einzelnen Bank in der Risikobeurteilung über die Zeit zu verbessern. Als Resultat davon werden sich die Analyseergebnisse der einzelnen Banken und damit die geforderten kunden- und

82 *Blattberg und Glazer* (1994, S. 29).

83 Beim risikoadäquaten Pricing bezahlt der Firmenkunde eine *individuelle* Risikoprämie für seinen Kredit. Die Risikoprämie errechnet sich zum einen aus der Bonität des Schuldners und zum anderen aus dem einzelnen Kreditgeschäft.

84 Die realisierten Risikoprämien sollten die Abschreibungen auf den gewährten Krediten über die Zeit decken. Wenn zwischen den Prämieneinnahmen und den Abschreibungen mittelfristig eine systematische Differenz besteht, muss die Risikobeurteilung der Bank in Frage gestellt werden. Die Risiken werden dann systematisch entweder über- oder unterschätzt. Beides hat Konsequenzen für die Wettbewerbsposition einer Bank auf dem Kreditmarkt.

transaktionsspezifischen Risikoprämien auf dem Markt angleichen. Auf der Gegenseite sind die Firmenkunden über aktuelle Marktkonditionen gut informiert, da sie in der Regel mit mehr als einer Bank Geschäftsbeziehungen unterhalten.

Der „Direktkampf" mit ungefähr gleich langen Spiessen zwingt jede Bank zu einer starken Kundenorientierung.[85] Eine Bank muss, um erfolgreich zu sein, die aktuellen und zukünftigen Bedürfnisse ihrer Kunden sehr gut kennen. Will sie nicht einer möglicherweise fatalen Kurzsichtigkeit unterliegen, muss die Kundenorientierung Bestandteil einer umfassenden Marktorientierung[86] sein. „Dependence on customers' expressions of their own needs and wants suggests that some marketers have failed to take a long run view of the marketing concept. Customers are not necessarily good sources of information about their needs a decade from now. They don't necessarily know how they will react under different environmental conditions. They don't have insight into the possible value of major technological innovations. Sometimes customers have to learn about new technologies, beliefs, and way of behaving."[87] Daraus folgt, dass neben den Kunden alle externen Faktoren, die Einfluss auf die aktuellen und zukünftigen Kundenbedürfnisse haben können, systematisch zu erfassen und zu analysieren sind.[88] Zu diesen externen Faktoren gehören z.B. die Konkurrenz[89], Technologieentwicklungen, Reglementierungen usf. In einem wettbewerbsintensiven Umfeld muss sich eine Unternehmung konsequent

85 „Strong competition leads to multiple choices for customers. Consequently, an organization must monitor and respond to customers' changing needs and preferences to ensure that customers select its offerings over competing alternatives." *Kohli und Jaworski* (1990, S. 14).

86 Definition *Marktorientierung*: „... a market orientation refers to the organizationswide generation, dissemination, and responsiveness to market intelligence." Wobei unter „market intelligence" das folgende zu verstehen ist: „... it includes consideration of (1) exogenous market factors (e.g., competition, regulation) that affect customer needs and preferences and (2) current as well as future needs of customers." *Kohli und Jaworski* (1990, S. 3).

87 *Houston* (1986, S. 86).

88 „... the appropriate unit of analysis appears to be the strategic business unit rather than the corporation because different SBUs of a corporation are likely to be market oriented to different degrees." *Kohli und Jaworski* (1990, S. 6).

89 Porter hat ein umfassendes System zur Konkurrentenanalyse entworfen. Sein Konzept hat fünf Elemente: Ziele für die Zukunft (was den Konkurrenten motiviert), gegenwärtige Strategie (wie sich der Konkurrent verhält und verhalten kann), Annahmen (über sich selbst und über die Branche) und Fähigkeiten (sowohl Stärken als auch Schwächen). Vgl. *Porter* (1989, Kap. 3).

am Markt orientieren, damit sie ihren Kunden kontinuierlich konkurrenzfähige Produkte und Dienstleistungen anbieten kann.[90]

4.2 Von der Kundenorientierung zum „Relationship-Model“

4.2.1 Bank als Akteurin im Netzwerk des Firmenkunden

Verkäufer erhalten meist ambitiöse Verkaufsvorgaben. Sie stehen unter Druck, die Verkaufsziele erreichen zu müssen. Dieser Druck kann dazu führen, dass der längerfristige Kundennutzen relativ zur persönlichen Zielerreichung an Gewicht verliert. Gleichzeitig bewegt sich die Art zu verkaufen immer mehr in Richtung „hard-selling“[91]. Die Kundenorientierung wird zugunsten einer Verkaufsorientierung geschwächt. Mit Hilfe der Abbildung 4.1, die mögliche Verkaufsorientierungen im Spannungsfeld von Verkaufsdruck und Kundenorientierung darstellt, können wir das eben Gesagte gut nachvollziehen.

90 „The buyer must perceive that the expected value to him of that offering (i.e., that proposed solution to his need) exceeds the expected value to him of any alternative solution.“ *Narver und Slater* (1990, S. 21).

91 Von „hard-selling“ spricht man, wenn der Verkäufer seine Produkte unter allen Umständen, also auch dann, wenn der daraus entstehende Nutzen für den Käufer gering ist, verkaufen will.

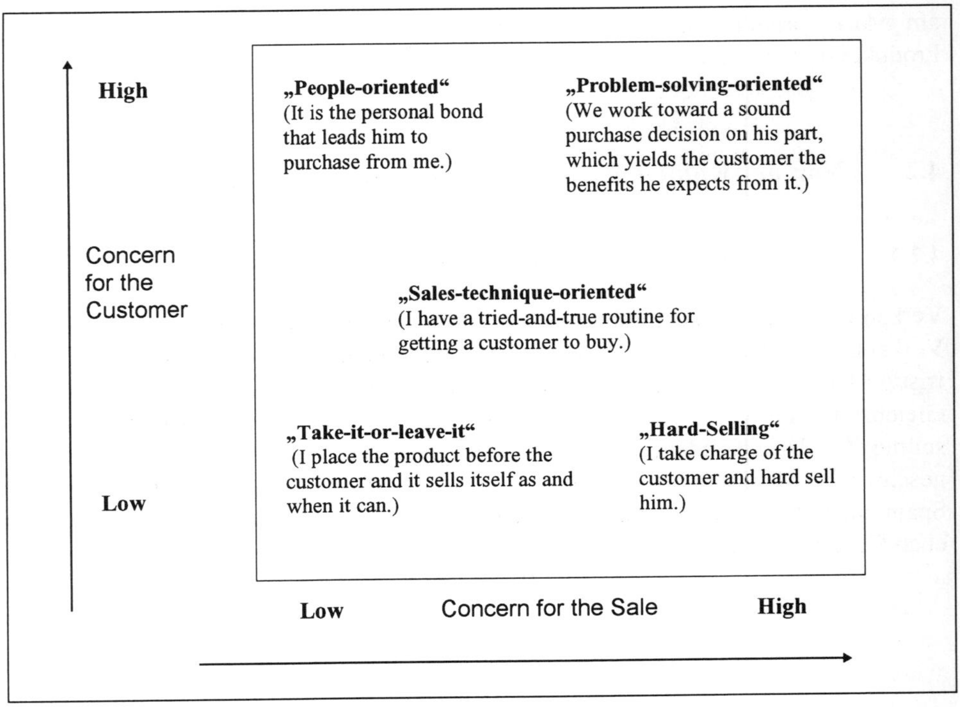

Abb 4.1: Mögliche Verkaufsorientierungen[92]

Wenn das Kundeninteresse zufolge eines hohen Verkaufdruckes relativ an Bedeutung verliert, bewegt sich der Verkaufsstil in Richtung „hard-selling“. Diese einseitige Verkaufsorientierung kann kurzfristig den Erlös steigern. Es besteht aber das Risiko, dass mit dieser Verkaufserlössteigerung eine Reduktion der Kundenzufriedenheit und des Kundenvertrauens verbunden ist. Wenn die Bank die Entwicklung der Kundenzufriedenheit und des -vertrauens nicht zeitgerecht verfolgt, besteht die Gefahr, dass die Verkaufsführung das Ergebnis falsch interpretiert und mangels Gegenmassnahmen mittelfristig die Erträge erodieren. Eine Bank kann wie jede andere Unternehmung in der Regel nur dann erfolgreich sein, wenn sie im Rahmen einer ausgeprägten Kundenorientierung[93] ihren Marktpartnern konstant Mehrwerte schafft. Es gibt zwei Möglichkeiten, Mehrwert zu schaffen: „... by

92 *Kotler* (1994, S. 705).

93 Vgl. *Saxe und Weitz* (1982) für die Messung der Kundenorientierung bei Verkäufern.

increasing benefits to the buyer in relation to the buyer's costs and by decreasing the buyer's costs in relation to the buyer's benefits."[94] Jeder Punkt auf der Wertschöpfungskette des Kunden bietet dazu theoretisch eine Möglichkeit.[95] Daraus folgt, dass der Verkäufer die aktuelle Wertkette des Kunden kennen muss und, wenn immer möglich, die zukünftige erahnen sollte.

Die Beziehung Firmenkunde/Bank kann als Teil eines Netzwerkes verstanden werden (Subsystem), dessen Zentrum der Firmenkunde ist. Neben den Bankbeziehungen unterhält jeder Firmenkunde Austauschbeziehungen zu verschiedenen anderen Systemakteuren. Dazu gehören u.a. Treuhänder, Lieferanten, Versicherungen, Berater und Transportunternehmen. Der Firmenkunde bildet zusammen mit diesen wirtschaftlichen Einheiten ein Netzwerk. Je besser der Firmenkunde sein Netzwerk, bzw. die Netzwerkpartner wählt (konstruiert), desto erfolgreicher wird er sein. Die Bank besitzt in diesem Netzwerk nur dann eine Existenzberechtigung, wenn es ihr gelingt, den Firmenkunden bei der Schaffung von komparativen Vorteilen zu unterstützen. Gelingt ihr das nicht, wird der Firmenkunde seine Geschäfte über eine andere Bank tätigen. Gleiches gilt z.B. für Lieferanten, die gewissen qualitativen, quantitativen oder zeitlichen Anforderungen nicht mehr gerecht werden können. Diese Überlegungen legen den Schluss nahe, dass sich „hard-selling" im oberen Firmenkundensegment mittel- bis längerfristig negativ auf den Geschäftserfolg auswirkt. Wenn der Verkäufer nicht den komparativen Vorteil des Partners, sondern den eigenen, kurzfristigen Gewinn im Auge hat, wird der Netzwerkgedanke verletzt. Die Bedeutung der Bank in diesem Netzwerk wird mit grosser Wahrscheinlichkeit zurückgehen.[96]

---

94 *Narver und Slater* (1990, S. 21).

95 „... salespeople should take more time to understand how their product can influence the customer's economics and performance." *Leszinski et al.* (1995, S. 122).

96 „Wertschöpfung ist als 'Mannschaftsspiel' zu begreifen. Jedes Teammitglied muss Verständnis für die Wertschöpfung in ihrer Gesamtheit entwickeln und sich für das Funktionieren des gesamten Netzwerks verantwortlich fühlen." *Hinterhuber et al.* (1995, S. 41).

4.2.2 Beziehung Bank/Firmenkunde

Eine Bank/Firmenkunden-Beziehung ist üblicherweise auf längere Zeit angelegt. In Anlehnung an *Bagozzi* kann man diese Beziehung als „restricted Exchange“[97] beschreiben. In einer derartigen Austauschbeziehung herrscht eine „quid pro quo“-Mentalität vor. Im Zentrum steht meist ein Kredit der Bank an den Firmenkunden und ein oder mehrere Transaktionskonten, über die der Zahlungsverkehr läuft. Hinzu kommen eventuell noch andere Bankleistungen wie Akkreditive, Verwaltung der Pensionskassengelder, Devisengeschäfte usf. Der Kredit begründet meist eine kundenseitige Abhängigkeit, weil Fremdkapital eine wertvolle und knappe Ressource ist. Der Grad dieser Abhängigkeit ist nach *Pfeffer und Salancik*[98] eine Funktion dreier Variabeln:

1. „the importance of the resource and the extent to which the organization requires it“;
2. „the extent to which (the other party) has discretion over the resource“;
3. „the extent to which there are few alternatives“.

Bonität, Unternehmensgrösse und aktueller Geschäftsgang des Firmenkunden bestimmen bei einem Kredit weitgehend den Grad der kundenseitigen Abhängigkeit. Die Abhängigkeit schafft Raum für opportunistisches Verhalten seitens der Bank. Der Firmenkunde kann seine Abhängigkeit mittels Aufteilung der Kreditsumme auf verschiedene Banken reduzieren.[99] Diese Massnahme stellt gewisse Anforderungen an die Höhe der Gesamtkreditsumme und an die Bonität des Schuldners. Wenn der Firmenkunde seinen Fremdkapitalbedarf über verschiedene Banken finanziert, kann er, falls sich eine Bank opportunistisch verhält, mit einer veränderten Kreditbeanspruchung darauf reagieren.

---

97 „Restricted exchange refers to two-party reciprocal relationships which may be represented diagrammatically as A <=> B, where <=> signifies ‘gives to and receives from’ and A and B represent social actors such as consumers, retailers, salesmen, organizations, or collectivities.“ *Bagozzi* (1975, S. 32).

98 *Pfeffer und Salancik* (1978, S. 45).

99 „When replacing or substituting an exchange partner is difficult, the potential alternatives are few and dependence is increased.“ *Heide und John* (1988, S. 23).

In der Bank/Firmenkunden-Beziehung gibt es ein weiteres strukturelles Problem. Nach *Schäfer*[100] handelt es sich bei den meisten Bankdienstleistungen um Erfahrens- oder Vertrauensgüter: „In beiden Fällen ist der Kunde ex ante nicht vollständig über die Qualität der vereinbarten Dienstleistungserstellung einer Bank informiert. Beim Erfahrenscharakter von Bankdienstleistungen lernt der Kunde während der Vertragsbeziehung das tatsächliche Verhalten der Bank kennen - z.B. ob sie grosszügig oder kleinlich ist, sich nachfordernd oder entgegenkommend verhält. In manchen Geschäftsabwicklungen einer Bank kann der Kunde selbst zum Schluss nicht mit Sicherheit sagen, wie sehr sich die Bank bzw. das Bankpersonal wirklich angestrengt hat, wie sorgfältig sie gearbeitet haben - ob sein Finanzbedarf nicht effizienter hätte befriedigt werden können." Es werden drei *informationsökonomische* Problemkreise[101] angesprochen:

1. Qualitätsunsicherheit

Wenn Qualitätsunsicherheit vorliegt, wird opportunistisches Verhalten möglich. Dabei kann Qualitätsunsicherheit auf der Kunden- wie auf der Bankenseite vorkommen. Anhand des Occasionenmarktes für Fahrzeuge kann das Problem gut illustriert werden: Wenn der Occasionenhändler den Wert seiner Gebrauchtwagen relativ gut kennt, der Käufer aber aufgrund seiner Unerfahrenheit den Wert nur schlecht einschätzen kann, besteht für den Verkäufer die Versuchung, den Verkaufspreis zu hoch anzusetzen. Sollte der Verkäufer der Versuchung erliegen, würde er sich opportunistisch verhalten.

2. „Hold-Up"

Beim „Hold-Up" ist das Verhalten der Bank zwar vertragskonform, aber nicht konstant. Die Bank kann sich abwechslungsweise partnerschaftlich und kulant oder mehr egoistisch, kleinlich und formaljuristisch verhalten. Häufig stellt sich dieses Problem bei einem bankseitigen Betreuer- oder Direktionswechsel. Könnte ein Zusammenarbeitsvertrag zwischen Bank und Kunde alle möglichen Situationen während der Vertragsdauer regeln, so bestünde dieses Problem nicht.

---

100 Vgl. *Schäfer* (1995, S. 533).

101 Vgl. Gabler Wirtschaftslexikon (1988, S. 2541ff.).

3. „Moral Hazard“

Beim „Moral Hazard“ kauft der Bankkunde „die Katze im Sack“. Wie schon beim Problem des „Hold-Up“ kann die Bank, bzw. die Bankvertreter, ihr Verhalten während der Vertragslaufzeit ändern. Im Unterschied zum „Hold-Up“ bleibt beim „Moral Hazard“ dem Kunden die von der Bank letztendlich gewählte Verhaltensweise auch nachträglich verborgen. So kann der Firmenkundenbetreuer sehr wohl beteuern, er hätte alles getan, um den Sonderkonditionenantrag bei der vorgesetzten Stelle bewilligen zu lassen. Der Kunde kann es in den meisten Fällen nicht nachprüfen.

Hinzu kommt, dass heute wohl alle Banken unter einem hohen Verkaufsdruck stehen. Die Verkaufserlöse müssen gesteigert werden. Es besteht die Gefahr, dass unter diesem Druck die langfristige Perspektive[102] in einer Kundenbeziehung zugunsten einer kurzfristig orientierten aufgegeben wird.

Aus dem bisher Gesagten folgt, dass die Firmenkunden/Bank-Beziehung in sich selbst, unabhängig von der jeweiligen Personenkonstellation, strukturelle Probleme birgt. Diese Einsicht muss bei der Beziehungsgestaltung berücksichtig werden.

4.2.3 „Relationship“ als Kooperationsdesign[103] in der Bank/Firmenkunden-Beziehung

„Die Partner müssen ihre relationalen Beziehungen in Transaktionshistorien erst kennenlernen bzw. aufbauen.“[104]

Es wird im ersten Abschnitt dieses Kapitels hergeleitet, warum im gegenwärtigen Wettbewerbsumfeld eine beziehungsorientierte Verkaufsstrategie erfolgsversprechend ist. In diesem Abschnitt steht die Frage im Vordergrund, wie die Beziehung zwischen Bank und Firmenkunde gestaltet werden muss, damit die strukturellen Spannungen weitgehend aufgehoben werden.

---

102 „To maximize its long-run performance, the business knows it must build and maintain a long-run, mutually beneficial relationship with its buyers.“ *Narver und Slater* (1990, S. 21).

103 Wir entnehmen diesen Begriff der Transaktionskostenanalyse. Vgl. *Williamson* (1975).

104 *Schäfer* (1995, S. 538).

Die Transaktionskostenanalyse ist ein theoretisches Werkzeug, mit dessen Hilfe man konkrete Austauschbeziehungen derart gestalten kann, dass die aus der Beziehung entstehenden Transaktionskosten[105] minimiert werden.[106] Eine Austauschbeziehung kann grundsätzlich in den folgenden drei Dimensionen erfasst werden:

1. Von den Parteien getätigte transaktionsspezifische Investitionen;
2. Transaktionshäufigkeit;
3. Unsicherheiten im Zusammenhang mit den Transaktionen.

Der Transaktionskostenanalyse liegt die Annahme zugrunde, dass sich Wirtschaftsakteure, sobald sie dazu Gelegenheit haben, opportunistisch verhalten. Sollen die Transaktionskosten minimiert werden, muss der Spielraum für opportunistisches Verhalten in einer Beziehung reduziert werden. Es gibt zwei Formen („governance structure") von Austauschbeziehungen, bei denen der Spielraum für schädigendes Verhalten stark eingeschränkt ist: der Markt und die Hierarchie. Die Institution Markt dezentralisiert Macht. Habe ich mit einem Marktpartner wiederholt schlechte Erfahrungen gemacht, wähle ich zukünftig einen anderen. Opportunistisches Verhalten ist dank den bestehenden Alternativen für beide Parteien nur begrenzt möglich. Da aber die Bank/Firmenkunden-Beziehung eher langfristig angelegt und der Ausstieg aus der Beziehung in der Regel für beide Partner erschwert ist, löst der Markt das Problem nicht.[107] Auch das zweite Kooperationsdesign, die Hierarchie (vertikale Integration), eignet sich schlecht. Es ist kaum denkbar, dass ein Firmenkunde seine kreditgebende Bank mit der Absicht übernimmt, die Transaktionskosten zu minimieren.[108] Der umgekehrte Fall ist realistischer. Gerade bei Sanierungen nähert sich das Verhältnis Bank/Firmenkunde einem Zustand, den man „temporäre vertikale Integration" nennen könnte. Das Beziehungskonstrukt der vertikalen Integration kommt offensichtlich für die übliche Bank/Firmenkunden-Beziehung auch nicht in Betracht.

---

105 In unserem Fall interessieren vor allem die Kosten, die durch die Informationsasymmetrie und einseitige Abhängigkeit verursacht werden.

106 Vgl. *Williamson* (1975).

107 „Simply put, the buying firm specifies its needs and the selling firm meets the terms if they are acceptable. Increasing the relational content of an exchange makes the interaction much more complex." *Noordewier et al.* (1990, S. 83).

108 Das „in-house Banking" von grossen Konzernen stellt eine Art von Bankintegration dar. Dabei werden weniger ganze Banken als spezifische Bankfunktionen in einen Konzern integriert.

Noordewier et al.[109] erweitern mit dem Kooperationskonzept „Relationship" die in der Transaktionskostenanalyse verfügbaren Beziehungsformen. Das Beziehungskonzept „Relationship" umfasst fünf Dimensionen:

1. **„Flexibility"**

   Beide Partner sollten willens und fähig sein, auf Unvorhergesehenes flexibel zu reagieren. Die Praxis zeigt immer wieder, dass gerade Firmenkunden flexibles Bankverhalten in aussergewöhnlichen Situationen sehr schätzen.

2. **„Assistance"**

   Es sollte bei beiden Partnern eine grundsätzliche Bereitschaft vorhanden sein, den anderen zu unterstützen.

3. **„Information provided"**

   Beziehungsrelevante Informationen sollten frühzeitig kommuniziert werden. Als Beispiel wäre eine sich abzeichnende, kundenrelevante Konditionenveränderung seitens der Bank zu nennen. Der Verkäufer sollte in diesem Fall seinen Kunden frühzeitig informieren und allfällige sich daraus ergebende Massnahmen selbständig vorschlagen. Gleiches Vorgehen gilt für den Firmenkunden: Ist ein Liquiditätsengpass in zwei Monaten absehbar, so sollte die Bank frühzeitig und nicht erst beim tatsächlichen Eintreffen des Ereignisses darüber informiert werden.

4. **„Monitoring"**

   Der Stand und die Entwicklung der Beziehung sollte von beiden Partnern aufmerksam verfolgt werden. Auf der Seite der Bank kann das z.B. über die regelmässige Messung der Kundenzufriedenheit geschehen.

---

109 Vgl. *Noordewier et al.* (1990).

5. „Expectation of continuity“

Beide Partner sollten die Absicht haben, die Beziehung längerfristig zu führen und zu gestalten. Die strikte „quid pro quo“-Mentalität sollte zugunsten eines grosszügigeren Interessenausgleichs gelockert werden.

Das relativ offene Kooperationsdesign „Relationship“ deckt den Raum möglicher Austauschformen zwischen den beiden Polen einmalige (diskrete) Transaktion[110] und vertikale Integration ab. Je ausgeprägter die fünf Dimensionen realisiert sind, desto näher liegt das konkrete Beziehungsdesign der vertikalen Integration und desto besser können allfällige Unstimmigkeiten in der Kundenbeziehung durch institutionalisierte Mechanismen aufgefangen werden. Daraus folgt, dass man bei der Umsetzung einer beziehungsorientierten Verkaufsstrategie diesen fünf Beziehungsdimensionen besondere Aufmerksamkeit schenken muss. Gerade bei langfristig angelegten Beziehungen ist es zudem wichtig, dass auch allfällige Veränderungen[111] möglichst automatisch und reibungslos in den laufenden Austausch integriert werden.[112] Das Kooperationsmodell „Relationship“ wird auch dieser Anforderung gerecht.

Das bisher Gesagte kann wie folgt zusammengefasst werden: Mit dem Kooperationsdesign „Relationship“ haben wir eine im Firmenkundengeschäft anwendbare, relativ offene Beziehungsform gefunden, die über fünf Beziehungseigenschaften zum einen den strukturellen Problemen in der Beziehung Bank/Firmenkunde Rechung trägt und zum anderen hilft, anfallende, beziehungsrelevante Veränderungen laufend in die Zusammenarbeit zu integrieren. Die Denkhaltung „Kundenorientierung“ wird durch das Konzept „Relationship“ wirkungsvoll unterstützt.

---

110 „Discreteness is the separating of a transaction from all else between the participants at the same time and before and after. Its (pure form), never achieved in life, occurs when there is nothing else between the parties, never has been, and never will be.“ *Dwyer et al.* (1987, S. 12).

111 Im Firmenkundengeschäft kann man in diesem Zusammenhang z.B. an den Wunsch des Kunden denken, seine Kreditlimite kurzfristig zu überschreiten.

112 „Forward planning processes via a priori agreements become increasingly replaced by mutual adjustement procedures.“ *Noordewier et al.* (1990, S. 82).

4.3 Qualität der „Relationship“ Bank/Firmenkunde

Die Qualität einer „Relationship“ umfasst nach *Crosby et al.*[113] zwei Dimensionen: das *Vertrauen* in den Verkäufer und die *Zufriedenheit* mit dem Verkäufer. Das Konstrukt Vertrauen[114] besteht aus zwei Komponenten:

1. „*Credibility*, which is based on the extent to which the retailer (Firmenkunde) believes that the vendor (Bank) has the required expertise to perform the job effectively and reliably.“[115]

   („Credibility“ eines Marktpartners leitet sich objektiv aus seiner Transaktionshistorie[116] ab.)
2. „*benevolence*, which is based on the extent to which the retailer (Firmenkunde) believes that the vendor (Bank) has intentions and motives beneficial to the retailer (Firmenkunde) when new conditions arise, conditions for which a commitment was not made.“[117]

   („Benevolence“ basiert auf Motiven und Absichten, die man dem Marktpartner zuschreibt.)

Das Vertrauen in seinen Marktpartner beeinflusst gemäss *Ganesan*[118] die eigene langfristige Optik wie folgt:

1. "it reduces the perception of risk associated with opportunistic behavior by the vendor“;
2. „it increases the confidence that short-term inequities will be resolved over a long period“;
3. „it reduces the transaction costs in an exchange relationship“[119].

---

113 Vgl. *Crosby et al.* (1990, S. 70).

114 „Trust is the willingness to rely on an exchange partner in whom one has confidence.“ *Ganesan* (1994, S. 3).

115 *Ganesan* (1994, S. 3).

116 „This dimension encompasses the consistency, stability, and control over the pattern of behavior exhibited.“ *Ganesan* (1994, S. 3).

117 *Ganesan* (1994, S. 3).

118 *Ganesan* (1994, S. 3).

Die *Zufriedenheit* in einer „Relationship“ basiert dagegen in erster Linie auf den aus der Beziehung erhaltenen Resultaten.[120] Die beiden Konstrukte Vertrauen und Zufriedenheit unterscheiden sich deutlich voneinander. Zusammen ergeben sie die Qualität einer Beziehung. Während es üblich ist, die Zufriedenheit der Kunden in gewissen Zeitabständen zu messen, wird dem gerade für eine langfristige Beziehung sehr wichtigen Konstrukt „Kundenvertrauen“ noch zu wenig Aufmerksamkeit geschenkt.

In diesem Zusammenhang ist noch ein weiteres Konzept, das über die einzelne Kundenbeziehung hinaus geht, zu beachten: die Bankreputation. Die Reputation ist eine Art implizierter Kontrakt: „Der ‘gute Ruf einer Bank’ repräsentiert einen Informationswert und stellt für die Produktion von Bankdienstleistungen, ihren Absatz und die Dauerhaftigkeit der Geschäftsbeziehung einen Potentialfaktor dar.“[121] Der „gute Ruf“ muss über mehrere Perioden aufgebaut werden.[122] Um ihre Kraft enfalten zu können, muss die Reputation in der konkreten Einzelbeziehung über die Transaktionshistorie Bestätigung finden.

---

119 Das gegenseitige Vertrauen erübrigt es, jede Eventualität in der Austauschbeziehung vertraglich zu regeln.

120 „... emotional state that occurs in response to an evaluation of these interaction experiences.“ *Westbrook* (1981, S. 70).

121 *Schäfer* (1995, S. 539).

122 „Bei Banken dürften der Aufbau marktwirksamer, wirtschaftlich verwertbarer Reputation und ein entsprechendes Signaling das geeignete einzelwirtschaftliche Design darstellen, um bei Stammkunden und potentiellen Neukunden ex ante sowie während der Dienstleistungserstellung Vertrauen in das bankeigene Potential, den Prozess und das Ergebnis der Dienstleistungserstellung zu erzeugen.“ *Schäfer* (1995, S. 540).

4.4 Verkäufer in der „Relationship“

„Das Gegengewicht zur Flüchtigkeit der Produkte und der Arbeitsbedingungen ist die Beständigkeit der Bindungen.“[123]

Der Verkäufer ist für die Kundenbeziehung und damit auch für die Umsetzung der „Relationship“-Idee verantwortlich. Er vertritt in der Beziehung zum Kunden die Bank und ist gleichzeitig ein Surrogate[124] für die Bank und ihre Leistungen. Die fünf Beziehungsdimensionen „Flexibility“, „Assistance“, „Information provided“, „Monitoring“ und „Expectation of continuity“ kann er nur dann umsetzen, wenn hierfür die organisatorischen und personellen Voraussetzungen erfüllt sind. Dazu zählt u.a., dass

- alle Mitarbeiter dienstleistungs- und kundenorientiert sind;
- die angebotenen Bankleistungen auf zweckmässig definierte Marktsegmente ausgerichtet sind und überzeugende „Value propositions“ besitzen;
- die Leistungserbringungsprozesse effizient, qualitativ hochstehend und kundengerecht organisiert sind;
- die Verkaufsaktivitäten führungsmässig und IT-mässig unterstützt werden;
- die Kreditpolitik nicht zu starr ist.

Werden diese Voraussetzungen erfüllt, so liegt es am Verkäufer, seine Kunden immer wieder aufs neue von der Leistungsfähigkeit seiner Bank zu überzeugen. Über die vorteilhafte Transaktionshistorie und die persönliche Beziehungsfähigkeit wird es dem Verkäufer gelingen, eine Vertrauensbeziehung zum Kunden aufzubauen. Das Werden einer Beziehung kann man sich nach *Dwyer et al.*[125] modellhaft in fünf Phasen[126] vorstellen:

---

123 *Höhler* (1996, S. 25).

124 Vgl. *Levitt* (1981, S. 96).

41 Vgl. *Dwyer et al.* (1987, S. 15ff.).

126 „Each phase represents a major transition in how parties regard one another.“ *Dwyer et al.* (1987, S. 15).

1. Phase: „Awareness“

Unter „Awareness“ verstehen die Autoren die Einsicht der Parteien, dass die andere Partei ein potentieller Austauschpartner sein könnte. Markttransaktionen werden noch nicht realisiert. „Though there may be ‘positioning’ and ‘posturing’ by the parties to enhance each one’s own attractiveness to a specific (or general) other, these actions are unilateral.“[127]

2. Phase: „Exploration“

In der „Exploration“-Phase bewerten die potentiellen Partner Nutzen und Kosten einer möglichen Geschäftsbeziehung. Erste Probekäufe können stattfinden. Diese Phase kann sehr kurz sein. Sie kann aber auch länger dauern. Die neu entstehende Beziehung wird von den Parteien getestet. Das Engagement ist klein. Falls das Transaktionsergebnis den Ansprüchen nicht genügt, kann die Beziehung schnell und leicht beendet werden. Es handelt sich um eine Art Probezeit.

3. Phase: „Expansion“

In der „Expansion“-Phase nimmt der Nutzen aus der Austauschbeziehung zu. Die gegenseitige Abhängigkeit der Austauschpartner steigt. Ein Vertrauensverhältnis entsteht. Die strenge „quid pro quo“-Mentalität verliert an Bedeutung. Ungleichgewichte in der Beziehung werden kurzfristig toleriert.

4. Phase: „Commitment“

Eine Beziehung in der „Commitment“-Phase erbringt einen grossen Nutzen. Die Parteien haben den Willen, die Beziehung aufrechtzuerhalten. Die Geschäftsbeziehung ist weitgehend immun gegen Mitbewerber.

---

127 Vgl. *Dwyer et al.* (1987, S. 15 - 16).

Mit den nachfolgenden drei Kriterien kann der Grad des „Commitments“ in einer Beziehung gemessen werden:[128]

a) *Input in die Beziehung*
   Massgebliche ökonomische, kommunikative und/oder emotionale Ressourcen werden ausgetauscht.
b) *Dauerhaftigkeit der Beziehung*
   Die Beziehung sollte über die Zeit dauerhaft sein.
c) *Konsistenz der Höhe des Inputs*
   Wenn der Beziehungsinput einer Partei konstant ist, kann die andere Partei den Output aus der Beziehung relativ leicht vorhersehen. Schwankt der Input, variert auch der Output. Die Zuverlässigkeit der Ergebnisse nimmt dadurch ab.

5. Phase: „Dissolution“

„Dissolution“ kann in jeder Phase der Beziehung geschehen: „The dissolution begins with an intrapsychic stage in which one party privately evaluates his or her dissatisfactions with the other party, concluding that costs of continuation or modification outweigh benefits. Subsequently, the relationship enters an interactive phase in which the parties negotiate their unbonding. Dissolution then is presented publicly in the social phase.“[129]

Gelingt es dem Bankverkäufer, eine Kundenbeziehung in die „Commitment“-Phase zu überführen, kreiert er damit der Konkurrenz gegenüber eine Wettbewerbsbarriere[130]. Zusätzlich erhält der Verkäufer in einer guten Kundenbeziehung leichter verkaufsrelevante Informationen. Mit Hilfe dieser Informationen kann er das Leistungsangebot und die Verkaufsstrategie noch besser auf den Kunden abstimmen. Eine gute Beziehung zum Kunden bietet auch immer wieder Anknüpfungspunkte für Verkaufsgespräche. Negative Auswirkungen von internen Umstrukturierungen

128 Vgl. *Dwyer et al.*. (1987, S. 19).

129 Vgl. *Dwyer et al.* (1987, S. 20).

130 „The buyer's perception of the effectiveness of the exchange relation, then, is a significant mobility barrier and a potential competitive advantage for the seller that insulates the latter from price competition.“ *Dwyer et al.* (1987, S. 14).

können in einer guten Bank/Firmenkunden-Beziehung besser aufgefangen werden. Ein Aspekt, der im heutigen Bankenumfeld nicht unwesentlich ist.

5. Verkauf

„Selling is one of the world's oldest professions.“[131]

5.1 Einführung

In der Verkaufsführung („Sales Force Management“) lassen sich nach *Ryans und Weinberg*[132] drei verschiedene Ebenen unterscheiden:

1. **Die strategische Ebene**

   Der persönliche Verkauf hat gegenüber anderen Vertriebskanälen einen entscheidenden Vorteil: Der Verkäufer hat die Möglichkeit, das Produkteangebot und die Verkaufsstrategie individuell auf den einzelnen Kunden abzustimmen.[133] Ein wesentlicher Nachteil: Der persönliche Verkauf ist kostenintensiv.[134] Daraus folgt, dass der Einsatz von Verkäufern in der Marketingstrategie gut durchdacht sein muss.

2. **Die taktische Ebene**

   „Typically, the top sales executive in the company and his or her staff are responsible for developing an organization and a set of policies and procedures (the tactical decisions) so that the sales force can achieve its desired role in the company's marketing strategy.“[135] Die Hauptentscheidungsfelder auf der taktischen Ebene sind: Organisation, Zuteilung der Ver-

---

131 *Kotler* (1994, S. 685).

132 Vgl. *Ryans und Weinberg* (1981, S. 466).

133 Vgl. *Weitz* (1981, S. 89).

134 „... personal selling is the most effective communication vehicle; however, this effectiveness is achieved at significant costs.“ *Spiro und Weitz* (1990, S. 61).

135 *Ryans und Weinberg* (1981, S. 468).

kaufskapazitäten, Rekrutierung und Auswahl, Training, Anreizsysteme, Evaluation und Kontrolle.

3. Die operative Ebene

Auf der operativen Ebene steht der Verkäufer im Mittelpunkt. Es interessieren die folgenden drei Themenkreise:

a) *Situationsvariablen und exogene Faktoren*
Wettbewerbssituation im Gebiet i; Implementierungsqualität der Organisation, Abläufe und Politiken; Eigenschaften der Verkäufer im Gebiet i; Bedürfnisse und Eigenschaften der Kunden im Gebiet i

b) *Verkaufsvoraussetzungen der Verkäufer*
Motivation; Wissen und Fähigkeiten; Verkaufsstrategien

c) *Verkäufer/Kunde-Interaktion und deren Ergebnisse*
Resultate; Arbeitszufriedenheit und andere Ergebnisse

Die nachfolgenden Betrachtungen beziehen sich mehrheitlich auf die taktische und operative Ebene.

5.2 Führung im Verkauf

„The final and in many respects the most important element in a productive sales force is leadership.“[136]

5.2.1 Verkaufszielsetzungsprozess

Der verkaufsbezogene Zielsetzungsprozess einer Grossbank sieht im wesentlichen wie folgt aus: Die Produkteverantwortlichen legen die Jahresziele für ihre Produkte fest und melden diese dem Kundensegmentmanagement. Das Kundensegment-

136 *McMurry* (1961, S. 120) und vgl. dazu auch *Leichtfuss und Mattern* (1994).

management sammelt die verschiedenen Produkteziele, bündelt sie und gibt sie an die Verkaufseinheiten weiter. In den Verkaufseinheiten werden die Ziele den verschiedenen Verkaufsteams zugeteilt. Die Verkaufsziele können verschieden definiert sein:

- als *Mengenziele* (z.B. Anzahl Firmenkreditkarten);
- als *Ertragsziele* (z.B. durchschnittlicher Bruttoerlös pro Kunde);
- als *Nutzungsquoten* (z.B. Anzahl Telefonbanking-Anschlüsse pro 100 Firmenkunden);
- als *Zuwachsraten* (Anzahl neue Kunden im Verhältnis zum alten Kundenbestand).

Der Verkaufschef hat drei Möglichkeiten, die erhaltenen Verkaufsziele auf seine Verkäufer zu verteilen:

1. Er setzt die Verkaufsziele pro Verkäufer so, dass die meisten Verkäufer die Ziele nicht erreichen können.
2. Er setzt die Verkaufsziele pro Verkäufer so, dass die meisten Verkäufer die Ziele erreichen können.
3. Er setzt die Verkaufsziele individuell pro Verkäufer. Es gibt Verkäufer, die sich über fast unerreichbare Ziele motivieren lassen. Andere wiederum bevorzugen erreichbare Ziele.

Wissenschaftliche Untersuchungen bestätigen, dass zielorientiertes Führen die Arbeitsleistung positiv beeinflusst.[137] Die Chance für den Mitarbeiter, eine Zielvorgabe erfüllen zu können, sollte etwa 50% betragen.[138] Zu leicht erreichbare wie auch fast unerreichbare Vorgaben haben negative Auswirkungen auf die Arbeitsmotivation. Der Verkaufsleiter sollte demzufolge die Verkaufsziele für jedes Teammitglied ambitiös, aber trotzdem realistisch setzen.[139]

---

137 Vgl. *Rojot und Bergmann* (1989, S. 277).

138 Vgl. *Rojot und Bergmann* (1989, S. 276).

139 „Einigung über Ziele ist Basis für die dritte Stufe der Motivationstreppe, das Vertrauen in die eigene Fähigkeit zur Bewältigung der Aufgabe. Denn: Erste wichtige Voraussetzung für dieses Vertrauen ist, dass der Mitarbeiter die Ziele hinsichtlich Höhe und zeitlichem Rahmen als angemessen akzeptiert.“ *Cramer* (1995, S. 455).

5.2.2 Führungsansatz

5.2.2.1 Motivationstheorie

Nach *House*[140] hängt die erbrachte Arbeitsleistung von den folgenden zwei Variablen ab:

$$\textbf{Arbeitsleistung} = \textbf{Wissen und Fähigkeiten} * \textbf{Motivation} \qquad (1)$$

Gemäss obiger Gleichung kann der Teamleader die Leistung seiner Mitarbeiter über die Motivation[141] beeinflussen. Die Variable „Wissen und Fähigkeiten“[142] wird konstant gehalten.

In der Wissenschaft existieren zwei Arten von Motivationsmodellen: Die eine beschäftigt sich mit der Frage, was den Menschen motiviert zu arbeiten. Die andere beschäftigt sich mit der Frage, wie der Mensch zum Arbeiten motiviert werden kann.[143] Zur ersten Kategorie gehören u.a. die Modelle von *Maslow*[144] und *Herzberg*[145]. Die nachfolgend eingeführte „Path-Goal Theory of Leadership“[146] gehört zur zweiten Kategorie. Sie ist eine Weiterentwicklung der „Expectancy-Theory“[147] und geht hauptsächlich auf *House*[148] zurück.

---

140 Vgl. *House* (1995).

141 „A la base de tout comportement humain il y a toujours des facteurs endogènes aussi bien que des excitants exogènes. L'interaction entre ces deux est conditionnée par des instincts, des habitudes et la volonté. Quand la volonté joue un rôle prépondérant, on parle communément de motivation. Nous dirons donc qu'un comportement est motivé quand il est consciemment voulu.“ *Rojot und Bergmann* (1989, S. 253).

142 Vgl. hierzu Abschnitt 5.3.1.

143 „Researchers have identified two broad categories of motivational theories: (1) mechanistic or process theories (e.g., expectancy theory) and (2) substantive or content theories (i.e., theories positing dispositional needs and motives within individuals).“ *Brown und Peterson* (1994, S. 72).

144 Vgl. *Maslow* (1954).

145 Vgl. *Herzberg* (1966).

146 Vgl. *House und Mitchell* (1974).

147 „To date the most common approach to examining sales force motivation has been Vroom's (1964) expectancy theory ...“ *Johnston und Kim* (1994, S. 68).

148 Vgl. *House und Mitchell* (1974).

Das Modell definiert die für die Motivation relevanten Variablen und deren Zusammenspiel:

$$\mathbf{M} = \mathbf{IVb + E1\ [IVa + Summe\ (E2n * EVn)]} \quad \mathbf{(2)}$$

wobei:

M	=	Motivation
IVb[149]	=	intrinsische Zufriedenheit[150] aus der Tätigkeit an sich
E1	=	Erwartung, dass der geleistete Effort zur Zielerfüllung führt
IVa	=	intrinsische Zufriedenheit aus der Zielerreichung
E2n	=	Erwartung, dass die Zielerreichung zu monetärer und nicht-monetärer Anerkennung führen wird
EVn	=	Attraktivität der erwarteten Anerkennung

Gemäss diesem Modell wird sich ein Mitarbeiter regelmässig fragen, welchen direkten und welchen indirekten Nutzen er aus einer spezifischen Tätigkeit zu erwarten hat. Der direkte Nutzen (intrinsisch) kommt aus der Tätigkeit an sich (**IVb**). Je grösser der direkte Nutzen aus einer Tätigkeit ist, desto grösser ist die Motivation, diese Tätigkeit auszuüben. Wenn ein Verkäufer gerne Telebanking-Produkte verkauft, wird er in der Regel auch motiviert sein, Telebanking-Verkaufsaktionen durchzuführen. Ein weiterer direkter Nutzen ergibt sich aus der Zielerreichung (**Iva**). Nimmt man sich vor, einen Berg zu ersteigen und hat dann nach vielen Anstrengungen das Ziel erreicht, so erlebt man eine mehr oder weniger starke Genugtuung (direkter Nutzen). Diese Genugtuung wird aber nur dann erlebt, wenn das Ziel erreicht wurde. Die Überlegung, ob das Ziel erreichbar ist oder nicht (**E1**), ist folglich für die Motivation nicht unwesentlich. Deshalb gilt: Je stärker die mit der Zielerreichung verbundene Genugtuung (direkter Nutzen) und je höher die subjektiv eingeschätzte Wahrscheinlichkeit der Zielerreichung ist, desto grösser ist die

---

149 Wir folgen mit dieser Modellierung der Idee, dass „exertion of effort in the work itself provides fulfillment of people's intrinsic needs to be competent, effective, and self-determining, and hence contributes to job satisfaction independently of performance outcome“. *Brown und Peterson* (1994, S. 70).

150 „Intrinsic rewards are those satisfactions experienced by an individual as a consequence of his effort without reliance on others.“ *House* (1995, S. 2).

Motivation, die Tätigkeit auszuüben. Mit der Zielerfüllung können auch monetäre und nicht-monetäre Anerkennungen verbunden sein (indirekter Nutzen aus der Tätigkeit). Die Anerkennung kann z.B. aus einer Prämie oder aus einem Lob des Verkaufsleiters bestehen. Der Mitarbeiter wird sich überlegen, mit welchen Wahrscheinlichkeiten er bei einer Zielerfüllung welche Anerkennungen ausgesprochen erhält (**E2n**). Zusätzlich wird er sich überlegen, welche Nutzen die möglichen Anerkennungen für ihn haben (**EVn**). Möglicherweise kommt er zum Schluss, dass er bei einer Zielerreichung mit grösster Wahrscheinlichkeit vom regionalen Verkaufsleiter wieder einmal vor allen gelobt wird. Dieser Moment ist dem Verkäufer immer ein bisschen unangenehm. Er würde einen persönlichen Dankesbrief des Verkaufsleiters vorziehen. Wenn diesem Schreiben noch zwei Freikarten für das neuste Musical beigelegt wären, würde sich auch seine Freundin darüber freuen. Der Mitarbeiter ist gemäss dem Modell umso motivierter, je grösser sein Nutzen aus der erwarteten Anerkennung ist und je grösser die Wahrscheinlichkeit ist, dass er bei einer guten Leistung die erwartete Anerkennung auch erhält. Die Abbildung 5.1 zeigt das Modell schematisch als Gesamtübersicht auf.

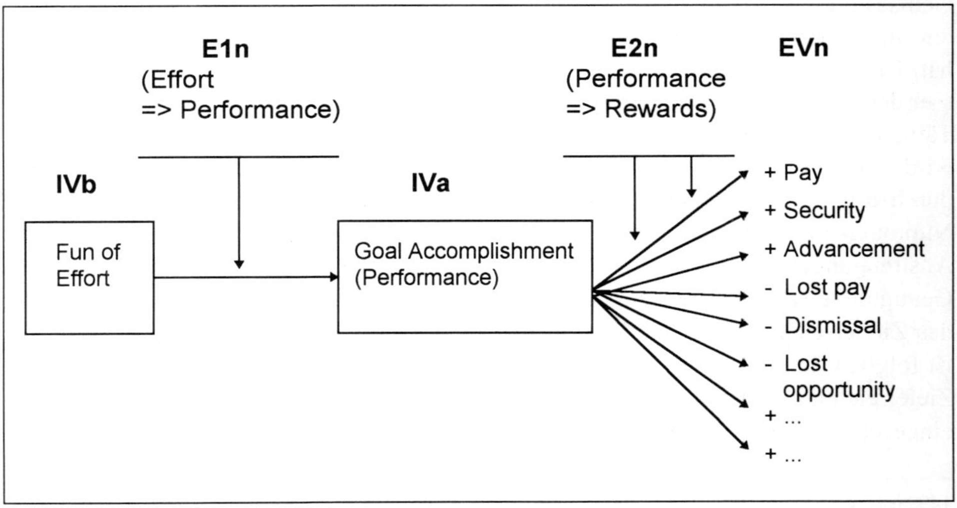

Abb. 5.1: „Leadership for Motivation“[151]

151 *House* (1995, S. 2).

Bei diesen Überlegungen ist zu beachten, dass die intrinsische und extrinsische Motivation nicht unabhängig voneinander sind. Extrinsische Motivation kann intrinsische substituieren, aber nicht umgekehrt.[152]

House[153] modelliert diesen Zusammenhang wie folgt:

intrinsische Motivation = {1/S [IVb + (E1 * IVa)]} - (E2n * EVn) (3)

S	=	Stress
IVb	=	intrinsische Zufriedenheit aus der Tätigkeit an sich
E1	=	Erwartung, dass der Effort zu einer zielkonformen Leistung führt
IVa	=	intrinsische Attraktivität der zielkonformen Leistung an sich
E2n	=	Erwartung, dass die zielkonforme Leistung zu einer externen Anerkennung (monetärer und/oder nicht-monetärer Natur) führt
EVn	=	Attraktivität der erwarteten externen Anerkennung

Wenn der Verkaufsleiter zu stark über monetäre anstelle nicht-monetärer Anerkennungen führt, besteht die Gefahr, dass die intrinsische Motivation bei den Mitarbeitern verloren geht. Die Konsequenz davon wäre, dass Mitarbeiter Tätigkeiten, die sie bis anhin aus eigenem Antrieb taten, nur noch in Erwartung von Anerkennungen tun. Bleibt die Anerkennung weg, wird die Tätigkeit aufgegeben.

In Übereinstimmung mit der allgemeinen mikroökonomischen Theorie wird angenommen, dass der Mitarbeiter versucht, den intrinsischen (unmittelbaren) und extrinsischen (mittelbaren) Nutzen aus seiner Tätigkeit zu optimieren. Wenn man diese Annahme und die obigen Gleichungen (**1**, **2** und **3**) zusammenführt, kann man die

152 Dazu gibt es folgende kleine Anekdote, die *Prof. House* während eines Doktorandenseminars im Sommersemester 1995 an der Universität Zürich erzählt hat: In einem Dorf wurde ein alter Mann regelmässig von Schulkindern beschimpft. Eines Tages begann er, die Schulkinder für die Beschimpfungen zu bezahlen. Er tat dies eine Zeitlang. Dann, eines Morgens, verweigerte er die bereits übliche Bezahlung. Von diesem Tag an wurde der alte Mann nicht mehr beschimpft.

153 *House* (1995, S. 2).

daraus abgeleitete Führungsaufgabe wie folgt beschreiben: „Increasing the number and kinds of personal payoffs to subordinates for work goal-attainment and making paths to these payoffs easier to travel by clarifying the paths, reducing road blocks and pitfalls and increasing the opportunities for personal satisfaction en route.“[154] Der Verkaufsleiter muss versuchen, die Variablen aus der Gleichung (**2**) über seine Führungsarbeit derart zu beeinflussen, dass die Motivation und damit die Verkaufsleistung (vgl. Gleichung (**1**)) maximiert wird.[155] Nachfolgend wird die zu leistende Führungsarbeit bezüglich den einzelnen Variablen konkretisiert:

1. **Variable IVb** (innere Zufriedenheit aus der Tätigkeit an sich)

   Hier gilt der Grundsatz, dass der Verkaufsleiter die Aufgaben für seine Mitarbeiter so abwechslungsreich und anspruchsvoll wie möglich gestalten sollte: „If a person engages in activities that challenge or stretch his or her skills and abilities, the individual almost invariably experiences the task as meaningful and motivating.“[156] Im weiteren kann der Verkaufsleiter über klare Verantwortlichkeiten und Freiräume den intrinsischen Wert der Aufgabenerfüllung erhöhen.[157] Die intrinsische Motivation des Mitarbeiters erhöht sich nochmals, wenn er sieht, dass seine Leistung einen direkten Einfluss auf den Unternehmenserfolg hat: „If a salesperson feels that his or her abilities are being tested by the job and that the job makes an important contribution to the organization, the salesperson will experience feelings of accomplishment and self-competence.“[158]

2. **Variable IVa** (innere Zufriedenheit aus der Zielerreichung)

   Auch hier wirkt sich ein abwechslungsreich und anspruchsvoll gestalteter Aufgabenbereich positiv auf die Motivation aus: „If a sales job provides challenge and variety through contests, quota competitions, and assignments to challenging tasks, it is likely to enhance the salesperson's belief that

---

154 *House und Mitchell* (1974, S. 85).

155 „What's missing? What can I influence?“ *House* (1995, S. 1).

156 *Tyagi* (1982, S. 243).

157 Vgl. auch *Herzberg* (1966).

158 *Tyagi* (1982, S. 243).

successful performance will result in the attainment of intrinsic outcomes (e.g., feeling of accomplishment, respect from fellow salesperson), because such outcomes are inherent in the accomplishment of challenging tasks."[159]

3. **Variable E1** (Erwartung, dass der Effort zur Zielerfüllung führt)

Die im Abschnitt 5.2.3 behandelte Attributionstheorie modelliert den Erwartungsbildungsprozess beim Mitarbeiter und zeigt auf, wie der Verkaufsleiter diesen Prozess über einen informativen und instruktiven Feedback beeinflussen kann.[160] Im weiteren kann eine ausgeprägte Lernkultur im Verkaufsteam dazu führen, dass die Eintrittswahrscheinlichkeit für Verkaufserfolge kontinuierlich zunimmt. Kapitel 9 wird zeigen, dass eine Lernkultur über eine konsequente Führungsarbeit geschaffen werden muss.

4. **Variable E2** (Erwartung, dass die Zielerreichung zu einer monetären und/oder nicht-monetären Anerkennung führt)

Hier ist die Fähigkeit der Führungskraft, bzw. der Unternehmung, gefragt, die Gewährung von erfolgsabhängigen monetären und nicht-monetären Anerkennungen glaubwürdig, präzise und transparent kommunizieren zu können. In der Praxis realisieren die Mitarbeiter schnell, ob eine Führungskraft in der Lage und willens ist, erwartete Anerkennungen bei guten Leistungen auszusprechen oder nicht.

5. **Variable EV** (Attraktivität der erwarteten Anerkennung)

Anerkennung kann in monetärer und nicht-monetärer Form erfolgen. Monetäre Anerkennung kann verschiedene Formen annehmen: Boni, Spontanprämien, Verkaufskommissionen usf. Zur nicht-monetären Anerkennung gehören das Lob des Vorgesetzten, Weiterbildungsmöglichkeiten, Entwicklungsmöglichkeiten im Betrieb, Beförderungen, grösseres Büro, Dienstauto, Reisen, Sicherheit usf. Bei der Formulierung einer betrieblichen Anerkennungspolitik ist darauf zu achten, dass die Mitarbeiterpräferenzen

---

159 *Tyagi* (1982, S. 243).

160 Vgl. *Teas und McElroy* (1986).

bezüglich den verschiedenen Anerkennungsformen beachtet werden. Während der eine die Anerkennung am liebsten in Form von Bargeld wünscht, möchte der andere lieber einen firmenexternen Weiterbildungskurs besuchen. Wenn man auf die individuellen Wünsche der Mitarbeiter bei der Wahl der Anerkennungsformen eingeht,[161] erhöht sich der erwartete Mitarbeiternutzen und damit auch die Mitarbeitermotivation (gemäss Gleichung **(2)**).[162]

Die Präferenzen bezüglich den verschiedenen Anerkennungsformen sind nicht nur von Mitarbeiter zu Mitarbeiter verschiedenen. Auch der einzelne Mitarbeiter wird seine Entschädigungspräferenzen während des Arbeitslebens mehrmals ändern. Anhand des von *Cron*[163] eingeführten „Berufsphasenmodells" lässt sich diese Idee konkretisieren. Am Anfang einer Berufslaufbahn, in der sogenannten Suchphase („*exploration phase*"), werden das persönliche Lob, Entwicklungsmöglichkeiten und Weiterbildungsunterstützungen beim Mitarbeiter einen hohen Stellenwert geniessen. Wenn der Mitarbeiter sein zukünftiges Tätigkeitsfeld gefunden hat („*establishment phase*"), wird er versuchen, sich darin zu profilieren. Beförderungen und monetäre Anerkennungen haben in dieser Phase eine hohe Bedeutung. Möglicherweise kommt es in dieser Phase auch zur Familiengründung.

Mit der Zeit wird der Mitarbeiter an hierarchische Grenzen stossen. Er wird versuchen, seine Position zu konsolidieren („*maintenance phase*"). Langsam wird ihm Konkurrenz von jüngeren Mitarbeitern erwachsen. Der Alterungsprozess wird sichtbar und der Stellenwert von Sicherheit nimmt zu. Gegen Ende des Arbeitslebens kommt die Trennphase („*disengagement phase*"), in der sich der Mitarbeiter langsam von seiner Tätigkeit löst und schliesslich in die Pension geht. Die Dauer der einzelnen Phasen ist bei jedem Mitarbeiter verschieden. Das Modell macht einsichtig, warum gewisse Anerkennungsformen, die in jungen Jahren von grosser Wichtigkeit sind, gegen Ende der Berufslaufbahn an Bedeutung verlieren und umgekehrt.

---

161 Wenn die Anerkennungsformen auf den einzelnen Mitarbeiter abgestimmt werden, spricht man von einem *Cafeteria-System*.

162 Vgl. z.B. *Fischer* (1995) zu Vergütungssystemen im Aussendienstbereich der Banken.

163 Vgl. *Cron* (1984, S. 45) und *Cron und Slocum* (1986).

Dieser Abschnitt hat das Thema Motivation etwas mechanistisch behandelt. Dadurch wurde aber einiges an Handlungswissen gewonnen. Das Thema liesse sich mythischer behandeln.[164] *Mayer und Greenberg*[165] schreiben, dass „the second of the basic qualities absolutely needed by a good salesman is a particular kind of ego drive which makes him want and need to make the sale in a personal or ego way, not merely for the money to be gained". Die erste hier angesprochene Basiseigenschaft ist übrigens Einfühlungsvermögen. Nach *McMurry*[166] braucht der erfolgreiche Verkäufer „a high level of energy" und „a state of mind which regards each objection, resistance, or obstacle as a challenge - The salesman is one who can never hear the word 'no'; it does not exist for him". Das Problem bei diesen Ansätzen besteht darin, dass sie uns nicht sagen, wie der Verkaufsleiter seine Verkäufer konkret motivieren soll. Diese Ansätze bleiben meist auf der Ebene von Schlagwörtern und Einzelerfahrungen stehen. Entweder besitzt der Verkäufer den „ego drive" oder nicht. Es spricht einiges dafür, dass auch die Verkaufstalente normalverteilt sind. Aus diesem Grund braucht der Verkaufsleiter wohl eher ein anwendungsorientiertes Motivations- und Führungsmodell als eine Beschreibung des etwas selten vorkommenden Starverkäufers!

---

[164] Die zwei Harvard Business Artikel „What makes a Good Salesman" von *Mayer und Greenberg* und „The Mystique of Super-Salesmanship" von *McMurry* veranschaulichen diesen Ansatz.

[165] *Mayer und Greenberg* (1964, S. 120).

[166] *McMurry* (1961, S. 118).

5.2.2.2 Führungsstile

Nach *House*[167] stehen einem Teamleader für die Erfüllung seiner Führungsarbeit im wesentlichen vier Stile zur Verfügung:

1. **Direktiver Führungsstil**

   Der Teamleader sagt jedem Untergebenen genau, was er von ihm erwartet.[168] Er definiert die Ziele, die Vorgehensschritte, den Zeitplan, die Regeln und die Vorgaben.

2. **Unterstützender Führungsstil**

   Der Teamleader kümmert sich um das Wohlergehen seiner Mitarbeiter. Er ist freundlich und nahbar. In die Tätigkeit seiner Mitarbeiter greift er kaum ein.

3. **Partizipativer Führungsstil**

   Der Teamleader konsultiert vor wichtigen Entscheidungen seine Mitarbeiter. Ihre Meinungen werden beim Entscheid berücksichtigt.

4. **Resultat-orientierter („achievement-oriented") Führungsstil**

   Der Teamleader setzt hohe Ziele, fordert und erwartet von seinen Mitarbeitern, dass sie Höchstleisungen („excellence in performance") erbringen.

Verschiedene empirische Untersuchungen zeigen, dass eine Führungskraft in der Regel nicht nur über einen, sondern über mehrere Führungsstile gleichzeitig verfügt. So kann ein Teamleader in einer Situation sehr direktiv und in einer anderen Situation partizipativ oder unterstützend sein. Ausgehend von dieser Erkenntnis und der oben erklärten „Path-Goal"-Theorie kann man sich fragen, welcher Führungsstil im mittleren bis grossen Firmenkundensegment am zweckmässigsten ist. Die Führungs-

---

167 Vgl. *House* (1995).

168 „Its rationale is that most salesmen need continuing help and close supervision in planning their activities and in utilizing their time and efforts most effectively." *McMurry* (1961, S. 121).

situation in diesem Segment kann wie folgt charakterisiert werden: Die Aufgabenstellung ist eher unstrukturiert. Die Verkäufer verfügen über eine gute Ausbildung. In ihrer Tätigkeit sind sie einem gewissen Verkaufsstress unterworfen. Es lassen sich aus dem bisher Gesagten die folgenden Grundregeln für die Führungsarbeit im mittleren bis grossen Firmenkundensegment ableiten:

1. Der Verkäufer wird einen *direktiven Führungsstil* bevorzugen, wenn sein aufgabenbezogenes Wissen noch gering ist. Die enge Führung erlaubt ihm, mehr oder weniger sicher sein Ziel zu erreichen („Path-Goal Theory"). Dabei ist aber darauf zu achten, dass der direktive durch einen *unterstützenden Führungsstil*[169] ergänzt wird. Verschiedene Untersuchungen haben ergeben, dass diese Führungsstilkombination mögliche negative Auswirkungen eines direktiven Führungsstiles auf Mitarbeiterzufriedenheit, Anzahl Absenztage und Kündigungsraten reduziert.[170] Es gibt empirische Evidenz, dass dieser kombinierte Führungsstil das „Commitment" des jungen Verkäufers der Unternehmung gegenüber fördert.[171] Unter „Commitment" ist eine positive Einstellung des Mitarbeiters der Firma gegenüber zu verstehen (Identifikation mit der Unternehmung und ihren Zielen).[172] Das „Commitment" korreliert negativ mit der Bereitschaft, die Unternehmung zu verlassen.

2. Je mehr aufgabenbezogene Erfahrungen der Verkäufer gesammelt hat, desto weniger wird er einen direktiven Führungsstil schätzen. Der Teamchef kann in diesem Fall schrittweise zu einem mehr *„achievement oriented"-Führungsstil* übergehen. Er setzt dabei höhere Verkaufsziele und gibt dem Verkäufer zu verstehen, dass er überzeugt ist, dass er diese Ziele erreichen kann.[173] Dem Verkäufer werden mehr Freiräume und mehr Eigenverant-

---

169 Gerade in der Suchphase („exploration phase") seines Arbeitsleben ist der junge Verkäufer sehr empfänglich für Anerkennungen seitens des Verkaufsleiters. Vgl. *Cron und Slocum* (1986).

170 Vgl. z.B. *Fleishmann und Harris* (1962).

171 Vgl. *Batman und Strasser* (1984).

172 Vgl. *Cramer* (1995, S. 453).

173 Der Verkäufer wird zu diesem Zeitpunkt in der Etablierungsphase stehen. In dieser Phase haben arbeitsbezogene Ziele eine grosse Bedeutung. Er wird diese Ziele mit grossem

wortung zugestanden. Die psychische Verarbeitung von Misserfolgen und Frustrationen wird vom Vorgesetzten aktiv und produktiv unterstützt.

3. Gleichzeitig pflegt die Führungskraft möglichst bald einen *partizipativen Führungsstil.*[174] *House und Mitchell*[175] stellen die Hypothese auf, dass „when subjects are highly ego-involved in a decision or a task and the decision or task demands are ambiguous, participative leadership will have a positive effect on the satisfaction and motivation of the subordinate, regardless of the subordinate's predisposition toward self-control, authoritarianism or need for independence". Gemeinsam getroffene Entscheidungen binden („... the decisions made are in some part their own. Also, their peers know what is expected and the social pressure has a greater impact."[176]) und schaffen Zielklarheit.

Es wird hier das Bild eines Verkaufsleiters gezeichnet, der im Sinne eines Fussballtrainers alles daran setzt, dass sein Team die gesetzten Ziele erreicht. Dabei stimmt er seinen Führungsansatz und seine Massnahmen teilweise auf den einzelnen Spieler ab. „One of the strategic functions of the leader is to clarify for subordinates the kind of behavior that leads to goal accomplishment and valued rewards."[177] Der Trainer hilft den Spielern, Tore zu schiessen!

Nebenbei kann man an dieser Stelle noch erwähnen, dass Verkaufsteams im wesentlichen den organisatorischen Anforderungen der Zukunft genügen: „The consensus emerging about the organization of the year 2000 is that it will be flat, team-centered, networket, and dynamic."[178]

Engagement verfolgen. Die persönliche Anerkennung durch den Verkaufsleiter tritt etwas in den Hintergrund. Vgl. *Cron und Slocum* (1986).

174 Cramer hat auf der Basis von mehreren McKinsey-Studien ein Motivationsprogramm entworfen. Darin geht er davon aus, dass „zwangsverordnete" Aufgaben nie befriedigende Ergebnisse zeitigen. Aus dieser Erkenntnis folgt zwangsläufig ein im wesentlichen partizipativer Führungsstil. Vgl. *Cramer* (1995, S. 452).

175 *House und Mitchell* (1974).

176 *House und Mitchell* (1974, S. 92).

177 *House und Mitchell* (1974, S. 82).

178 *Haeckel* (1994, S. 341).

5.2.3 Attributionstheorie

Bei der Besprechung des im Abschnitt 5.2.2.1 eingeführten Motivationsmodelles wurde festgestellt, dass die Mitarbeitermotivation über die Variable E1 „Erwartung des Mitarbeiters, dass der geleistete Effort zur Zielerreichung führt“ beeinflusst werden kann. Das Modell postuliert einen positiven Zusammenhang zwischen der Erwartung, dass sich mit einem bestimmten Arbeitsaufwand ein bestimmtes Resultat erzielen lässt, und der Motivation, diesen Aufwand auf sich zu nehmen. Die Idee ist plausibel: Wenn es mir leicht fällt, Lebensversicherungen zu verkaufen, ich gleichzeitig aber Mühe beim Verkauf von Akkreditiven habe, werde ich mit einiger Sicherheit mehr Zeit und Aufwand in den Verkauf von Lebensversicherungen als in den Verkauf von Akkreditiven investieren. Aus praktischer Sicht stellt sich die Frage, wie solche Erwartungen entstehen und ob dieser Erwartungsbildungsprozess beeinflussbar ist.

Die Attributionstheorie modelliert diesen Prozess. Die Theorie hat sich als robust erwiesen. Der Attributionstheorie liegt ein bestimmtes Menschenbild zugrunde: der „thinking man“[179]. Gemäss diesem Bild strebt der Mensch danach, seine Umwelt kausal zu verstehen.[180] Eine weitere Annahme besteht darin, dass die vom Individuum gefundenen Erklärungen, ob sie der Realität nun entsprechen oder nicht, Auswirkungen auf sein zukünftiges Verhalten haben.[181] Demzufolge versucht auch der Verkäufer seine Erfolge und Misserfolge kausal zu erklären. Wenn der oben erwähnte Verkäufer ein dreitägiges Training im Verkauf von Akkreditiven hinter sich hat und beim nächsten Kundengespräch ein Akkreditiv relativ einfach und kompetent verkaufen kann, wird er den erfolgreichen Abschluss wahrscheinlich auf sein eben erhaltenes Training zurückführen. Wenn er kurz danach ein zweites Mal ein Akkreditiv ohne grosse Schwierigkeiten verkaufen kann, wird er möglicherweise seine Erwartungen bezüglich des Zusammenhanges zwischen Verkaufsaufwand und -erfolg bei Akkreditiven korrigieren. Somit hätte der Verkäufer in unserem Motivationsmodell die Grösse E1 geändert. Seine Motivation, zukünftig mehr Aufwand für den Verkauf von Akkreditiven einzuplanen, würde ceteris paribus steigen.

---

179 Vgl. *Teas und McElroy* (1986, S. 76).

180 „... to attain a cognitive mastery of the causal structure of his environment.“ *Teas und McElroy* (1986, S. 76).

181 „... the particular cause that an individual attributes to a given event has important consequences for his/her subsequent behavior.“ *Kelley* (1967, S. 193).

Die Attributionstheorie interessiert sich nun weniger für den konkreten Erklärungsversuch, sondern mehr für den langfristigen Effekt dieser subjektiven Erfolgs- oder Misserfolgsinterpretation. Zu diesem Zweck werden die gewählten Erklärungen in zwei Dimensionen erfasst: intern/extern und stabil/unstabil. Die Attributionstheorie fragt, ob die vom Individuum dem Verkaufsereignis zugeordnete Ursache stabil oder unstabil ist. Eine stabile Ursache (wie z.B. neu gewonnenes Verkaufswissen) wird in der Zukunft weiter wirken; eine unstabile Ursache (wie z.B. ein Modetrend) wird zukünftig kaum oder nur zufällig wirksam sein. Im weiteren fragt die Theorie, ob die Ursache intern (im Individuum, wie z.B. der persönliche Effort) oder extern (ausserhalb des Individuums, wie z.B. die Jahreszeiten) ist. Wie Abbildung 5.2 zeigt, lassen sich die beiden Dimensionen kombinieren:

	intern	**extern**
stabil	z.B. neues Verkaufswissen	z.B. neues Gesetz
unstabil	z.B. Stimmung	z.B. Modetrend

Abb 5.2: Erfassungsraster für Ereignisursachen

Eine vom Individuum zugeordnete Ursache kann demzufolge entweder intern und stabil (z.B. Produktewissen, Verkaufsstrategie), intern und unstabil (z.B. Effort, Stimmung), extern und stabil (z.B. Gesetze, Produkte) sowie extern und unstabil (z.B. Glück, Modetrend) sein. Der Attributionstheorie zufolge kann die Wirkung dieser Kombinationen auf die Erfolgserwartung (E1) des entsprechenden Individuums a priori bestimmt werden.

Leistung in bezug auf eine Aufgabe	Zuordnung	Einfluss auf die Erwartung (E1)
hohe Leistung	intern und stabil	=> positiv
	intern und unstabil	=> positiv
	extern stabil	=> positiv
	extern unstabil	=> keinen Einfluss
geringe Leistung	intern stabil	=> negativ
	intern unstabil	=> positiv
	extern stabil	=> negativ
	extern unstabil	=> keinen Einfluss

Abb. 5.3: Einfluss von Leistung und Zuordnung auf die Erwartung[182]

Diese Idee kann anhand der Abbildung 5.3 nachvollzogen werden: Wenn ich z.B. eine stabile externe oder interne Ursache für einen Verkaufserfolg verantwortlich mache, spricht einiges dafür, dass der Erfolg für mich in Zukunft wiederholbar ist. Diese Überlegung kann meine Einschätzung bezüglich der Eintrittswahrscheinlichkeit dieses Verkaufserfolges positiv verändern. Der Wert der Variable E1 (Erwartung, dass der Effort zu einer zielkonformen Leistung führt) in der Gleichung (**2**) erhöht sich. Damit verbunden ist gemäss der Gleichung (**2**) eine Zunahme der Motivation. Wenn ich den Erfolg einer unstabilen Ursache zuordne, gibt es für mich kaum einen Grund, meine frühere Einschätzung bezüglich der Eintrittswahrscheinlichkeit zu revidieren.

Die Ursachenzuordnung erfolgt meist mehr oder weniger arbiträr. Grundsätzlich stehen dem Verkäufer folgende zwei Methoden zur Verfügung:[183]

---

182 *Teas und McElroy* (1986, S. 77).

183 Vgl. *Teas und McElroy* (1986, S. 79).

1. Anwendung einer „impliziten Theorie“

Ein Beispiel: Einem Verkäufer gelingt es bei seinen ersten Versuchen nicht, ein neu lanciertes Produkt zu verkaufen. Sein Vorurteil („implizite Theorie“), das Produkt sei nicht konkurrenzfähig, bestätigt sich. Er ordnet seinen Misserfolg einer externen, stabilen Ursache, dem Produkt, zu. Als Folge davon sinkt seine Motivation noch mehr, das Produkt zu verkaufen. Der Verkäufer hat, als es darum ging, einen Grund für den Verkaufsmisserfolg zu finden, auf sein Vor-Urteil („a priori causal belief“) zurückgegriffen. Andere, ebenso plausible Gründe wurden vom Verkäufer von vornherein ausgeschlossen.

2. Kovarianzanalyse

Im Gegensatz zum ersten Fall sammelt der Verkäufer bei diesem Vorgehen zuerst Erfahrungen und versucht dann, mögliche Ursachen für die Misserfolge zu identifizieren. Die möglichen Ursachen wertet er dann im Sinne einer Kovarianzanalyse aus, d.h. er analysiert, ob die mögliche Ursache jeweils gleichzeitig mit dem Verkaufsmisserfolg auftritt. Beim nächsten Verkaufsgespräch kann er seinen Auftritt in bezug auf die mögliche Ursache korrigieren.

Untersuchungen haben ergeben, dass Menschen in der Regel mehr kausale Verantwortung für Erfolge als für Misserfolge übernehmen. Damit wirkt ein Erfolg meist selbstverstärkend, weil er vielfach über einen stabilen, internen Faktor erklärt wird. Der Misserfolg, der häufig einem externen, stabilen oder unstabilen Faktor zugeordnet wird, hat auf die Motivation entweder keine Auswirkung (externer und unstabiler Faktor) oder verringert sie (externer und stabiler Faktor). Im weiteren haben diese Untersuchungen gezeigt, dass Verkaufsleiter und Verkäufer bei der Beurteilung von Misserfolgen systematisch unterschiedlicher Ansicht sind. Während der Mitarbeiter, wie oben festgehalten, eher dazu neigt, seinen Misserfolg einer externen Ursache zuzuschreiben, tendiert der Verkaufsleiter eher dazu, den Misserfolg seines Mitarbeiters auf einen internen Faktor zurückzuführen.

Der eben beschriebene Zuordnungsprozess gibt dem Verkaufsleiter verschiedene Möglichkeiten, die Motivation seiner Mitarbeiter über die Erfolgserwartungsvariable E1 zu beeinflussen. So kann er versuchen, „implizite Theorien“ seiner Mitarbeiter mittels objektiven Informationen und Analysen während den Teamsitzungen zu entkräften, bzw. zu erweitern. Gesammelte Daten und Erfahrungen können derart aufgearbeitet werden, dass mehr oder weniger objektive Schlüsse auf Erfolgs- oder Misserfolgsursachen gezogen werden können.[184] Die in gemeinsamen Analysen und Diskussionen[185] gewonnenen Erkenntnisse können in geeigneter Form im Sitzungsraum präsentiert und ständig erweitert werden. Damit würde sich der Verkauf langsam der Idee einer lernenden Organisation[186] annähern.

5.2.4 Rollenwahrnehmung der Verkäufer

Vor etwa 20 Jahren wurde ein neues Konstrukt in die Verkaufserfolgsforschung eingeführt: die Rollenwahrnehmung.[187] Unter einer Rolle sind alle Aktivitäten zu verstehen, die mit einer Position (in diesem Falle der Verkäuferposition) in einer Unternehmung verbunden sind: „The role is defined largely through the expectations, demands, and pressures communicated to the salesman by his role partners - persons both within and outside his firm who have vested interest in how he performs his job, such as top management, his immediate supervisor, his customers, and members of his family."[188] Die Rollenwahrnehmung des Verkäufers kann über drei verschiedene Konstrukte erfasst werden:[189]

---

184 „By manipulating certain aspects of the buying scenario, it may be possible to change salesperson attributions about some of the reasons for failure of sales calls. After the veridical attribution is achieved, the salesperson can be coached to deal directly with the causes of failure without lowering future expectancies and therefore motivation." *Johnston und Kim* (1994, S. 78).

185 „Two of the most important roles of a sales manager are to assist salespeople in analyzing their performance and to suggest ways to achieve better performance in the future." *Johnston und Kim* (1994, S. 78).

186 „A learning organization is an organization skilled at creating, acquiring, and transferring knowledge, and at modifying its behavior to reflect new knowledge and insights." *Garvin* (1993, S. 80).

187 Vgl. *Churchill et al.* (1985, S. 109).

188 *Walker et al.* (1977, S. 159).

189 Vgl. *Walker et al.* (1977, S. 159).

1. **„Role accuracy“**

Sind dem Verkäufer die Erwartungen seines Verkaufsleiters bekannt? Oder lässt er sich in der Ausübung seiner Tätigkeit teilweise von falschen Annahmen leiten?

2. **„Perceived role conflict“**

Rollenkonflikte entstehen dann, wenn zwei oder mehr Rollenpartner unterschiedliche Anforderungen an den Rolleninhaber stellen, welche er nicht gleichzeitig erfüllen kann. Ein Beispiel hierfür: Die Ehefrau erwartet ihren Mann spätestens um 19.00 zum Nachtessen. Verschiedene Kunden können aber erst nach 17.00 besucht werden. Dieser Konflikt ist schwer lösbar.

3. **„Perceived role ambiguity“**

Dieser Konflikt entsteht dann, wenn der Verkäufer das Gefühl hat, er verfüge nicht über genügend Informationen, um seinen Job erfolgreich ausüben zu können.

Die empirische Forschung zeigt, dass die drei Rollenkonstrukte einen grossen Einfluss auf den Verkaufserfolg eines Verkäufers haben.[190] Der Verkaufsleiter sollte sich deshalb in seiner Führungsarbeit konstant darum bemühen, die oben skizzierten Rollenkonflikte bei seinen Verkäufern abzubauen.[191] Der Aufwand lohnt sich: *Gemäss Verkaufsforschung gibt es im Rahmen der Führungsarbeit keine erfolgswirksamere Einzelmassnahme!*[192] Gerade gemeinsame Teamsitzungen eignen sich

---

190 Diese Rollenvariablen haben nicht nur einen relativ grossen Einfluss auf den Verkaufserfolg, sondern auch auf die Arbeitszufriedenheit: „These findings suggest that when salesperson job satisfaction is an important organizational goal, steps to reduce role ambiguity and conflict may have the greatest positive impact.“ *Brown und Peterson* (1993, S. 72).

191 „The amount of overt communication about role expectations is obviously an important mediator (e.g., feedback from sales managers to floor personnel regarding criteria for advancement, or the formulation of explicit criteria in academe for promotion and tenure).“ *Solomon et al.* (1985, S. 104).

192 „Not only is the average correlation with performance higher for role variables than for other predictors ...“ *Churchill et al.* (1985, S. 109).

für den Verkaufsleiter, seine Erwartungen klar und unmissverständlich zu kommunizieren. Allfällige Konflikte können in der Gruppe thematisiert werden.

5.2.5 Verkaufssitzungen

„Nachdem gemeinsame Ziele festgelegt wurden, dienen die Teambesprechungen dem Erfahrungsaustausch und gemeinsamen Lernen: Man präsentiert und diskutiert neue Markttrends, tauscht erfolgreiche Verkaufstechniken aus und sucht gemeinsam nach Lösungen für auftretende Probleme.“[193]

Während den gemeinsamen Verkaufssitzungen ist das ganze Team versammelt. Diese Sitzungen sollten nicht allzu lange dauern und entweder am Wochenbeginn oder -ende stattfinden. Es wäre sicher ein Vorteil, die Verkaufssitzungen in einem speziellen Verkaufsraum abhalten zu können. Man könnte darin, vergleichbar einem militärischen Führungsraum, die wesentlichsten Verkaufsziele, -absichten, -entwicklungen, -argumente und Konkurrenzanalysen als eine Art Cockpit grafisch darstellen.[194] Verkaufssitzungen leisten als Führungsinstrument neben den Jahreszielen, den kundenspezifischen Marketingplänen und der Besuchsplanung einen wichtigen Beitrag zum Verkaufserfolg. Sie dürfen aber unter keinen Umständen zu einer Verkaufshektik führen. Die Gefahr, wegen kurzfristigen Verkaufszielen längerfristige Aspekte der Kundenbeziehung zu vergessen und damit mehr unbewusst als bewusst in eine „hard-selling“-Mentalität zu verfallen, ist latent immer vorhanden. Jede Verkaufsaktion sollte deshalb stets im Lichte der gewachsenen Kundenbeziehung und deren mittelfristigen Weiterentwicklung beurteilt werden. Dieser *„Relationship-Reflex“* dient dazu, einen möglichen Zielkonflikt zwischen Bank und Kunde sichtbar zu machen.

Für die gemeinsamen Verkaufssitzungen gilt nach *Rojot und Bergmann*[195], dass der Verkaufsleiter sich bemühen sollte,

- das Arbeitsklima zu entspannen;
- das Unsicherheitsgefühl bei den Mitarbeitern zu reduzieren;

---

193 *Cramer* (1995, S. 455).

194 Vgl. *Gale* (1994, S. 241ff.).

195 Vgl. *Rojot und Bergmann* (1989, S. 287).

- Zweideutigkeiten und Geheimniskrämereien zu vermeiden;
- die Zielsetzungen auf machbare Teilziele herunterzubrechen;[196]
- die persönliche Weiterentwicklung der Mitarbeiter zu fördern;[197]
- gute Leistungen der Mitarbeiter anzuerkennen[198] (Selbstverständlich heisst das nicht, dass man einen Mitarbeiter für ein Ergebnis X lobt, wenn man eigentlich Y wollte.[199]).

5.2.6 Führungskontrolle

Die Kontrolle ist eine wichtige Führungsaufgabe. Kontrolle vollzieht sich im Rahmen eines Kontrollsystemes. *Anderson und Oliver*[200] definieren ein Kontrollsystem wie folgt: „organization's set of procedures for monitoring, directing, evaluating, and compensating its employees“. *Jaworski*[201] berücksichtigt neben der formalen auch die informale Kontrolle. Unter formaler Kontrolle versteht er „written, management-initiated mechanisms that influence the probability that employees or groups will behave in ways that support the stated marketing objectives“.[202] Zur formalen Kontrolle zählen Input-[203], Prozess-[204] und Output-

---

196 „Direkt messbare und vor allem auch kurzfristig und regelmässig erzielbare Erfolge steigern die Motivation der Mitarbeiter. Das Herunterbrechen in kurzfristig erreichbare Einzelziele hält die Aufgabe für den Mitarbeiter überschaubar und steigert damit die Identifikation mit der Aufgabe.“ *Cramer* (1995, S. 454).

197 „Pour ce faire, il s'agit de placer les gens dans des positions où ils peuvent réussir, de les aider à réussir (sans pour autant faire le travail à leur place), de reconnaître toute réussite et à développer leurs qualités (plutôt que de se concentrer sur leurs faiblesses).“ *Rojot und Bergmann* (1989, S. 278).

198 „Das erste Erfolgserlebnis ist die Erfüllung der Aufgabe selbst. Dies genügt jedoch nicht - der Mitarbeiter will seinen Erfolg auch von Kollegen und Vorgesetzten registriert sehen.“ *Cramer* (1995, S. 452).

199 Vgl. *Kerr* (1975).

200 *Anderson und Oliver* (1987, S. 76).

201 Vgl. *Jaworski* (1988).

202 *Jaworski* (1988, S. 26).

203 „Input controls are measurable actions taken by the firm prior to implementation of an activity.“ Als Beispiele hierfür wären zu nennen: Personalselektionskriterien, Verkaufsausbildung, Verkaufsstrategien usf. *Jaworski* (1988, S. 26).

kontrolle[205]. Unter informaler Kontrolle versteht er „unwritten, typically worker-initiated mechanisms that influence the behavior of inidividuals or groups in marketing units. These informal controls may or may not be supportive of the stated marketing objectives“.[206] Zur informalen Kontrolle zählt er Selbstkontrolle[207], soziale[208] und kulturelle[209] Kontrolle. Abbildung 5.4 zeigt die Elemente eines Kontrollsystems.

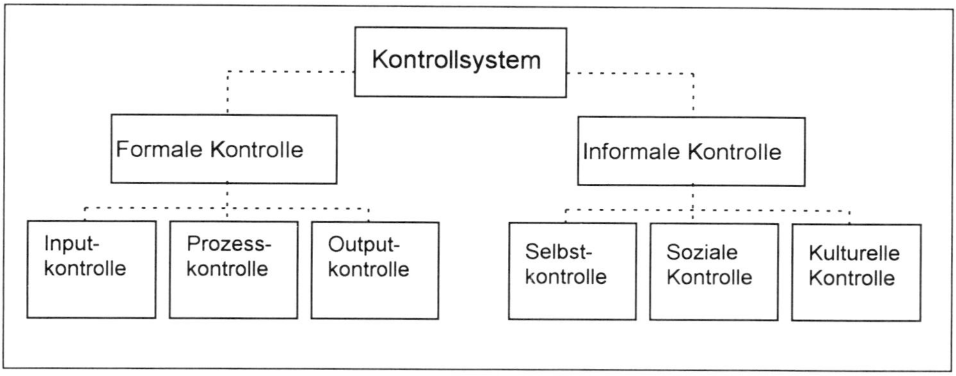

Abb. 5.4: Mögliche Elemente eines Kontrollsystemes

Konkrete Kontrollinhalte werden in diesem Abschnitt nur beiläufig betrachtet. Das Hauptinteresse gilt vielmehr der Formulierung von Grundregeln bezüglich eines Kontrollsystemes im mittleren bis grossen Firmenkundengeschäft. Diese

---

204 „Process control is exercised when the firm attempts to influence the means to achieve desired ends. It differs from output control in that the focus is on behavior and/or acitivities rather than the end results.“ *Jaworski* (1988, S. 26).

205 „... output control is exercised when performance standards are set, monitored, and the results evaluated.“ *Jaworski* (1988, S. 27).

206 Vgl. *Jaworski* (1988, S. 26).

207 „By self-control the individual establishes personal objectives, monitors their attainment, and adjusts behavior if off course.“ *Jaworski* (1988, S. 27).

208 „Social control can be defined more formally as the prevailing social perspectives and patterns of interpersonal interactions within subgroups in the firm.“ *Jaworski* (1988, S. 27).

209 „Culture is defined as the broader values and normative patterns that guide worker behavior within an entire organization.“ *Jaworski* (1988, S. 27).

Grundregeln sollen dann in einem zweiten Schritt dazu dienen, konkrete Kontrollinhalte auf der operativen Ebene zu definieren. Die Grundregeln wie auch die daraus abgeleiteten Kontrollinhalte müssen die strategische Absicht, beziehungsorientiert zu verkaufen, unterstützen.

Jaworski[210] führt die Unternehmensumwelt als unabhängige Variable ein. Er formuliert Hypothesen über den Zusammenhang von Unternehmensumwelt und gewähltem Kontrollsystem. Dabei verwendet er empirische Resultate und Konzepte aus den Sozialwissenschaften sowie der Betriebswirtschaftslehre.

1. „The greater the competitive intensity, the less the use of informal controls and the greater the use of formal controls.“[211]
2. „The more difficult the financial circumstances of a given organization, the greater the use of formal controls and the less the use of informal controls.“[212]
3. „The greater the routinization of the marketing position, the greater the use of formal controls and the less the use of informal controls.
   a) The greater the knowledge of the transformation process, the greater the use of process controls.
   b) The greater the ability to measure individual work output, the greater the use of output control.“[213]

Man kann diese Hypothesen folgendermassen zusammenfassen: Der Grad der formalen Kontrolle in einer Unternehmung ist eine Funktion der Wettbewerbsintensität, der eigenen finanziellen Situation sowie der Transparenz und Messbarkeit der Leistungsprozesse. Wendet man die oben formulierten Hypothesen auf das mittlere bis grosse Firmenkundensegment an, so kommt man zu folgenden Aussagen:

---

210 Vgl. *Jaworski* (1988, S. 25).

211 Diese Hypothese wird von verschiedenen empirischen Untersuchungen gestützt. Vgl. *Jaworski* (1988, S. 29).

212 „... one consistent finding in the accounting literature is the use of tight controls in difficult economic circumstances.“ *Jaworski* (1988, S. 29).

213 *Jaworski* (1988, S. 30).

1. Die starke Konkurrenz im mittleren bis grossen Firmenkundensegment und die segmentsbezogene, angespannte finanzielle Lage bei allen drei Grossbanken führen dazu, dass die formale Kontrolle ausgebaut wird.
2. Je besser der Verkaufsprozess verstanden wird und je besser der Output (Kundenzufriedenheit, Vertrauen gegenüber der Bank und die Verkaufsleistung) gemessen werden kann, desto formaler wird die Kontrolle.

Die formale Kontrolle umfasst, wie bereits erwähnt, drei mögliche Kontrollbereiche: Input-, Prozess- und Outputkontrolle. Die Bank muss auf der taktischen Ebene entscheiden, ob sie den Kontrollschwerpunkt mehr auf das Ergebnis („outcome-based"; ergebnisorientiert) oder mehr auf das Verhalten („behavior-based"; prozessorientiert) legen soll. Diese beiden Kontrollansätze werden in der Abbildung 5.5 idealtypisch beschrieben:

Outcome-Based Control System	**Behavior-Based Control System**
relatively little monitoring of salespeople by management	considerable monitoring of salespeople's activities and results
relatively little managerial direction or effort to direct salespeople	high levels of management direction and intervention in the activities of salespeople
straightforward objective measure of results are used to evaluate and compensate the salesforce	subjective and more complex methods based largely on (1) what salespeople bring to the selling task (2) their activities, and (3) their sales strategies, rather than sales outcomes, are used to evaluate and compensate the salesforce

Abb 5.5: „Outcome-Based Control System" und „Behavior-Based Control System"[214]

Beim „outcome-based" Kontrollansatz ist der Verkäufer für die gewählte Verkaufsstrategie und für den Verkaufserfolg verantwortlich. Als Folge davon sind die „overhead"-Kosten gering. Der Verkäufer wird über Volumen- und Umsatzziele geführt und extrinsisch über Provisionen motiviert. Sein Gehalt ist zu grossen Teilen variabel. Das Risiko liegt weitgehend bei ihm. Der Markt sanktioniert. Bleibt der Erfolg aus, wird der Verkäufer ausgetauscht. Beim „behavior-based" Kontrollsystem

214 Vgl. *Anderson und Oliver* (1987, S. 76).

wird der Verkäufer nach prozessorientierten Kriterien beurteilt. Mögliche Beurteilungskriterien sind Produktekenntnisse, Präsentationsqualitäten, persönliche Ausstrahlung, Qualität der internen Rapporte, Kundenservice usf. Damit verbunden sind zwei grundlegende Managementprobleme: das eine liegt in der Komplexität (Zuviele Informationen müssen aufbereitet werden) und das andere in der Subjektivität[215] (Der Verkaufsleiter evaluiert seine Verkäufer nach ein paar wenigen, meist noch qualitativen Kriterien). Der Verkaufsleiter hat bei diesem Ansatz einen grossen Einfluss auf das Verhalten des Verkäufers und auf die gewählte Verkaufsstrategie. Da der Verkäufer nicht an seinen kurzfristigen Erfolgen gemessen wird, ist er auch eher bereit, längerfristige Unternehmensziele (wie die Verbesserung der Kundenzufriedenheit oder die Förderung von strategischen Produkten) in der täglichen Verkaufsarbeit zu verfolgen. Beim Gehalt überwiegt der fixe Teil. Die Bank trägt somit einen grossen Teil des Marktrisikos (Die Verkaufsergebnisse sind variabel, die Löhne mehr oder weniger konstant).

Mit Hilfe von vier theoretischen Ansätzen, der „Principal/Agent"-Theorie, der Organisationstheorie, der Transaktionskostentheorie und der kognitiven Evaluationstheorie haben *Anderson und Oliver*[216] Hypothesen bezüglich der Wirkung der beiden idealtypischen Kontrollsysteme auf die Verkäufer formuliert. Die Hypothesen wurden empirisch getestet und weitgehend bestätigt.[217] Die Resultate können wie folgt zusammengefasst werden: Bei Kontrollsystemen, die von den Mitarbeitern als „behavior-oriented" erkannt werden, arbeiten die Verkäufer *professioneller* und *teamorientierter*. Sie sind *mehr intrinsisch* als extrinsisch motiviert und dem Arbeitgeber gegenüber *loyaler*. „The prototypical salesperson in this system is, as a result, committed, satisfied, and a team player."[218] Bei Kontrollsystemen, die von den Mitarbeitern als „outcome-oriented" interpretiert werden, sind in der Regel *stark „bottom-line" ausgerichtete* und *extrinsisch* motivierte

215 „Performance evaluation on inputs is necessarily more subjective because the manager must decide if and to what degree inputs generate outputs. Moreover, inputs do not lend themselves to objective measurement, because they are not always readily countable or observable." *Oliver und Anderson* (1994, S. 53).

216 Vgl. *Anderson und Oliver* (1987, S. 85 ff.).

217 Vgl. *Oliver und Anderson* (1994) und *Cravens et al.* (1993).

218 *Oliver und Anderson* (1994, S. 54).

Verkäufer tätig.[219] Der Verkäufer denkt *kurzfristiger*, *egoistischer* und ist *aggressiver* als sein Kollege im prozessorientierten Kontrollsystem.

In der Realität ist jedes Kontrollsystem eine Kombination von Elementen beider Idealtypen. Dabei wird in der Regel ein Idealtyp dominieren.[220] Bei der Umsetzung ist darauf zu achten, dass die gewählten Kontrollinhalte untereinander konsistent[221] und komplementär[222] sind. Eine beziehungsorientierte Verkaufsstrategie[223] lässt sich wahrscheinlich nur mit professionellen, kundenorientierten[224], loyalen und teamorientierten Verkäufern umsetzen. Das realisierte Kontrollsystem muss demzufolge *schwergewichtig prozessorientiert* sein.

Mit dieser Folgerung verliert auch die Diskussion um die Einführung von Anreizsystemen im mittleren bis grossen Firmenkundensegment an Bedeutung. Nach *Smyth*[225], dessen Beitrag konsensfähiges Grundwissen zum Thema Anreizsysteme darstellt, muss der variable Anteil am Lohn bei einem *wirksamen* Anreizsystem etwa 30% betragen. Das Anreizsystem sollte so einfach wie möglich gestaltet sein und nicht mehr als zwei bis drei wichtige Ziele beinhalten. „In fact, we can state categorically that we have never encountered a complex salesmen's incentive plan

---

219 Es geht hier das „organizational citizenship behavior", das auch Bestandteil der Evaluation sein sollte, verloren. Definition *„organizational citizenship behavior"*: „... discretionary behaviors on the part of a salesperson that directly promote the effective functioning of an organization, without necessarily influencing a salesperson's objective sales productivity." Mögliche Formen davon sind: „Altruism", „civic virtue", „sportsmanship". Vgl. *MacKenzie et al.* (1993, S. 71).

220 Vgl. *Oliver und Anderson* (1994, S. 53).

221 „... we also argue that combinations of opposing philosophies (e.g., straight salary but little supervision) are internally contradictory." *Oliver und Anderson* (1994, S. 54 - 55).

222 „Consistency in a control context can be thought of as the extent to which a given type of control is congruent with the explicit objectives of the marketing unit (e.g., to what extent does the current system of self-control support the stated objectives of the marketing unit?). Also in a control context, complementarity refers to the extent to which the controls are mutually reinforcing given the stated marketing objective." *Jaworski* (1988, S. 32).

223 Vgl. Kapitel 4.

224 „From a strategic point of view, relationship selling requires salespeople who focus on behavioral strategies relating to sales planning, sales support, and being customer oriented." *Cravens et al.* (1993, S. 56).

225 Vgl. *Smyth* (1968, S. 114).

that was successful.“ Ein Kontrollsystem wird mit einem derartigen Lohnsystem stark ergebnisorientiert („outcome-based“). Wenn der Anteil an variablen Lohnzahlungen zunimmt, muss dem Verkäufer ein grösserer Handlungsspielraum gewährt werden. Der Typ Verkäufer wird sich ändern. Er wird aggressiver, kurzfristiger denkend und weniger loyal. „It will also, of course, have to provide a working environment and a type of supervision that appeal to the more individualistic, highly motivated types of salesmen who are attracted by the opportunity to earn more.“[226]. Damit wäre die Umsetzung einer beziehungsorientierten Verkaufsstrategie mit grosser Wahrscheinlichkeit gefährdet.

Die „Path-Goal“-Theorie und der prozessorientierte Kontrollansatz sind vollständig kompatibel. Der aus der „Path-Goal“-Theorie abgeleitete Führungsansatz sieht vor, dass der Verkaufsleiter seine Verkäufer auf dem Weg zur Verkaufszielerfüllung bestmöglichst unterstützt. Diese Art von Führung ist nur dann möglich, wenn der Verkaufsleiter direkt in die Verkaufsaktivitäten seiner Mitarbeiter korrigierend und unterstützend eingreifen kann. Beim prozessorientierten Kontrollansatz ist das möglich. Die Qualität der diesbezüglichen Führungsarbeit hängt entscheidend vom verkaufsbezogenen Wissen der einzelnen Verkaufsleiter ab. Deshalb sind für die Bank alle Anstrengungen, die einzelnen Verkaufsprozesse besser zu verstehen, von grossem Interesse. Im folgenden rückt der eigentliche Verkaufsakt ins Zentrum.

5.3 Verkaufsakt

5.3.1 Erfolgsfaktoren im persönlichen Verkauf (statische Betrachtung)

„We know the sound of two hands clapping; what is the sound of one hand clapping?“[227]

Churchill et al.[228] haben 1985 eine Vielzahl von empirischen Arbeiten aus der Verkaufserfolgsforschung erfasst und ausgewertet. Die Studien decken die Zeit von 1910 bis 1985 ab. Die Untersuchung ergab, dass in diesem Zeitraum vor allem die

---

226 *Smyth* (1968, S. 114).

227 Es handelt sich um ein altes Zen-Sprichwort. *Solomon et al.* (1985, S. 101).

228 Vgl. *Churchill et al.* (1985).

nachfolgend aufgeführten Faktoren zur Erklärung des Verkaufserfolges eingesetzt wurden:[229]

1. Rollenvariablen („role variables“)[230]

Wenn der Verkäufer nicht *genau* weiss, was der Teamchef von ihm erwartet und wenn der Verkäufer nicht im Besitz aller für den Verkaufserfolg relevanten Informationen ist, kann der Verkaufserfolg entscheidend beeinträchtigt werden. Im Verkaufsalltag muss der Verkäufer Bankinteresse, Verkaufsteaminteresse, Kundeninteresse und private Interessen „unter einen Hut“ bringen. Diese latenten Interessengegensätze können zeitweise akut werden. In solchen Situationen ist es wichtig, dass aufgebrochene Gegensätze in Einzelgesprächen und im Team thematisiert und verarbeitet werden. An dieser Stelle soll nochmals in Erinnerung gerufen werden, dass *von allen bis heute untersuchten Erfolgsfaktoren im Verkauf die Rollenvariablen die grössten Einzelwirkungen auf den Verkaufserfolg haben!* Aus diesem Grund muss der Verkaufschef immer wieder klar und deutlich seine Erwartungen den Mitarbeitern kommunizieren. Im weiteren muss er sicherstellen, dass seine Mitarbeiter im Besitz aller für ihre Aufgaben relevanten Informationen sind. Die Mitarbeiter sollten täglich eine offene Gesprächskultur erleben.

2. Fähigkeiten („skill“)

Darunter sind aufgabenbezogene Fähigkeiten zu verstehen. Als Beispiel wäre die persönliche Präsentationstechnik zu nennen. Über diesen Faktor können etwa 7% der Abweichungen bezüglich des Verkaufserfolges erklärt werden.

3. Motivation („motivation“)

Die Berücksichtigung der Motivation als Erklärungsvariable in empirischen Untersuchungen ist relativ neu (zum ersten Mal in den sechziger Jahren ver-

229 Die Faktoren sind ihrer Bedeutung gemäss aufgelistet!

230 Vgl. Abschnitt 5.2.4.

wendet). *Churchill et al.*[231] kommen in ihrer Analyse zu folgendem Schluss: „The overall pattern of results suggests that, on average, motivation is a better predictor of performance than aptitude, *but not as good a predictor as skill level.*“

4. Persönliche Faktoren („personal factors“)

Dazu gehören u.a. Geschlecht, Ausbildung, Alter und Klubmitgliedschaften. Persönliche Faktoren wurden schon früh als mögliche Erfolgsfaktoren in empirischen Untersuchungen verwendet. Die verkaufserfolgsbezogene Prognosekraft von persönlichen Faktoren darf aber nicht überschätzt werden.

5. Befähigung („ability“)

Churchill et al.[232] definieren die Befähigung wie folgt: „The aptitude category, for example, reflects a number of personality characteristics as well as some other *general* ability characteristics.“ Als Beispiele wären soziale Kompetenz, sprachliche Begabung, Ausbildung und die Anzahl Jahre Verkaufserfahrung zu nennen. Die Prognosekraft dieser Variable ist gering: „Even with no errors in the measurements, then, salespeople's aptitude on average has a low correlation with their performance.“[233]

6. Organisation und Umwelt („organizational/environmental factors“)

Organisations- und Umweltfaktoren scheinen auf den Verkaufserfolg wenig Einfluss zu haben: „The average correlation between predictor and performance criterion is lowest for organizational and environmental factors among the six categories of predictors studied.“[234]

Aus der Untersuchung können gemäss *Churchill et al.* folgende, für uns interessante Schlüsse gezogen werden:

---

231 *Churchill et al.* (1985, S. 109).

232 *Churchill et al.* (1985, S. 116).

233 *Churchill et al.* (1985, S. 107).

234 *Churchill et al.* (1985, S. 109).

1. Keine der obigen Variablen erkärt für sich alleine einen grösseren Anteil (im Durchschnitt sind es 10%) an der Varianz des Verkaufserfolges.[235] Mit einer Variablen allein kann der Verkaufserfolg nicht erklärt werden! Sobald man mehr als eine der obigen Variablen in den Erklärungsansatz integriert, verbessert sich das Ergebnis.
2. Erfolgsvariablen, die kurz- oder mittelfristig über eine gute Führungsarbeit beeinflussbar sind, haben gleichzeitig auch einen relativ grossen Einfluss auf den Verkaufserfolg.[236] Erfolgsvariablen, die kurz- und mittelfristig schwer bis gar nicht veränderbar sind, haben einen mässigen Einfluss auf den Verkaufserfolg. *„The implication is that from a manager's point of view, whom one recruits is important, but probably not as important as what one does with the recruits - and to them - after they have been hired.*"[237] Zu den beeinflussbaren Erfolgsvariablen gehören die spezifischen Fähigkeiten, die *Rollenkonstrukte*[238] und die Motivation. Zu den schwer veränderbaren Erfolgsvariablen gehören persönliche Faktoren, allgemeine Befähigung sowie Organisations- und Umweltfaktoren.
3. Im weiteren zeigt die Untersuchung, dass der Einfluss des *einzelnen* Faktors auf den Verkaufserfolg vom zu verkaufenden Produkt abhängt. Beim Verkauf von Dienstleistungen gewinnen die *persönlichen* Faktoren an Bedeutung. Bei Industrieprodukten wird die Motivation wichtiger. Da persönliche Faktoren in der Regel gar nicht oder nur schwer veränderbar sind, ist ihnen in der Personalrekrutierung die nötige Aufmerksamkeit zu schenken.

Die Untersuchung von *Churchill et al.* hat, auch wenn sie in ihrer Art einmalig ist, eine grundsätzliche Schwäche: Die Dynamik des Verkaufsgespräches wird nicht erfasst. Auf diese Problematik hat *Evans*[239] schon 1963 hingewiesen: „The sale is a

---

235 „... managers should be wary of any personnel administrator or consultant who contends that measurement of a single factor - or even several factors within a single category of predictors (e.g., personality tests measuring several traits) - can accurately predict salespeople's future sales performance." *Churchill et al.* (1985, S. 109).

236 „... influenceable characteristics are more likely to be job-specific and also are more likely to be measured with instruments that reflect the unique requirements of the job." *Churchill et al.* (1985, S. 117).

237 *Churchill et al.* (1985, S. 117).

238 Vgl. Abschnitt 5.2.4.

239 *Evans* (1963, S. 76).

social situation involving two persons. The interaction of the two persons, in turn, depends upon the economic, social, and personal characteristics of each of them. To understand the process, however, it is necessary to look at both parts of the sale as a dyad not individually." *Szymanski*[240] stellt in seinem Artikel von *1988* fest, dass dem verkaufsbezogenen Wissen und der Fähigkeit des Verkäufers, sich an die jeweilige Verkaufssituation anzupassen, bis dato zuwenig Beachtung geschenkt wurde.

5.3.2 Skripttheorie (dynamische Betrachtung)

„Empirical evidence, in fact, has established that buyer-seller interactions are organized in a scriptlike way ..."[241]

Die Skripttheorie ist ein neuerer Ansatz in der Verkaufsforschung. Der Verkaufsakt wird bei diesem Ansatz definiert als „a purposive transaction whose outcome is dependent upon the coordinated actions of both participants".[242] Damit wird explizit die Dynamik und die Interdependenz eines Verkaufsgesprächs berücksichtigt. In einem Verkaufsgespräch streben alle Parteien danach, ihren Nutzen zu maximieren und die Transaktionskosten zu minimieren.[243] Der Erfolg des Gespräches hängt theoretisch von den Erwartungen und dem Verhalten der Teilnehmer ab.[244] „Each party to the transaction has learned (albeit with differing degrees of facility) a set of behaviors that are appropriate for the situation and will increase the probability of goal attainment. Each participant has a role to play; the script from which he/she reads is often strictly defined."[245] Genau dieses Skript, von dem die Gesprächsteilnehmer während des Verkaufsgespräches lesen, versucht die Skripttheorie zu erfassen. Den konzeptionellen Hintergrund entlehnt sie dabei

240 Vgl. *Szymanski* (1988)

241 *Leong et al.* (1989, S. 165).

242 *Solomon et al.* (1985, S. 101).

243 Vgl. *Solomon et al.* (1985, S. 100).

244 „Satisfaction with a service encounter is seen as a function of the congruence between perceived behavior and the behavior expected by role players." *Solomon et al.* (1985, S. 100).

245 *Solomon et al.* (1985, S. 101).

der Rollentheorie.[246] Zur Veranschaulichung ein Beispiel aus dem Alltag: Sie gehen zu einem Bahnhofkiosk, um sich dort eine Tageszeitung zu kaufen. In der Regel haben Sie relativ genaue Vorstellungen, wie ein solches Verkaufsgespräch ablaufen wird. Wenn sich die Verkäuferin, ohne Sie genauer zu kennen, nach Ihrem Wohlergehen und Alter erkundigen würde, wären Sie wohl etwas erstaunt. Unter Umständen würden Ihre Transaktionskosten zunehmen (Ärger über die Frage nach dem Alter!). Ein Skript ist nun nichts anderes als die schriftliche Fixierung dieser spezifischen sozialen Interaktion (einem Theatertext vergleichbar).[247] Das Experiment kann man auf andere soziale Interaktionen ausdehnen: auf einen Theaterbesuch, einen Arztbesuch, eine Einladung bei Freunden, ein Bewerbungsgespräch oder eben auf ein Verkaufsgespräch.

Die Skripttheorie geht nun davon aus, dass ein Verkäufer, vergleichbar einem Schachspieler oder Schauspieler, eine Vielzahl von Skripten für verschiedenste Verkaufssituationen im Kopf gespeichert hat. Damit der Verkäufer in einer aktuellen Verkaufssituation das passende Skript[248] hervorrufen kann, braucht er zwingend zwei Arten von Wissen: deklaratives und prozedurales.[249] Das deklarative Wissen hilft[250] dem Verkäufer, eine konkrete Verkaufssituation nach skriptkritischen Gesichtspunkten einzuordnen.[251] [252] Sobald diese Einordnung geschehen ist, sagt ihm

---

246 „A role theoretic approach emphasizes the nature of people as social actors who learn behaviors appropriate to the positions they occupy in society." *Solomon et al.* (1985, S. 101).

247 „This script would contain information about the role set - one's own expected behavior - plus the expected complementary behavior of others, and would reflect the individual's learned (or imagined) conception of the prototypical service experience." *Solomon et al.* (1985, S. 105).

248 Das passende Skript ist immer dasjenige, das uns hilft, den Ertrag aus der sozialen Interaktion zu maximieren und die dabei entstehenden Transaktionskosten zu minimieren.

249 Vgl. *Rosch* (1975).

250 „Salespeople, like other experts in problem-solving situations, operate in an extremely complex domain. Rather than reacting to each new situation uniquely, salespeople accumulate a base of experience and probably organize this experience into categories of selling situations so that it can be readily applied when they confront new customers and new selling situations." *Weitz et al.* (1986, S. 178).

251 Vgl. *Rosch* (1975).

252 „The identification of customer needs can be viewed as a categorization process. The salesperson gathers information about clients and, on the basis of the information obtained,

das mit der deklarativen Wissenskategorie verbundene prozedurale Wissen, wie er in der aktuellen Verkaufssituation vorzugehen hat. Zur Veranschaulichung wird ein Beispiel aus dem Bereich des Schachspiels genommen. Ein guter Klubspieler hat etwa 1'000 verschiedene Schachstellungen im Langzeitgedächtnis gespeichert (deklaratives Wissen). Zusätzlich kennt er für die meisten dieser Positionen die erfolgsversprechendsten Folgezüge (prozedurales Wissen). Der Schachgrossmeister hingegen hat etwa 50'000 Positionen memoriert![253] Dieses Beispiel kann man verallgemeinern.

Wissenschaftliche Untersuchungen auf verschiedenen Gebieten haben ergeben, dass Experten differenziertere kategoriale Wissensbasen besitzen als Anfänger.[254] Die Wissensbasis eines Experten ist breiter und tiefer. Er kann mehr soziale Situationen unterscheiden und hat zu jeder Situation mehr Reaktionsmöglichkeiten als der Amateur. Dies kann nochmals anhand eines Grossmeisters veranschaulicht werden. Er hat nicht nur eine Vielzahl möglicher Schachpositionen im Gedächtnis gespeichert, sondern er kennt auch zu jeder dieser Positionen mindestens eine erfolgsversprechende Fortsetzungsvariante. Gemäss *Leong et al.*[255] gilt dieser Zusammenhang auch im Verkauf: „In our study, effective salespeople exhibit more sophisticated sales script than do ineffective salespeople. In particular, the sales scripts of effective salespeople are more elaborate, distinctive, contingent, and hypothetical than those of their less effective counterparts." Daraus folgert *Szymanski*[256], dass „the firm must choose a system to guide and assist declarative knowledge development for both new salespeople and less effective salespeople already employed". Gerade das Verkaufstraining kann von diesen Zusammenhängen profitieren: „An examination of sales scripts of effective and ineffective salespeople may be especially helpful in pinpointing which phase(s) of the selling process should be emphasized more than others in training exercises. For example, such an analysis of sales script might uncover a need to develop better techniques for fact finding rather than making product recommendations."[257] Eine relativ einfache Methode

---

places customers into one selling category at each stage of the sales process." *Szymanski* (1988, S. 74).

253 Vgl. *Simon et Gilmartin* (1973).

254 Vgl. *Leong et al.* (1989, S. 165).

255 *Leong et al.* (1989, S. 174). Vgl. auch *Sujan et al.* (1988).

256 *Szymanski* (1988, S. 74), wo auch weitergehende Ideen zum Verkaufstraining zu finden sind.

257 *Leong et al.* (1989, S. 176).

zur Erfassung von deklarativem und prozeduralem Wissen von Verkäufern findet sich bei *Leigh und McGraw*.[258]

Am Ende des Abschnittes 5.2.6 wurde festgehalten, dass die Bank, vor allem wenn sie ein prozessorientiertes Kontrollsystem wählt, ein grosses Interesse hat, den Verkaufsprozess zu verstehen. Die Skripttheorie bietet hierfür eine erfolgsversprechende methodische Basis. Wenn es der Bank gelingt, die Wissensbasis ihrer erfolgreichsten Verkäufer zu reproduzieren, wäre damit auch ein entscheidender Schritt in Richtung Standardisierung der Verkaufsprozesse getan. Die zunehmende Standardisierung würde das Qualitätsmanagement[259] im Verkauf entscheidend verbessern und den Einsatz von leistungsfähigen Expertensystemen[260] in der täglichen Verkaufsarbeit ermöglichen.

5.4 Strategischer Verkaufsansatz: „Adaptive Selling“

„In fact, had this research identified a set of universally effective selling behaviors, it would have resulted in the adoption of standardized communication approaches (‘canned’ presentations) that could be delivered more cost effectively than personal selling.“[261]

Das Verkaufskonzept „Adaptive Selling“ wird in der Literatur wie folgt definiert: „The practice of adaptive selling is defined as the altering of sales behaviors during a customer interaction or across customer interactions based on perceived information about the nature of the selling situation.“[262] Das Konzept baut auf der

---

258 Vgl. *Leigh und McGraw* (1989).

259 Sobald der Verkaufsprozess weitgehend standardisiert ist, können daraus Sollwerte abgeleitet werden. Mit Hilfe dieser Sollwerte können Abweichungen bei den Istprozessen identifiziert werden. Die Managementressourcen könnten dann gezielt zur Überwindung der Abweichungen eingesetzt werden.

260 „As the processes for eliciting knowledge, building expert systems, and validating information become standardized, organizations are creating computer-based expert systems using the knowledge of their own experts.“ *Huber* (1990, S. 61).

261 *Spiro und Weitz* (1990, S. 61).

262 *Weitz et al.* (1986, S. 175).

Skripttheorie auf. „Adaptive Selling" verlangt vom Verkäufer, dass er seine Verkaufsstrategie möglichst differenziert der konkreten Verkaufssituation anpassen kann. *Die Erfüllung dieser Anforderung stellt sicher, dass auch der Verkaufsprozess kundenorientiert gestaltet wird.*[263] Der Verkaufsauftritt kann nur dann situationsgerecht variiert werden, wenn der Verkäufer über das dafür notwendige deklarative und prozedurale Wissen verfügt. Es muss sichergestellt werden, dass diese Wissensbasis vom Verkäufer konstant überprüft und erweitert wird.

Empirische Untersuchungen zeigen, dass Verkäufer „Adaptive Selling" anwenden.[264] Das Konzept stellt relativ hohe Anforderungen an das Verkaufsteam. Hohe Anforderungen haben in der Regel auch höhere Implementierungskosten zur Folge. Grundsätzlich ist die Implementierung eines Konzeptes nur dann gerechtfertigt, wenn die daraus zusätzlich generierten Erträge grösser als die anfallenden Implementierungskosten sind. *Weitz et al.*[265] definieren vier Bedingungen, die erfüllt sein müssen, damit sich eine Implementierung des Verkaufskonzeptes „Adaptive Selling" lohnt:

1. Die Kunden sind verschieden und haben unterschiedliche Bedürfnisse;
2. Die typische Verkaufssituation kann zu bedeutenden Aufträgen führen;
3. Die Unternehmung unterstützt den Verkäufer beim „Adaptive Selling";
4. Die Käufer sind in der Lage, „Adaptive Selling" effizient und effektiv anzuwenden.

Falls der Verkäufer ähnliche Kunden mit ähnlichen Bedürfnissen betreut, ist eine standardisierte Verkaufsstrategie mit grosser Sicherheit erfolgreicher. Im Retail Banking scheint sich ein standardisierter Verkaufsansatz zu bewähren. Der Erfolg wird in diesem Segment über die Anzahl Kundenkontakte gesucht. Im mittleren bis grossen Firmenkundensegment ist alles etwas komplexer: die Produktepalette ist breiter und anspruchsvoller, die Kunden sind professioneller, die Wertschöpfungskette eines Kunden und die daraus abgeleiteten Problemlösungsmöglichkeiten sind

---

263 „... failure to consider and evaluate the customer's sales process needs lessens the probability that a sale will take place. Only by satisfying all of the client's requirements - those related to both the product and the sales process - can the salesperson maximize the chances for a sale." *Szymanski* (1988, S. 65).

264 Vgl. z.B. *Spiro und Perreault* (1979).

265 Vgl. *Weitz et al.* (1986, S. 175).

schwerer zu identifizieren. Sobald die Produktepalette breiter ist und die einzelnen Produkte auf kundenspezifische Problemstellungen angepasst werden können, lohnt sich in der Regel eine kundenspezifische Verkaufspräsentation. Die Kosten des individualisierten Verkaufsansatzes können durch technischen Support, z.B. Labtop, Dokumentationsmappen usf., gesenkt werden. Die Bedingungen für einen Einsatz von „Adaptive Selling" im mittleren bis grossen Firmenkundengeschäft sind weitgehend erfüllt. Aus strategischer Sicht ist eine individualisierte Verkaufsstrategie Ausdruck einer konsequenten Kundenorientierung.

Nach *Spiro und Weitz*[266] begünstigen die nachfolgend genannten Persönlichkeitsmerkmale den Einsatz von „Adaptive Selling". Alle diese Merkmale haben etwas mit interpersoneller Flexibilität zu tun.

1. Selbstbeobachtung

Das Konzept „Selbstbeobachtung"[267] erfasst einen Persönlichkeitszug, der dazu führt, dass die entsprechende Person konstant ihr Verhalten an die vorliegende interpersonelle Situation anpasst. Als Resultat kann die Person flexibel auf den Gesprächspartner und die Situation reagieren.

2. Androgynität

„Androgyny has been defined as the degree to which individuals feel that they are characterized by traits culturally associated with both men and women. Androgynous people perceive themselves as being both assertive and yielding and both instrumental and expressive."[268] Die Person mit einem androgynen Persönlichkeitszug fühlt sich in verschiedenen Rollen wohl.

---

266 Vgl. *Spiro und Weitz* (1990, S. 63 - 64).

267 Eine Skala zur Erfassung des Persönlichkeitszuges „Selbstbeobachtung" findet sich bei *Lennox und Wolfe* (1984).

268 *Spiro und Weitz* (1990, S. 63).

3. Einfühlungsvermögen[269]

Unter Einfühlungsvermögen wird die Fähigkeit verstanden, die Perspektive und Lage des Gesprächspartners geistig einnehmen zu können.[270] Hinzu kommt eine hohe soziale Kompetenz (Selbstvertrauen).

4. Öffner

Damit ist die Fähigkeit verstanden, es anderen Menschen leichter zu machen, sich zu öffnen. Diese Fähigkeit begünstigt das Sammeln von persönlichen, verkaufsrelevanten Informationen.

5. „Locus of control"

„Beliefs that rewards are typically due to luck, chance, or fate or are simply unpredictable indicate an external locus of control. An internal locus of control is associated with a tendency to perceive that rewards are typically the results of one's own behavior."[271] Je mehr der Verkäufer die realisierten Resultate unter seiner Kontrolle sieht, desto eher ist er zu einem „adaptive selling" bereit.

Zur effektiven Anwendung von „Adaptive Selling" müssen aber noch weitere Voraussetzungen erfüllt sein:

---

269 „This is the salesman with good empathy. He senses the reactions of the customer and is able to adjust to these reactions. He is not simply bound by a prepared sales track, but he functions in terms of the real interaction between himself and the customer. Sensing what the customer is feeling, he is able to change pace, double back on his track, and make whatever creative modifications might be necessary to home in on the target and close the sale." *Mayer und Greenberg* (1964, S. 120). Interessanterweise treffen die beiden Autoren, ohne je etwas von „Adaptive Selling" gehört zu haben, die Grundidee eindrücklich.

270 „But a salesman simply cannot sell well without the invaluable and irreplaceable ability to get a powerful feedback from his client through empathy." *Meyer und Greenberg* (1964, S. 119).

271 *Spiro und Weitz* (1990, S. 64).

1. Wissen[272] und Fähigkeiten

Eine differenzierte Wissensbasis im Sinne der Skripttheorie ist Voraussetzung dafür, dass der Verkäufer die jeweilige Verkaufssituation korrekt erfassen und richtig darauf reagieren kann. Die Fähigkeit (u.a. Einfühlungsvermögen), verkaufs- und beziehungsrelevante Informationen zu erfassen, wird ihm helfen, konkrete Verkaufssituationen bekannten Kategorien korrekt zuzuordnen und das der Kategorie zugehörige Handlungswissen im Kundenkontakt zu aktivieren. Jeder Kundenkontakt gibt dem Verkäufer die Möglichkeit, bestehende Kategorien zu verfeinern.

2. Motivation

Motiviertes Verhalten hat drei Aspekte: Intensität, Ausdauer und Wahl.[273] Intensität bezieht sich auf den mentalen und physischen Aufwand. Ausdauer sagt etwas über die Dauer der Aufwandausübung aus. Mit der Wahl wird der mentale und physische Aufwand in eine bestimmte Richtung gelenkt. Wenn das Vorgehen bei einer konkreten Problemstellung nicht genau bestimmt ist, kommt der Steuerung des mentalen und physischen Aufwandes für den Erfolg grosse Bedeutung zu. Der Verkäufer kann mit noch so grosser Intensität und Ausdauer mögliche Kunden suchen und bearbeiten, wenn das Vorgehen[274] (Verkaufsstrategie) der Verkaufssituation nicht angepasst ist, werden diese Anstrengungen (Kosten) ohne Wirkung bleiben.[275] Nach *Weitz et al.*[276] motivieren drei Faktoren einen Verkäufer, seine Verkaufsanstrengungen auf den konkreten Kunden auszurichten: „an intrinsic reward orientation, a tendency to make strategy attributions to explain poor performance, and the capabilities to practice adaptive selling."

---

272 „... differences in knowledge structures should be an important determinant of effective adaptive selling just as they are an important factor in problem solving and game playing." *Weitz et al.* (1986, S. 177).

273 Vgl. *Weiner* (1980).

274 Vgl. *Goldmann* (1990) für alltägliche Beispiele aus dem Verkauf.

275 Nach dem Motto: Nachdem wir das Ziel aus den Augen verloren hatten, verdoppelten wir unsere Anstrengungen!

276 *Weitz et al.* (1986, S. 181).

Der Verkäufer ist intrinsisch motiviert,[277] wenn er Freude, Herausforderung und Genugtuung aus der Tätigkeit an sich gewinnt. Verkäufer, die von der Aufgabe an sich fasziniert sind, versuchen sich darin ständig zu verbessern.[278] Im Gegensatz dazu ist der hauptsächlich extrinsisch motivierte Verkäufer auf die Ergebnisse konzentriert. Er ist zielorientiert und wählt die Methode, die ihn seiner Meinung nach am sichersten zum Ziel bringt. Misserfolge werden nicht als Lernchance betrachtet, sondern als Bedrohung. „Adaptive Selling" bedingt also ein weitgehend prozessorientiertes Kontrollsystem.

In Abschnitt 5.2.3 wurde gezeigt, dass die Attributionstheorie[279] von der Annahme des „thinking man" ausgeht: „First, individuals will attempt to assign causes for important instances of behavior and, when necessary, will seek additional information in order to do so. Second, individuals will assign causal explanations in a systematic manner. Finally, the particular cause that an individual attributes to a given event has important consequences for his/her subsequent behavior."[280] Wenn der Verkäufer bei einem Verkaufsmisserfolg eine Tendenz hat, seine Verkaufsstrategie dafür als Ursache zu sehen, wird er diese zu ändern suchen. Falls er mangelnden Einsatz als Ursache sieht, wird er die Strategie unverändert lassen und seinen Einsatz vergrössern. Die Art der Kausalitätszuordnung im Falle eines Misserfolges oder Erfolges ist für die Anwendung von „Adaptive Selling" von grosser Bedeutung. Auf diese Kausalitätszuordnung kann der Verkaufschef Einfluss nehmen.[281]

Wenn der Verkäufer motiviert ist, seine Verkaufsstrategie konstant zu überdenken, erweitert und verfeinert er seine Wissensbasis ständig. Damit wird sein Verständnis möglicher Verkaufssituationen und Verkaufsstrategien im-

---

277 „... the level of intrinsic orientation in salespeople is related to the extent to which they find their work, the task of selling, inherently interesting and rewarding ..." *Weitz et al.* (1986, S. 181).

278 „... intrinsically oriented salespeople are likely to be motivated to learn more about selling by varying their behavior from customer to customer in an attempt to adapt effectively to customer needs." *Weitz et al.* (1986, S. 181).

279 „Attribution theory pertains to the processes used by individuals to interpret events by using causal explanations and has been labeled the dominant theoretical framework of the 1980s in the field of social psychology." *Teas und McElroy* (1986, S. 75).

280 *Teas und McElroy* (1986, S. 76).

281 Vgl. Abschnitt 5.2.3.

mer besser.[282] Diese konstante Auseinandersetzung[283] mit der Verkaufsstrategie wird auch den Lernprozess im Verkaufsteam fördern.

3. Sales Management

a) *Anreizsystem* („Compensation Programm")

Neuere Forschungsergebnisse[284] haben ergeben, dass, wenn „Incentives" im Sinne eines Kontrollmittels (z.B. Quotenerreichung) eingesetzt werden, die intrinsische Motivation sinkt. Wenn beim „Incentive" aber der Informationsgehalt (Sie haben eine aussergewöhnliche Leistung erbracht!) überwiegt, könnte es möglich sein, dass der gegenteilige Effekt eintritt. Als Beispiel wäre hier eine Geldprämie, die spontan für eine gute Leistung ausbezahlt wird, zu nennen. Entscheidend ist also, wie der Verkäufer den Charakter des „Incentives" auffasst.

b) *Feedback*

In der Literatur[285] unterscheidet man zwischen „outcome" und „cognitive" Feedback. Beim „outcome" Feedback teilt der Verkaufsleiter dem Verkäufer mit, ob er das Ziel erreicht hat oder nicht. Der Verkäufer weiss in diesem Fall unter Umständen nicht, warum er das Ziel nicht erreicht oder eben erreicht hat. Der Verkäufer wird bei der Verarbeitung seines Verkaufsergebnisses allein gelassen. Der Verkaufsleiter seinerseits verzichtet auf eine Einflussnahme. Mit dem kognitiven Feedback nimmt der Verkaufsleiter seinen Einfluss wahr: „In contrast, cognitive feedback provides information on how and why the desired outcome is achieved or is not achieved."[286] Der Feedback ist ein wichtiges Führungsinstrument, mit

---

282 „Through motivation, the practice of adaptive selling improves the salesperson's knowledge structure which in turn enables the salesperson to make appropriate adaptation." *Weitz et al.* (1986, S. 182).

283 „... wer seine eigene Methodologie analysiert, ständig seine Verkaufsstrategien und Taktiken überprüft und nach zuverlässigen und wiederholbaren Methoden sucht, um seine Wettbewerbsvorteile abzusichern." *Miller und Heiman* (1994, S. 31).

284 Vgl. *Ryan et al.* (1983).

285 Vgl. *Jacoby et al.* (1984).

286 *Weitz et al.* (1986, S. 183).

dessen Hilfe der Verkaufsleiter seine Mitarbeiter auf dem Weg zum Ziel unterstützen kann.

Es gibt zwei menschliche Verhaltensweisen, die die Anwendung von „Adaptive Selling“ erschweren:[287]

1. **Menschliches Verhalten unter Stress**

„Moreover, when members do discover that things are not working as well as they did formerly, they commonly respond by executing their existing behavioral routines more vigorously than ever, rather than using the early signs of trouble as an occasion for reflection on the adequacy of those routines.“

2. **Gefühlsmässige Bindung an eine einmal erfolgreiche Strategie**

„The second impediment to responsiveness is rooted more in emotionality than in efficiency. When a work unit has invented its own performance strategy members can become quite reluctant to change it.“

Diese Verhaltensweisen führen unter Umständen dazu, dass „the likelihood of responsive change may be lessened under precisely those circumstances in which change is needed most“.[288] Der Verkaufsleiter als Coach muss in der Lage sein, solche Mechanismen bei seinen Mitarbeitern zu erkennen. In einer ruhigen Minute kann der Teamchef die Situation, die zu dem entsprechenden Verhalten geführt hat, mit seinem Mitarbeiter aufarbeiten.

Zu Beginn dieses Kapitels wurde festgehalten, dass das persönliche Verkaufen als Marketinginstrument einzigartig ist. Es erlaubt uns, die Marketingbotschaft auf spezifische Kundenbedürfnisse und Kundenwerte anzupassen. Genau diesen komparativen Vorteil bringt des Verkaufskonzept „Adaptive Selling“ im Rahmen einer beziehungsorientierten Verkaufstrategie zur Geltung. „Adaptive Selling“ fordert vom Verkaufsteam eine konstante Lernbereitschaft. Gewählte Verkaufsstrategien sind ständig auf ihre Zweckmässigkeit zu überprüfen und weiterzuent-

---

287 *Hackman und Wageman* (1995, S. 334).

288 *Miller* (1993, S. 132).

wickeln. Damit wird ein kundenorientierter Verkaufsansatz realisiert, der sich mit grosser Wahrscheinlichkeit auch ertragsmässig auszahlen wird.

6. „Check-up“[289]

„... a world in which the ability to learn faster than competitors may be the only sustainable competitive advantage.“[290]

6.1 „Organizational Learning Process“

Wenn die Unternehmensumwelt unstabil ist, werden die Marktteilnehmer gezwungen, sich konstant zu verändern. Verändern heisst, Unzweckmässiges zu verlernen und Zweckmässiges zu erlernen. Die Unternehmung wird zu einer lernenden Organisation.

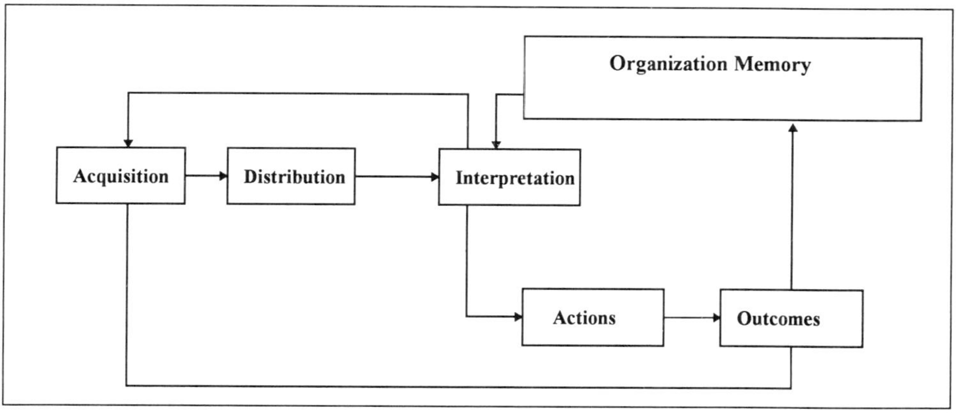

Abb. 6.1: „Organization Learning Processes“[291]

Die Abbildung 6.1 zeigt schematisch den Lernprozess in einer Unternehmung: Daten und Informationen werden aufgenommen, verteilt und interpretiert. Die In-

289 Definition *„Check-up“*: EDV-gestützte Analyse von Kundendaten mit dem Zweck, Kundenbedürfnisse schneller und präziser als die Konkurrenz zu identifizieren.

290 *Geus* (1987, S. 71).

291 *Day und Glazer* (1994, S. 273).

terpretationsergebnisse führen zu Aktionen. Die Resultate der Aktionen werden erfasst und gespeichert. Sie sind für zukünftige Interpretationen wieder abrufbar. Eine schnell lernende Organisation[292] besitzt u.a. folgende vier Eigenschaften:[293]

1. **„Open-minded inquiry“**

   Allen Mitarbeitern sollte eine gewisse experimentelle Grundhaltung eigen sein. Diese Eigenschaft äussert sich u.a. in der Bereitschaft, bei Problemlösungen unterschiedliche Lösungsansätze zu berücksichtigen sowie implementierte Lösungsansätze möglichst objektiv und unpolitisch auszuwerten. Der Informationsfluss sollte zwischen den Verkäufern, dem Management und der Geschäftsleitung offen und in gegenseitigem Vertrauen erfolgen. *Flache Hierarchien* erlauben dem Top-Management einen sehr schnellen, in der Regel unkomplizierten Informationsaustausch mit den unterstellten Verkaufsteams und den Kunden.

2. **„Synergistic Information Distribution“**

   Die Informationsverteilung innerhalb der Unternehmung sieht idealerweise wie folgt aus: „Market-driven firms don’t suffer unduly from organizational chinmeys, silos, or smokestacks that bottle up information vertically within functions. Instead, information is widely distributed, its value is mutually appreciated, and those functions with potentially synergistic information know where else it could beneficially be used.“[294]

3. **„Mutually Informed Interpretations“**

   Die Umwelt wird immer mit Hilfe von mentalen Modellen interpretiert. *Kleiner*[295] definiert ein mentales Modell wie folgt: „Mental models are the

292 „Does the organization use new information to change its behavior within a time frame during which the information is still relevant? This, of course, is what is meant by learning.“ *Day und Glazer* (1994, S. 284).

293 Vgl. *Day und Glazer* (1994, S. 274ff.).

294 *Day und Glazer* (1994, S. 275).

295 *Senge et al.* (1995, S. 235).

images, assumptions, and stories which we carry in our minds of ourselves, other people, institutions, and every aspect of the world. Like a pane of glass framing and subtly distorting our vision, mental models determine what we see. Human beings cannot navigate through the complex environments of our world without cognitive 'mental maps' and all of these mental maps, by definition, are flawed in some ways." Auch die Unternehmensumwelt wird mit Hilfe von „mental models" erfasst und interpretiert. Die Umweltanalyse dient der Strategieformulierung als Basis. Die Strategien werden über Massnahmenpakete umgesetzt. Wenn beim Strategieformulierungs- und Strategieimplementierungsprozess die mentalen Modelle der Entscheidungsträger nicht genügen, sind auch die aus den Strategien abgeleiteten Massnahmen ungenügend. *Geus*[296], damals Planungschef von Shell, schreibt in einem Artikel, wie es ihm gelang, die Führungsmannschaft von Shell auf den Preissturz des Rohöls im Frühjahr 1986 vorzubereiten. In einer Planungssitzung nannte er folgende Ausgangslage: „And now it is April 1986, and you are staring at a price of $ 16 a barrel." und fragte anschliessend die Teilnehmer: „Will you please meet and give your views on these three questions: What do you think your government will do? What do you think your competitors will do? And what, if anything, will you do?" Die Anwesenden wurden gezwungen, ihre Annahmen, wie die für Shell damals relevante Welt funktionierte (ihre „mental models" über die Unternehmensumwelt), zu hinterfragen. Im Frühjahr 1986 stürzte der Preis dann auch innerhalb kürzester Zeit von $ 27 auf $ 10. „The fact that Shell *had already visited* the world of $ 16 oil helped a great deal in that panicky spring of 1986."

4. „Accessible Memory"

„Organizations without practical mechanisms to 'remember' what worked and why have to repeat the failures and rediscover their success formulas over and over again. Memory mechanisms are needed to ensure that useful lessons are captured, conserved, and can be readily retrieved when needed."[297] Damit erfolgsrelevantes Wissen im Unternehmen eine möglichst grosse Wirkung entfalten kann, muss es gespeichert und für alle

---

296 *Geus* (1987, S. 72f.).

297 *McCann* (1994, S. 132f.).

Mitarbeiter relativ einfach abrufbar sein. Es gibt verschiedene Mittel, die Verfügbarkeit von Wissen zu verbessern. So z.B. über

- interne Schulung;
- interne Mitteilungen;
- Fallstudien;
- Expertensysteme;
- Seminare;
- interne und externe Datenbanken;
- Informationsbeauftragte usf.

Auch der Verkaufsprozess kann als *Lernprozess* betrachtet werden: Zuerst werden verkaufsrelevante Daten erfasst. Diese Daten werden analysiert. Auf der Grundlage der Analyseresultate werden konkrete Verkaufsaktionen definiert und umgesetzt. Die Resultate dieser Aktionen werden wieder erfasst und ausgewertet. Die Auswertungsergebnisse werden für nachfolgende Analysen kundenbezogen gespeichert.

6.2 „Information Technology“

Zurzeit streben die meisten grösseren Banken danach, ihre alten Kommerzfrontorganisationen in schlagkräftige Verkaufsorganisationen zu transformieren. Bei allen Grossbanken ist die allgemeine Stossrichtung ähnlich: Zuerst werden die Firmenkundenberater von administrativen Aufgaben und notleidenden Kreditfällen weitgehend befreit. Zusätzlich wird das Kreditmanagement (Kreditentscheidung, -gewährung, -überwachung und -rückführung) zu grossen Teilen aus der Front ausgelagert. Der Kundenbetreuer kann sich dank diesen organisatorischen Massnahmen vollständig auf den Verkauf konzentrieren. In einem nächsten Schritt wird die Verkaufsorganisation gezielt verstärkt: Die Schlüsselpositionen in der Verkaufsorganisation werden, wenn immer möglich, mit ausgewiesenen Verkaufsprofis besetzt. Hierfür können auch branchenfremde Verkäufer rekrutiert werden.[298] Der kurz- und mittelfristige Transformationserfolg wird massgeblich durch diese Massnahmen bestimmt.

Eine beziehungsorientierte Verkaufsstrategie kann auf die Dauer aber nur dann Erfolg haben, wenn der Verkäufer die Bedürfnisse der Kunden schneller als die Konkurrenz erkennt und unter Nutzung der aufgebauten Geschäftsbeziehung die Leistungen seiner Bank beim Kunden erfolgreicher als die Konkurrenz positionieren kann. Das Ziel, schneller als die Konkurrenz die Bedürfnisse der Kunden zu erfassen und darauf zielgerichtet zu reagieren, erreicht der Verkäufer dann, wenn er zeitgerechte, verkaufsrelevante und „actionable" Informationen über seine Kunden sowie den Markt besitzt. Heute wird der grösste Teil der Kundeninformationen noch immer in mehr oder weniger einheitlich strukturierten Kundendossiers gesammelt. Auf dieser Grundlage sind die oben skizzierten strategischen Anforderungen an die Informationsqualität im Firmenkundengeschäft nicht zu erfüllen. Jede papierene Lösung scheitert unweigerlich.[299] Die gemachten Überlegungen müssen von den heutigen[300] sowie zukünftigen[301] technologischen Möglichkeiten geleitet werden. Dann wird unweigerlich klar, dass die Erfassung wie die Auswertung der Daten IT-gestützt erfolgen muss.[302] Eine EDV-Lösung hat der „Papier"-Lösung gegenüber u.a. folgende Vorteile:

- einheitlich, modulartig strukturiert und übersichtlich;
- einfach handhabbar und schnell;
- einfache Hypothesen sind schnell testbar;
- durchsetzbare definierte Informationsstandards;
- Informationen allen zugänglich (z.B. bei Stellvertretungen);

---

298 So hat z.B. der SBV einen IBM-Mitarbeiter - Thomas K. Escher - direkt als Generaldirektor für die Regionen Zürich, Ostschweiz und Tessin rekrutiert. Vgl. *NZZ* (1996a, S. 7).

299 „What is important in the initial stages is ease of use, ready access, and quick response. If testing every simple hypothesis against the data turns into a mini IT project, your marketer's creativity will be cut off at the knees." *Child et al.* (1995, S. 121).

300 Vgl. z.B. *Berry et al.* (1994) oder *Katahira und Yagi* (1994).

301 Vgl. *Benjamin und Blunt* (1992)

302 „Information Technology provides the tools that enable organizations *to manage information* from capturing and processing data, to communicating information throughout the organization and between the organization and its external constituents." *Seger und Stoddard* (1993, S. 1).

- Informationen in elektronischer Form (Stichwort papierloses Büro);
- anpassungs- und ausbaufähig;
- direkt verknüpfbar mit anderen Datenbanken und Applikationen;
- Selektion der Kunden nach verschiedenen Kriterien relativ einfach möglich.

Der Wettbewerbsdruck unter den Banken wird dazu führen, dass in naher Zukunft auch im Bankgeschäft vermehrt IT-Lösungen zur Verkaufsunterstützung eingesetzt werden müssen.[303] Die Mittel, die im Firmenkundenbereich für IT-Lösungen zur Verfügung stehen, werden heute noch hauptsächlich ins Kreditmanagement investiert.[304] In diesem Bereich ist der Handlungsbedarf wie auch der Erfolgshebel vorderhand noch am grössten. Sobald das Verbesserungspotential im Kreditmanagement ausgeschöpft ist, werden sich die IT-Investitionen wohl vermehrt in Richtung Verkaufsunterstützung verlagern. Im Verkauf geht es vor allem darum, die Verkäufer bei der Erfassung von erfolgsrelevanten Daten und bei der Analyse dieser Daten zu unterstützen.[305] IT gehört neben Personal und Eigenkapital[306] zu den wichtigsten strategischen Erfolgsfaktoren im Bankgeschäft. *Alle* strategischen Geschäftsfelder einer Bank konkurrenzieren um die knappen IT-Mittel. Die Banken, die es heute versäumen, rechtzeitig in IT-Lösungen im Verkauf zu investieren, riskieren mittelfristig strategische Nachteile („strategic jeopardy“[307]).

303 „Hinter dem einstweiligen Erfolg der Amerikaner stehen stichwortartig der ausgeprägte Fokus auf den Kunden, die knallharte Ueberwachung der Ertragskraft (nicht nur von der Kostenseite her), der Druck auf eine kontinuierliche Entwicklung von neuen Produkten, ein professionelles Risikomanagement *sowie die Fähigkeit, eine enorme Masse von Daten unter Ausschöpfung der modernen Informationstechnologie für das Bankgeschäft nutzbar zu machen.*“ *NZZ* (1996b, S. 23).

304 „IT investments will be among the largest capital investments that senior executives will make in the 1990s.“ *Seger und Stoddard* (1993, S. 2).

305 „By teaching employees how to analyze, synthesize, and make decisions based on the data, organizations can improve their effectiveness by finding new and better ways of doing work.“ *Thach und Woodman* (1994, S. 34).

306 Vgl. *Lauk* (1995, S. B10).

307 „A company that has failed to manage IT and information as a strategic resource. Once a competitor makes a competitive move involving IT, often the firm in ‘strategic jeopardy’ can not catch up to counter the competitor’s strategic initiative.“ *Seger und Stoddard* (1993, S. 10).

IT-Lösungen bestehen generell aus drei Elementen:[308]

1. **Applikation**
   Unter einer Applikation versteht man die geschäftsmässige Nutzung eines Computersystems. Die Applikation kann aus einem oder mehreren Softwarepaketen bestehen. Grundsätzlich unterscheidet man zwei Applikationenkategorien: die eine automatisiert Routineabläufe, die andere unterstützt die Mitarbeiter mit Informationen. Bei der Verkaufsunterstützung geht es hauptsächlich darum, den Verkäufer mit Informationen zu unterstützen.[309]

2. **Datenmanagement**
   Über das Datenmanagement werden die Rohdaten verwaltet.

3. **Kommunikation**
   Die Kommunikationsfunktion ermöglicht es, die Informationen innerhalb und ausserhalb der Unternehmung abzurufen. Das Management muss entscheiden, wer welche Informationen wie schnell und wo benötigt.

Nach *Seger und Stoddard*[310] lässt sich eine IT-Lösung in fünf Schritten entwerfen und einführen. Der Entwurf und die Implementierung geschieht in intensiver Zusammenarbeit zwischen dem Top-Management und den IT-Spezialisten.

1. Schritt:
Definieren der Geschäftsstrategie und der daraus abgeleiteten Implikationen für die IT-Lösung. Ziel ist es, dass beide, das Management und die IT-Verantwortlichen, eine klare Vorstellung betreffend der Geschäftsstrategie und den sich daraus ergebenden funktionalen IT-Anforderungen besitzen.

2. Schritt:
In einem zweiten Schritt ist eine Bestandesaufnahme („baseline blueprint“) der bestehenden IT-Lösung zu machen.

---

308 Vgl. *Seger und Stoddard* (1993, S. 6).

309 „Informating creates the true competitive advantage that IT can offer.“ *Thach und Woodman* (1994, S. 34).

310 Vgl. *Seger und Stoddard* (1993, S. 8).

3. Schritt:

Alsdann sind, ausgehend von der Bestandesaufnahme, die wichtigsten IT-Fragen zu stellen: Was für eine Technologie haben wir? Wie gut unterstützt die Technologie unser Geschäft? Ergibt sich aus der Technologie ein strategischer Vorteil? Nach der Beantwortung dieser Fragen kann man sich der angestrebten Soll-Technologie („planned blueprint") zuwenden: In welche Technologie sollten wir investieren? Wie können wir uns einen strategischen Vorteil sichern? Sollen wir einen Teil der Technologielösung „outsourcen"? Bei der Verkaufsführung wäre es z.B. möglich, die Analyse der Kundendaten auszulagern.

4. Schritt:

In einem vierten Schritt ist die zukünftig gewünschte IT-Lösung („planned blueprint") zu definieren. Die gefundene Lösung muss sich immer an der strategischen Vision des Managements orientieren. In unserem Fall an der beziehungsorientierten Verkaufsstrategie.

5. Schritt:

In einem fünften und letzten Schritt ist die IT-Lösung zu implementieren. Dabei gibt es zwei Ansätze: Entweder wird die alte Technologie vollständig durch eine neue ausgewechselt („revolutionary approach") oder die neue Technologie wird auf die alte gebaut. Beim zweiten Ansatz werden die Daten und Informationen bedürfnisgerecht vom alten in den neuen Teil transferiert. Die alte Technologie wird nach und nach ausgewechselt. Bei den Grossbanken ist der erste Ansatz mit grosser Wahrscheinlichkeit unrealistisch, weil er zu teuer und zu aufwendig ist.

6.3 „Marketing Decision Support System“[311]

“The purpose of a Marketing Decision Support System is, simply stated, to convert raw data into useful marketing information.“[312]

Man kann davon ausgehen, dass der Kundenbetreuer im mittleren bis grossen Firmenkundensegment eine überblickbare Menge von Kunden betreut. Der grösste Teil dieser Kunden wird zur Bank eine Kreditbeziehung haben. Im Rahmen der Kreditgewährung und -überwachung hat die Bank einen guten Einblick in die wirtschaftlichen Verhältnisse des Kunden. Kritisch wird demzufolge weniger die Informationsbeschaffung als die *Informationsstrukturierung* und die *Informationsverarbeitung*[313] sein. Es gilt zu beachten, dass die regelmässige Datenerfassung und -pflege nur Vorarbeit ist. Die *kritische Fähigkeit* liegt in der Auswertung der Daten.[314] *Little*[315] hat sich bereits 1979 als einer der ersten mit einem sogenannten „marketing decision support system“ konzeptionell auseinandergesetzt. Nach ihm besteht ein „marketing decision support system“ aus den folgenden vier Elementen:

1. **Datenbank**
   Verwaltung und Pflege der erfassten Daten.

2. **Modelle**
   Modelle sind der Versuch, die Wirklichkeit abzubilden. Dabei sind die wichtigsten Einflussfaktoren und deren Beziehungen untereinander zu definieren.

---

311 „System that integrate data, models, and analytic tools to support marketing and sales.“ *Mohan und Holstein* (1995, S. 231).

312 *Mohan und Holstein* (1994, S. 231).

313 „... the scarce resource will not be information itself, but creativity in the uses to which the data are put.“ *Deighton et al.* (1994, S. 78).

314 „While sophisticated techniques exist for analyzing customer databases, basic techniques and sound thinking often reveals opportunities for value creation.“ *Child et al.* (1995, S. 121).

315 Vgl. *Little* (1979).

3. **Statistik**
   Mit Hilfe von statistischen Methoden können die obigen Modelle, respektive die Beziehungen zwischen den einzelnen Variablen, getestet werden.

4. **Optimierungsprogramme**
   Lösung von Optimierungsproblemen wie die Verteilung der Verkaufszeit auf Kunden.

Dem Konzept ist zu entnehmen, dass bei einer IT-Lösung zur Verkaufsunterstützung neben der Datenbank die eingesetzten analytischen Instrumente (Modelle, Statistik und Optimierungsprogramme) von grosser Bedeutung sind.

Der nächste Abschnitt beschäftigt sich mit der Datenbank[316], bzw. der Definition der regelmässig zu erfassenden Daten. Die erfassten Daten bilden die Grundlage für die anschliessenden Analysen. Datenbanken sind nur Mittel zum Zweck: „Build customer relationships, not just databases. This means using data to identify actions that will affect value drivers."[317]

6.4 Daten[318]

„Companies must decide carefully what data they need, how they will gather and store it, and how they will manage it to ensure that it provides information that will support their business strategy."[319]

Grundsätzlich arbeitet man in der Verkaufsunterstützung mit vier Datenkategorien:[320]

---

316 „A dedicated marketing database will pull key data from several operating systems (such as a retailer's transaction system or a bank's deposit system) and consolidate it with information from external sources, such as census demographics." *Child et al.* (1995, S. 121).

317 Vgl. *Child et al.* (1995, S. 117).

318 „'Data' becomes 'information' only when it is analyzed and interpreted to provide meaning. The challenge is to collect only the data that will offer meaningful information, and then to manage it so that valuable information is in fact extracted." *Seger und Stoddard* (1993, S. 4).

319 *Seger und Stoddard* (1993, S. 5).

1. **Grunddaten**
   Dazu gehören längerfristig gleichbleibende und weitgehend produktunabhängige Kundendaten.

2. **Potentialdaten**
   Diese Daten geben Auskunft über die produktbezogenen Bedürfnisse der Kunden. Die Potentialdaten sind das Resultat IT-unterstützter Analysen von Grund-, Aktions- und Ergebnisdaten.

3. **Aktionsdaten**
   Aktionsdaten geben Auskunft über bereits realisierte und zukünftig geplante, kundenbezogene Aktionen.

4. **Ergebnisdaten**
   Ergebnisdaten erfassen die Reaktionen der Kunden auf die eigenen Verkaufsaktionen. Zielerreichung und Gründe für mögliche Soll/Ist-Abweichungen werden ermittelt und gespeichert. Diese Informationen werden bei künftigen Auswertungen mitberücksichtigt. Damit ist im Sinne des unter 6.1 grafisch dargestellten „Organization Learning Process" eine „Lernschleife" systemmässig eingebaut.

Im folgenden wird übersichtsmässig gezeigt, welche Datenarten im mittleren bis grossen Firmenkundensegment im Rahmen der Verkaufsunterstützung EDV-mässig erfasst werden sollten.

6.4.1 Grunddaten

Dazu gehören Stammdaten wie Firmennamen, Rechtsform, Gründungsdatum, Unternehmenszweck, Domizil, Eigentumsverhältnisse, Verwaltungsräte, Geschäftsleitung, Ansprechpartner, wichtige Adressen und Telefonnummern, Branche, Anzahl Mitarbeiter usf. Diese Daten können grösstenteils direkt dem Kreditgesuch entnommen werden. Die Kreditgesuche werden heute meistens bei Einreichung EDV-mässig erfasst. Die Grunddaten können demzufolge relativ einfach von der entsprechenden Prozessdatenbank übernommen werden.

---

320 Vgl. *Link und Hildebrand* (1994, S. 108).

6.4.2 Verkaufsbezogene Kundendaten

Das kundengerechte Führen des Verkaufsprozesses ist genauso wichtig wie eine korrekte Bedürfnisermittlung beim Kunden. Die unter 6.4.2 vorgestellte Miller-Heiman-Methode[321] hilft dem Verkäufer, einen Verkaufsprozess, bei dem auf der Kundenseite mehrere Personen beteiligt sind, erfolgreich und kundengerecht zu führen. Zu den verkaufsbezogenen Kundendaten gehören z.B. die Personen, die in einer bestimmten Unternehmung jeweils die Kaufentscheidungen mitbeeinflussen; nähere Informationen zu den Entscheidungsträgern, wie persönliche Vorlieben, Hobbys, beruflicher Werdegang; Angaben zur Präsentationsinfrastruktur beim Kunden usf. Falls Expertensysteme zur Entwicklung der Verkaufsstrategien im Einsatz sind,[322] würden sich die verkaufsbezogenen Kundendaten automatisch als Nebenprodukt der Arbeit am Computer ergeben.

6.4.3 Branche

Die Branche, in der eine Unternehmung tätig ist, ist für das Verständnis dieser Unternehmung von grösster Bedeutung. Neben der Branche an sich spielt die Stellung des Kunden innerhalb der entsprechenden Branche eine grosse Rolle.[323] Wenn man die wichtigsten Daten, z.B. Risikokategorie, Profitabilität der Kundenbeziehung, Produktenutzung, Umsatz, Gewinn usf. einer Unternehmung mit den jeweiligen Branchendurchschnitten vergleicht, wird die Positionierung der Unternehmung innerhalb der Branche sichtbar und datenmässig nachvollziehbar. Die Volkswirtschaftsabteilungen grosser Finanzinstitute erstellen regelmässig Branchenanalysen. Zusätzlich liefert die Kreditanalyse immer mehr branchenbezogene Vergleichszahlen. Diese Analysen könnten in naher Zukunft direkt auf die Verkaufsdatenbank überspielt werden.

---

321 Vgl. *Miller und Heiman* (1994).

322 Vgl. Abschnitt 6.5.2.2.

323 „Two central questions underlie the choice of competitive strategy. The first is the attractiveness of industries for long-term profitability and the factors that determine it. Not all industries offer equal opportunities for sustained profitability, and the inherent profitability of its industry is one essential ingredient in determining the profitability of a firm. The second central question in competitive strategy is the determinants of relative competitive position within an industry. In most industries, some firms are much more profitable than others, regardless of what the average profitability of the industry may be." *Porter* (1985, S. 1f.).

6.4.4 Management, Strategien und Produkte

Der Kreditkunde wird, nachdem er ein Kreditgesuch eingereicht hat, in der Kreditanalyse auf seine Kreditwürdigkeit und -fähigkeit hin überprüft. Ist der Kunde kreditwürdig und -fähig, wird er einer Risikokategorie zugeteilt. Die Risikokategorie bestimmt u.a. den Kreditpreis und die Art der Kreditüberwachung.[324] Das Resultat dieser immer mehr standardisierten Analyse könnte wiederum direkt auf die Verkaufsdatenbank übertragen werden. Der Verkäufer könnte dann direkt auf sie zugreifen. *Child et al.*[325] gehen weiter und fordern eine intensive Zusammenarbeit zwischen Verkauf und Analyse: „In most credit card companies, marketing and credit underwriting are separate departments, often at odds with one another. Some institutions have closed this gap by bringing marketing and credit underwriting together in one group with a shared mission: to maximize profitability by using statistics to optimize the balance of revenues and bad debt, and creativity to pull in newly attractive customers." Es wäre durchaus vorstellbar, dass auch im Firmenkundenbereich eine intensivere Zusammenarbeit zwischen Verkauf und Analyse bezüglich der Kundenbearbeitung die Verkaufsleistung erhöhen könnte.

6.4.5 Kundenzufriedenheit und -vertrauen

Im achten Kapitel wird detaillierter auf die Bedeutung der Kundenzufriedenheit und des Kundenvertrauens eingegangen. Beide Konzepte dienen als Gradmesser für die Qualität einer Kundenbeziehung. Im weiteren sind Kundenzufriedenheit und -vertrauen wichtige Frühwarnindikatoren für „absprungbereite" Kunden.[326] Kundenzufriedenheit und -vertrauen sind wesentliche Voraussetzungen für das Entstehen von Kundentreue.[327] Kundentreue ist in einer beziehungsorientierten Verkaufsstrategie

---

324 „Es geht daher zunächst darum, das Risiko zu erkennen, festzustellen, wo es ist, und zu gewichten, um es dann kontrollieren und messen zu können. Entsprechend müsste dann das Pricing vorgenommen werden." *Jenny* (1995, S. 15).

325 *Child et al.* (1995, S. 120).

326 Wenn die Kundenzufriedenheit zurückgeht, steigt das Risiko, dass der Kunde einen Teil seines Geschäftsvolumes zur Konkurrenz verlagert. Im Firmenkundengeschäft ist dies, weil der Kunde meist mehrere Bankbeziehungen hat, ein schleichender Vorgang und kann meist nur verzögert, wenn überhaupt, erkannt werden. Das Ziel muss sein, alle profitablen Kunden, respektive ihre Geschäftsvolumina, zu halten und, wenn immer möglich, auszubauen.

327 Vgl. *Heskett et al.* (1994, S. 51).

eines der wichtigsten strategischen Ziele. Deshalb wäre es wünschenswert, wenn diese Grössen regelmässig auf Einzelkundenbasis erhoben würden.

6.4.6 Finanzielle Grunddaten

a) Kundenrechnung

„Done well, this approach rests on a clear understanding of individual customers' economic potential."[328]

In der Kundenrechnung der Bank[329] werden die Geschäfte jedes einzelnen Kunden mit den Beständen, Umsätzen sowie den daraus resultierenden Erlösen erfasst. Die Erlöse eines einzelnen Bankgeschäftes fallen in drei Hauptformen an:

- als Zinsmarge im Kredit- und Einlagengeschäft
- in Form von Kommissionen und Spesen für Dienstleistungen
- als Differenz zwischen Kaufs- und Verkaufskurs im Handelsgeschäft

Eine aussagekräftige Kundenrechnung muss alle drei Erfolgskomponenten auf Einzelkundenbasis ausweisen können. Die Bruttoerlöse für sich alleine sind wenig aussagekräftig.[330] Von den Bruttoerlösen muss man die jeweiligen Produktions-, Kreditrisiko-, Liquiditäts- und Eigenmittelkosten abziehen. Als Resultat erhält man den Deckungsbeitrag 1. Dieser zeigt die Profitabilität eines Kunden. In einem nächsten Schritt werden die direkten Vertriebskosten abgezählt. Ideal wäre es, alle Vertriebsaufwände wie die eingesetzte Arbeitszeit pro Kunde, Einladungen zu „special events" (Fussballspiele, Pferdeveranstaltung, Kunsthaus, Opernhaus usf.) und Marketingaktionen kostengerecht den einzelnen Kunden (Accounts) belasten zu können.[331] Der verbleibende Erlös wird dann zur Deckung der fixen Vertriebs-

---

328 *Child et al.* (1995, S. 114).

329 Wir lehnen uns bei dieser Darstellung an die Kundenrechnung der SKA an. Vgl. *Wirsig und Lüthy* (1996).

330 Vgl. *Marn und Rosiello* (1992).

331 „Increased quantification in the marketing function may be inevitable, since one general trend from management has been the increased accountability of bottom-line results, from a strategy perspective, down to a customer-by-customer review." *Ing und Mitchell* (1995, S. 54).

kosten verwendet. Auf aggregierter Ebene gibt die Kundenrechnung wertvolle Informationen über Kundenstruktur, Kundenbewegungen (zwischen den Segmenten), Produktenutzung und Kundenverhalten. So können ad hoc definierte Kundenkategorien nach verschiedenen Kriterien analysiert werden. Innerhalb der Bank können so „Bench-marks" relativ einfach bestimmt werden.

Wenn die Kosten und Erträge einer Kundenbeziehung rechnerisch genau erfassbar sind, kann eine Kundenbeziehung als Investitionsobjekt mit einem individuell abschätzbaren Barwert behandelt werden.[332] Direkte Vertriebskosten wie z.B. Besuche am Kundendomizil oder Einladungen zu kulturellen Veranstaltungen wären dann als Investitionen in die Kundenbeziehung zu verstehen. Diese Investitionen müssen konsequenterweise einen „Return on Investment" erbringen.[333] Eine strategische Geschäftseinheit wie das mittlere bis grosse Firmenkundensegment wäre in diesem Fall als Portfolio von Investitionsprojekten in Kundenbeziehungen zu betrachten.[334] Der Gewinn an Transparenz wäre beachtlich.

b) Finanzielle Zahlen des Firmenkunden

„When we assume that accounting figures describe what has happened objectively, without 'accounting' for the values which drove the system, we miss one of the most important levers for learning and change."[335]

Die Firmenkunden übergeben der kreditgebenden Bank in der Regel jährlich den Rechnungsabschluss des vergangenen Geschäftsjahres, das Budget für die nächste Rechnungsperiode und den angepassten mittelfristigen Finanzplan. Die Zahlen wer-

---

332 „When the accounting system is geared to track the impact of individual customers, it becomes tempting to think not only of the annual revenue attributable to a customer, but of the customer's asset value. That is how other assets are treated: if a firm owns an income-producing asset, perhaps an office building, it accounts for the asset both on the income statement, recording the rents received in the past year, and on the balance sheet at cost or market value." *Deighton et al.* (1995, S. 63).

333 „Note that the sum of the firm's LTVs (LTV=Life time value) is the metric by which the firm can decide whether the benefit of achieving any of these changes exceeds the cost. In that sense, maximizing customer equity is a powerful criterion for judging business performance." *Deighton et al.* (1995, S. 65).

334 Vgl. *Hörter* (1996, S. 147).

335 *Senge et al.* (1995, S. 287).

den in der Kreditanalyse erfasst und beurteilt. Budget und mittelfristige Finanzpläne widerspiegeln Strategien und operative Prioritäten. Die operativen Prioritäten des Kunden werden in hohem Masse das Verkaufsgespräch prägen. Will der Verkäufer erfolgreich sein, muss er versuchen, die Welt aus der Sicht seiner Kunden zu verstehen (Einfühlungsvermögen). Die Analyse und Interpretation des Budgets und der mittelfristigen Finanzpläne helfen ihm dabei. Eine Zusammenarbeit zwischen Analyst und Verkäufer wäre auch hier fruchtbar.

6.4.7 Konkurrenz

Die risikomässig guten Firmenkunden sind von allen Banken stark umworben, wie bereits mehrmals festgehalten wurde. Jeder Firmenkunde hat in der Regel mehr als eine Bankverbindung. Die angebotenen Leistungen gleichen sich stark. Das Marktvolumen wächst, wenn überhaupt, nur sehr langsam. Es herrscht ein Verdrängungskampf. Der Kunde kann mit bescheidenen Informationskosten jedes Bankangebot mit demjenigen einer Konkurrenzbank vergleichen. Deshalb ist es unumgänglich, dass der Verkäufer seine Hauptkonkurrenten und deren Geschäftsanteile beim Kunden kennt. Wenn immer möglich sollten Stärken/Schwächen-Analysen der konkurrenzierenden Produkte, Banken und Verkäufer gemacht werden. Werden diese Analysen mit den eigenen Stärken/Schwächen-Einschätzungen kombiniert, lässt sich daraus die eigene relative Wettbewerbsposition beim Kunden bestimmen. Diese Information kann in einem weiteren Schritt mit der Kundenattraktivität (Kundenpotential) kombiniert werden. Die Abbildung 6.2 zeigt eine Matrix mit der relativen Wettbewerbsposition und der Kundenattraktivität als Achsen.

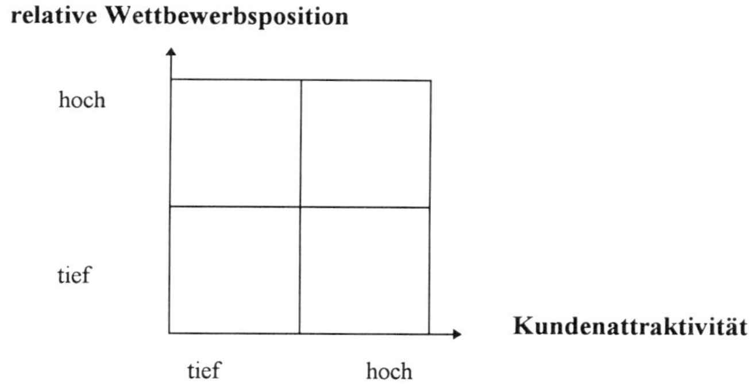

Abb 6.2: Relative Wettbewerbsposition/Kundenattraktivitäts-Matrix

Kunden mit hohen Werten in beiden Dimensionen rechtfertigen aufwendige Marketingmassnahmen. Von unattraktiven Kunden, bei denen die Bank zusätzlich noch eine schwache Wettbewerbsposition hat, sollte sich die Bank mittelfristig lösen. In vielen Fällen ist die Bank über notleidende Kredite an diese Kunden gebunden. Die Ablösung wird dadurch stark erschwert.

Allgemeine Marktinformationen wie Marktanteile pro Produkt, Marktvolumen, strategische Stossrichtungen der Konkurrenten, Produktevergleiche, Stärken und Schwächen der anderen Banken bzw. ihrer Vertriebsorganisationen sollten regelmässig von einer zentralen Einheit erhoben und an die Verkaufsteams abgegeben werden. Mit der zunehmenden EDV-mässigen Vernetzung sollte die gezielte, interne Verbreitung von wichtigen Marktinformationen kein Problem mehr sein. Generell gilt, dass Informationen nur dann wertvoll sind, wenn sie sofort in ertragsgenerierende Aktionen umgesetzt werden können. Die lokalen und kundenbezogenen Konkurrenzinformationen müssen von den Verkaufsteams selber erhoben und ausgewertet werden.

6.4.8 Kundenhistorie

In der Kundenhistorie sind realisierte Verkaufsaktionen (Welches Produkt wurde wann und wie bei welchem Anlass angeboten?) und deren Ergebnisse (Wie hat der Kunde reagiert? Wurden Produkte verkauft? Zu welchen Konditionen? Sind Nachfassaktionen geplant?) zu erfassen. Die Kundenbeziehung gewinnt dadurch eine zeitliche Dimension. *Saurais*[336] fordert, dass alles, was die Bank sagt oder tut, *sinnvoll* bezüglich der bisherigen Kunden-Bankbeziehung sein muss. Wenn der Verkäufer bei einem Kundenanruf die wichtigsten anruferbezogenen Daten schnell und bequem über seinen Computer abrufen kann, wäre diese Forderung zumindest technisch teilweise erfüllt.

Die saubere, umfassende und konsequente EDV-mässige Erfassung aller wichtigen Kundendaten ist zunehmend eine existentielle Notwendigkeit. *Geiger*[337] hält fest, dass die Kundenkontrolle in einer „Internetwelt", wo immer mehr Marktleistungen über elektronische Netze vertrieben werden, für die Bank zu einer Existenzfrage wird. Je besser die Bank ihre Kunden kennt, desto eher kann sie die Kontrolle über die Kunden halten und ausbauen. Zusätzlich kreiert eine gute Kundendatenbank eine strategische Option. Kennt die Bank ihre Kunden gut, hat sie die Möglichkeit, ausgewählten Drittunternehmen den Zugang zur eigenen Kundenbasis zu öffnen.[338] Diese Kooperationsform nennt sich „Information Partnership".[339] Ob die Bank dies anstrebt, hängt von ihrer taktischen und strategischen Lagebeurteilung ab. Als Beispiel kann man die Zusammenarbeit zwischen Grossbanken und Versicherungen nennen.[340] Bei dieser Zusammenarbeit geht es u.a. darum, eigene Produkte[341] bei den Kunden des Partners abzusetzen.[342] Sollte die oben skizzierte Entwicklung weitergehen, würde die Bank dem Grossverteiler immer ähnlicher werden. Die Bank würde vermehrt fremde Produkte an ihre Kunden vertreiben. Die Kernkompetenz

---

336 Vgl. *Saurais* (1995, S. 7).

337 Vgl. *Geiger* (1995, S. 15).

338 „They (Citicorp und APT) sold data interpretations, and the ability to access addressable customers, to the highest bidder ..." *Ing und Mitchell* (1995, S. 73).

339 Vgl. *Konsynski und McFarlan* (1990).

340 Ein Beispiel dafür wäre die Zusammenarbeit zwischen der CS Group, Schweizer Rück und der Winterthur Versicherung.

341 „... andererseits öffnen die Partner gegenseitig ihre Vertriebskanäle für die Produkte des Partners." *Gut* (1996).

342 „Through an information partnership, diverse companies can offer novel incentives and services or participate in joint marketing programs. They can take advantage of new channels of distribution or introduce operational efficiencies and revenue enhancements." *Konsynski und McFarlan* (1990, S. 115).

der Bank, zumindest im Vertrieb, würde dannzumal immer mehr auf ihren *überragenden* Kundenkenntnissen beruhen.

6.5 Analyse der Kundendaten

„The resources typically thought of at banks are people, finances, products and services, equipment and facilities. Because it's so abundant, information is rarely considered. Consequently, banks have failed to leverage this valuable resource.“[343]

6.5.1 Leistungsbezogene Analyse

Die Grossbank kennt, im Gegensatz zu einem kleinen Gewerbebetrieb, die meisten ihrer Kunden nicht sehr gut. Der regelmässige, persönliche und intensive Kundenkontakt fehlt. Er ist zu teuer. Dadurch wird das zeitgerechte Erfassen von Kundenbedürfnissen erschwert. Andererseits verfügen die Banken, verglichen mit anderen Branchen, über relativ viele kundenbezogene Daten und Informationen. Diese Daten und Informationen können, falls sie intelligent ausgewertet werden, den Vertrieb entscheidend unterstützen. Voraussetzung dafür ist, dass alle verkaufsrelevanten Daten und Informationen über eine Verkaufsdatenbank einfach abrufbar sind.

Sobald die einfache Verfügbarkeit der verkaufsrelevanten Daten sichergestellt ist, kann man in einem zweiten Schritt IT-gestützte Analysekompetenz aufbauen. Mit diskriminanzanalytischen Verfahren könnten Kompetenzzentren versuchen, Faktoren zu identifizieren, welche einen Kaufentscheid für ein bestimmtes Bankprodukt am besten prognostizieren.[344] Ein praktisches Beispiel zur Veranschaulichung: Eine Bank lanciert ein neues Produkte, z.B. eine Telefonbank. Nach der Einführungsphase untersucht die Bank die bisherigen Käufer nach gemeinsamen Merkmalen. Als Resultat erhält sie ein Käufer-Durchschnittsprofil. In

---

343 *Burns und Ross* (1991, S. 50).

344 „Besonders nutzbringend dürfte die Bildung von Positiv- oder Negativclustern auf der Basis von Früherkennungsindikatoren sein, also Daten, die Chancen oder Risiken mit einem gewissen zeitlichen Vorlauf offenlegen (z.B. die Rest-Nutzungsdauer von Maschinen).“ *Link und Hildebrand* (1994, S. 110). Zu Negativ-, Positiv- und Früherkennungsclustern vgl. *Link* (1991, S. 287ff.).

einem zweiten Schritt werden alle bisherigen Nichtkäufer mit diesem Durchschnittsprofil verglichen.[345] Es wird auf eine relativ hohe Kaufbereitschaft des bisherigen Nichtkäufers geschlossen, wenn dessen Profil mit dem Käufer-Durchschnittsprofil weitgehend übereinstimmt.[346] Die nachfolgenden Verkaufsaktionen konzentrieren sich dann prioritär auf diesen Kundentyp. Das Verfahren erlaubt, die teure Verkaufszeit dort einzusetzen, wo die Abschlusschancen am grössten sind.

Die in der Verkaufsdatenbank erfassten Daten eignen sich aber nicht nur für Verkaufsprognosen. Auch Wirkungsanalysen können realisiert werden.[347] So kann z.B. getestet werden, ob die Einladung eines Kunden zu einem Opernabend (unabhängige Variable) innerhalb eines bestimmten Zeitabschnittes einen Mehrertrag (abhängige Variable) erbracht hat.[348] Der Mehrertrag kann geldmässig oder in Form von zunehmender Kundenzufriedenheit und -treue sein. Die höhere Kundenzufriedenheit bzw. die Kundentreue wird sich voraussichtlich auch ertragsmässig auswirken. Grundsätzlich ist eine Vielzahl von verschiedenen Auswertungen im Firmenkundengeschäft denkbar. Die Analyse von Daten und die Bildung von Modellen könnte mittels Expertensystemen sogar automatisiert werden.[349] Die Güte dieser Analysen hängt aber immer von der Qualität der verwendeten Daten ab. Die Daten müssen verkaufsrelevant, aktuell, vollständig und genau sein. Dem Aufbau der Verkaufsdatenbank kommt, wie bereits erwähnt, überragende Bedeutung zu. Die Aufbereitung und Analyse der Daten könnte auch von einer spezialisierten Unter-

345 „'Smart' systems based on technologies such as neural networks have proven to be effective on problems that may be defined as 'pattern-matching' applications. The software is 'trained' to recognize a pattern, and then allowed to search the database to find similar patterns." *Ing und Mitchell* (1995, S. 53).

346 „Für die Analyse und Selektion potentieller Kunden können auch einfach die Merkmalsprofile besonders erfolgreicher aktueller Kunden (Positivcluster) als Vergleichsmassstab herangezogen werden: Bei Übereinstimmung der Merkmale der potentiellen Kunden mit dem Positivprofil besteht dann eine überproportionale Erfolgsaussicht." *Link und Hildebrand* (1994, S. 110).

347 „Mit Hilfe der abgespeicherten Aktions- und Reaktionsdaten lassen sich Wirkungsanalysen zur Erfolgskontrolle bisheriger Angebotsstrategien sowie lost order-Analysen, die die Gründe für erfolglose Angebotsaktionen offenlegen sollen, durchführen." *Link und Hildebrand* (1994, S. 110).

348 „A more analytical orientation attempts to more precisely calculate the expected marginal return for each specific marketing expenditure." *Ing und Mitchell* (1994, S. 54).

349 Eine Uebersicht zu Expertensystemen findet sich bei *Burke* (1994, S. 106ff.).

nehmenseinheit übernommen werden.[350] Dieses Kompetenzzentrum würde z.B. Prognosemodelle für einzelne Produkte zentral entwickeln und anschliessend den einzelnen Verkaufsteams zum Einsatz weitergeben. Im weiteren würde das Kompetenzzentrum den Unterhalt und die Weiterentwicklung der Modelle sicherstellen. Die Vertriebseinheit könnte sich vollständig auf die Verkaufsführung konzentrieren. Der Gedanke einer lernenden Organisation würde in diesem Bereich mit dem konstanten Testen und Weiterentwickeln der eingesetzten Modelle weitgehend gelebt werden. Der Einsatz von Prognosemodellen im Verkauf hat noch einen weiteren Vorteil: Ein Teil des vorhandenen Verkaufswissens wäre *personenunabhängig* in den Modellen enthalten. Wenn ein Verkäufer seine Stelle oder die Unternehmung wechselt, würde nur ein Teil des spezifischen Verkaufswissens verloren gehen.

Die Konsumgüterindustrie ist im Einsatz von IT für die Analyse von Daten relativ weit fortgeschritten.[351] Mit der Einführung des Strichcodes war die technische Möglichkeit geschaffen, am Verkaufspunkt wichtige Daten computermässig zu erfassen. Zuerst wurden die gewonnen Daten für naheliegende Zwecke eingesetzt wie z.B. für die Lagerbuchhaltung.[352] Mit der Zeit fanden einzelne Marktteilnehmer heraus, dass „the availability of weekly point-of-sale data at the household, store, account, and market level, when coupled with measures of causal variables (e.g., store displays), provides the opportunity to obtain precise measures of the effect of different marketing events“[353]. So wurde z.B. der realisierte Mehrertrag aufgrund einer bestimmten Schaufensterauslage quantifiziert. *Blattberg et al.*[354] kommen in ihren Analysen zum Schluss, dass sich das Beispiel der Konsumgüterindustrie auch auf andere Branchen übertragen wird und als Folge davon im Bereich Marketing inskünftig datenorientierter gearbeitet werden wird: „Marketing's growth in sophistication will depend upon academics' and practitioners' ability to develop a

---

350 „... and numerous firms have elected to outsource their key information systems functions and to monitor outsourcing arrangements through information technology linkages.“ *Fulk und Desanctis* (1995, S. 341).

351 Ein guter Übersichtsartikel findet sich bei *Berry et al.* (1994).

352 „The initial impetus for retailers to install sophisticated POS systems was to decrease the time required to record the item purchased by customers, and to improve the accuracy of prices charged at checkout.“ *Ing und Mitchell* (1994, S. 31).

353 *Ing und Mitchell* (1994, S. 31).

354 *Blattberg et al.* (1994, S. 202).

strong empirical base for managerial decision making in much the same way as finance." ... „Marketing is in the same position finance was in the 1960s - powerful database now exist for the marketing profession to use for decision making. Through the development of more sophisticated analytical tools to understand the information in these databases, marketing can make a major leap forward. Firms that fail to recognize and utilize the power of these databases will be left trying to compete with relatively useless data in a highly sophisticated information environment. These firms will find it tougher and tougher to compete."

6.5.2 Verkaufsprozessbezogene Analyse

„Only by satisfying all of the client's requirements - those related to both the product and the sales process - can the salesperson maximize the chances for a sale."[355]

In allen bisherigen Betrachtungen war immer der Kunde und seine Bedürfnisse im Mittelpunkt. Das Ziel einer Vertriebseinheit im Firmenkundengeschäft muss es sein,

- den Kundenauftrag zu erhalten;
- einen zufriedenen Kunden zu haben;
- eine langfristige Geschäftsbeziehung aufzubauen;
- Folgegeschäfte zu generieren;
- eine aktive Vollreferenz[356] zu besitzen.

Dieses Ziel erreicht die Vertriebseinheit nur dann, wenn sie ihren Firmenkunden permanent Mehrwert schafft. Es wäre nun wirklichkeitsfremd anzunehmen, dass mit der korrekten Identifikation der Kundenbedürfnisse der Verkaufsabschluss und der Mehrwert für den Kunden bereits realisiert sei. Ein Teil dieses Mehrwertes wird erst durch das *kundengerechte* Führen des Verkaufsprozesses geschaffen. Der Verkaufsprozess kann als Produkt-Zusatznutzen verstanden werden. Die nachfolgend skiz-

355 *Szymanski* (1988, S. 65).

356 Definition *aktive Vollreferenz*: Der Kunde ist mit der Bankleistung derart zufrieden, dass er gerne bereit ist, die Bank auf Wunsch des Verkäufers auch jemand anderem weiterzuempfehlen.

zierte Miller-Heiman Methode[357] gibt einen in der Praxis vielfach bewährten konzeptionellen Rahmen für das kundengerechte Verkaufen.[358]

6.5.2.1 Modell „Strategisches Verkaufen" (Miller-Heiman-Methode)

Die Miller-Heiman-Methode ist für mehrschichtige Verkaufsvorgänge gedacht. Mehrschichtig ist ein Verkaufsvorgang dann, wenn mehrere Personen die Kaufentscheidung mitbeeinflussen. Dies trifft in der Regel im mittleren bis grossen Firmenkundengeschäft zu. Die Methode besteht aus mehreren Schlüsselelementen:[359]

1. Die Kaufbeeinflusser

In einem mehrschichtigen Verkaufsvorgang ist es für den Verkäufer wichtig, die verschiedenen am Kaufentscheid beteiligten Personen (Kaufbeeinflusser) vollständig zu identifizieren. Jeder der Kaufbeeinflusser kann eine der folgenden vier Rollen bei einem spezifischen Kaufentscheid übernehmen:

a) **Entscheider**
Der Entscheider ist die Person, die das endgültige „Ja" zu einem geplanten Kauf spricht.

b) **Anwender**
Der Anwender beurteilt die Auswirkung der angebotenen Ware oder Dienstleistung auf die betrieblichen Prozesse.

---

357 Vgl. *Miller und Heiman* (1994).

358 „Das Konzept 'Strategisches Verkaufen' orientiert sich nicht nur in hohem Masse am Kunden, sondern auch an der Zukunft und fördert diejenige Form der Partnerschaft, die langfristig Bestand hat." und weiter „Strategisches Verkaufen hat dazu beigetragen, Hewlett-Packards Ausrichtung auf den Kunden zu verstärken, und dank der ihm eigenen methodischen wie sprachlichen Basis bewirkt, dass es in unserem gesamten Unternehmen inzwischen höchste Priorität geniesst. Unsere Verkaufsteams haben die unmittelbare Anwendbarkeit dieses Konzeptes auf ihre Kundenbeziehungen sofort erkannt. Sein praktischer Nutzen beschränkt sich nicht auf einen spezifischen Produktbereich und überschreitet nationale Grenzen." (aus dem Vorwort von John A. Young, Präsident und Chief Executive Officer, Hewlett-Packard Company zum Buch „Strategisches Verkaufen") *Miller und Heiman* (1994).

359 Die Darstellung folgt in Inhalt und Gliederung *Miller und Heiman* (1994).

c) **Wächter**
Der Wächter konzentriert sich auf die Ware oder Dienstleistung an sich und beurteilt, inwieweit das vorliegende Angebot die spezifischen Anforderungen des Käuferunternehmens erfüllt.

d) **Coach**
Der Coach führt den Verkäufer zum Verkaufsziel, indem er den Kontakt zu anderen Kaufbeeinflussern erleichtert und den Verkäufer mit den Informationen versorgt, die er braucht, um sich gegenüber jedem einzelnen Käufer optimal zu positionieren.

Für den Verkaufserfolg ist es von grosser Bedeutung, dass *alle* vier Kaufbeeinflusser gewinnen.

2. Rote Flaggen/Stärken ausnutzen

Rote Flaggen dienen dazu, Probleme in einem Verkaufsvorgang zu kennzeichnen. Schwierigkeiten entstehen bei einem Verkaufsvorgang generell

- bei Fehlen wichtiger Informationen;
- bei Ungewissheit über die Bedeutung einer Information;
- bei fehlendem Kontakt zu einem Kaufbeeinflusser;
- wenn Kaufbeeinflusser neu in ihrer Position sind;
- bei Reorganisationen im Käufer-Unternehmen.

Derartige Schwierigkeiten sollte der Verkäufer immer über bestehende Stärken lösen, wie beispielsweise über persönliche Beziehungen, besondere Interessenkonstellationen, Vollreferenzen usf. Dabei empfehlen die Autoren folgende Technik:

1. Gefahrenbereiche lokalisieren (Rote Flaggen);
2. Stärken identifizieren;
3. Stärken ausnutzen, um Flaggensignale zu beseitigen.

3. Haltungen der Kaufbeeinflusser

Die angebotene Leistung ist für den Käufer nur dann von Nutzen, wenn sie sich auf einen oder mehrere seiner betrieblichen Prozesse positiv auswirkt. Dies wird erreicht, wenn durch die angebotene Leistung

- ein zufriedenstellender betrieblicher Prozess verbessert oder
- ein unbefriedigender betrieblicher Prozess korrigiert wird.

Für den Verkäufer ist es wichtig zu wissen, wie die einzelnen Kaufbeeinflusser den verkaufsrelevanten Prozess beurteilen. Die Nutzung einer neuen Leistung verursacht beim potentiellen Käufer in der Regel Transaktionskosten. Diese Kosten sind bei jedem Verkaufsvorgang ein verborgener, kritischer Faktor. Ein Beispiel hierzu: Sie wollen Ihrem Kunden eine neue Buchhaltungssoftware verkaufen. Die neue Software hat sich bei allen ihren Kunden sehr gut bewährt. Ihr Kunde ist mit seiner etwas älteren Software mehrheitlich zufrieden. Im Verkaufsgespräch müssen Sie ihm überzeugend darlegen, dass er mit der neuen Software einen bereits zufriedenstellenden betrieblichen Prozess spürbar verbessern kann. Das ist aber noch nicht alles. Mit dem Kauf der neuen Software hätte der potentielle Käufer verschiedene Veränderungen zu bewältigen. Er müsste eine neue Software installieren, die in der alten Software enthaltenen Daten auf die neue Software überspielen und lernen, die neue Software zu beherrschen. Ein nicht ganz leichtes Unterfangen! Im allgemeinen hängt der Grad der Kaufbereitschaft bei jedem einzelnen Kaufbeeinflusser von drei Faktoren ab:

1. Wahrnehmung der augenblicklichen Situation;
2. Mögliche Diskrepanz zwischen den derzeitig erzielten Ergebnissen und den Ergebnissen, die der Kaufbeeinflusser erzielen möchte;
3. Einschätzung der Veränderungen, die das Angebot für diese Situation mit sich bringt.

Grundsätzlich kann der Kunde bei der Beurteilung von Prozessergebnissen vier mögliche Grundhaltungen einnehmen:

a) **Wachstumshaltung**

Wenn der Kaufbeeinflusser eine negative Diskrepanz zwischen seiner Wahrnehmung der Realität und den von ihm gewünschten Ergebnissen sieht, ist die Verkaufschance *gross*. Selbstverständlich muss der Kaufbeeinflusser davon überzeugt sein, dass die angebotene Leistung die Diskrepanz beseitigt.

b) Problemhaltung

Falls der Kaufbeeinflusser mit der angebotenen Leistung eine negative Diskrepanz zwischen angestrebter und bis heute realisierter Leistung überwinden kann, *erhöht sich die Verkaufswahrscheinlichkeit* stark. Wenn jemand Probleme und Wachstumsmöglichkeiten zugleich hat, neigt er in der Regel dazu, zuerst die Probleme lösen zu wollen. Der Verkäufer sollte sich demzufolge zuerst den Kundenproblemen annehmen.

c) **Alles-Okay-Haltung**

Der potentielle Käufer nimmt keine Diskrepanz zwischen wahrgenommener Realität und Zielvorstellung wahr. Grundsätzlich gilt hier: Keine Abweichung, *kein Kauf*. Als mögliche Strategie bietet sich der Versuch an, den potentiellen Käufer auf kommende Probleme oder auf bestehende Steigerungspotentiale (zu niedrig gesetzte Ziele) aufmerksam zu machen. Sollte dies gelingen, würde der Verkäufer die Alles-Okay-Haltung seines Kunden in eine Problem- oder Wachstumshaltung umwandeln.

d) **Euphorie-Haltung**

In der Wahrnehmung des Kaufbeeinflussers übertreffen die realisierten Ergebnisse bei weitem die Ergebnisse, die er benötigt. Für den Kaufbeeinflusser besteht kein Anlass, etwas zu ändern. Eine derartige Haltung geht meistens auf einen der beiden unten genannten Gründe zurück:

1) Die Situation wird falsch eingeschätzt. Entweder, weil der potentielle Käufer die Fakten verkennt oder weil seine Wahrnehmung auf reinem Wunschdenken basiert.
2) Die Ziele wurden zu niedrig gesetzt. Der potentielle Käufer ist sich nicht bewusst, wie schwach seine Leistung ist.

Hier gibt es nur einen Ratschlag: Warten, bis die Realität den potentiellen Käufer einholt.

Der Verkäufer muss eine Verkaufsstrategie entwickeln, die sämtliche Kaufbeeinflusser und ihre Grundhaltungen berücksichtigt:

a) Bei der ersten Kontaktaufnahme muss der Verkäufer herausfinden, wie der entsprechende Kaufbeeinflusser die *angebotsbezogene Realität* wahrnimmt. Insbesondere ist die Frage zu beantworten, ob der kontaktierte Kaufbeeinflusser eine Soll/Ist-Abweichung wahrnimmt.

b) Die angebotsbezogene Realitätseinschätzung eines Kaufbeeinflusser muss in jedem Gespräch als Ausgangspunkt akzeptiert werden.

4. Persönliche Gewinne für jeden Kaufbeeinflusser

Eine Grundannahme der Miller-Heiman-Methode ist, dass ein Kaufbeeinflusser nur dann einer geschäftlichen Transaktion zustimmt, wenn er dabei auf irgendeine Weise persönlich gewinnt. Der Verkäufer muss deshalb darauf achten, dass alle am Verkaufsvorgang Beteiligten einen Gewinn erzielen. Diese Idee wird in der Abbildung 6.3 graphisch dargestellt.

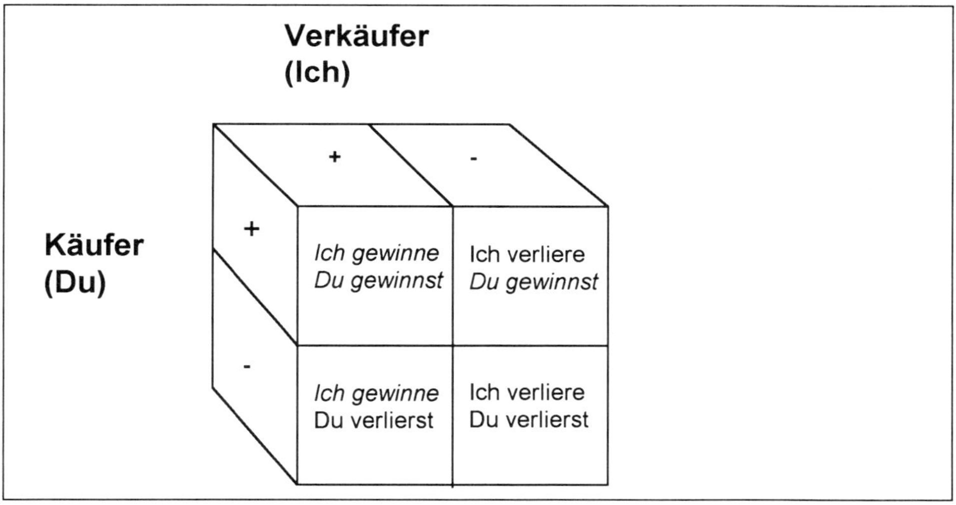

Abb. 6.3: Gewinnermatrix[360]

Im Rahmen einer beziehungsorientierten Verkaufsstrategie müssen alle Kaufbeeinflusser gewinnen. Aus diesem Grund ist es wichtig, dass die Beziehungen zu den Kaufbeeinflussern im „Ich gewinne/Du gewinnst"-Quadrant bleiben. Wenn der Verkäufer über Preiszugeständnisse zum Abschluss gelangt, befindet sich die Verkaufsbeziehung im „Ich verliere/Du gewinnst"-Quadrant. Für das weitere Gedeihen der Geschäftsbeziehung ist das genauso problematisch wie der umgekehrte Fall. Der Verkäufer muss sich immer wieder fragen, ob er wirklich will, dass seine Kunden

360 *Miller und Heiman* (1994, S. 136).

gewinnen. Diese Absicht muss den Kunden bekannt sein. Zusammenfassend kann man die Tätigkeit Verkaufen wie folgt definieren: „Verkaufen ist die professionelle Aufgabe, jedem der Kaufbeeinflusser zu zeigen, wie die angebotene Leistung seinem individuellen Eigeninteresse dienen kann.“[361] Ein besonderes Augenmerk im Verkaufsvorgang verdient der Entscheider. Der Entscheider ist meistens mühsamer zu identifizieren und in der Regel schwerer erreichbar als die anderen Kaufbeeinflusser. Deshalb sollte der Entscheider so früh und so sorgfältig wie möglich kontaktiert werden. Dabei kann es u.a. folgende Probleme geben:

a) **Der Entscheider kann nicht identifiziert werden.**
Die Person des Entscheiders kann von einem Verkaufsvorgang zum anderen wechseln. Selbst während eines Verkaufvorganges kann die Person des Entscheiders ändern.[362] Der Entscheider sollte deshalb schon zu Beginn eines Verkaufsvorganges zweifelsfrei identifiziert werden.

b) **Der Verkäufer wird blockiert.**
Wenn der Verkäufer von einem Mitarbeiter des Entscheiders (von einem Wächter) blockiert wird, muss er versuchen, diesen Mitarbeiter davon zu überzeugen, dass es auch in seinem Eigeninteresse liegt, ihn zum Entscheider vorzulassen. Der Verkäufer sollte nur im Ausnahmefall den Wächter übergehen. Dieser Schritt könnte sich mittelfristig in irgendeiner Form negativ auswirken.

c) **Der Verkäufer hat Hemmungen.**
Es empfiehlt sich, den Besuch bei einem Entscheidungsträger immer mit einem konkreten Anlass zu verbinden. Ein konkreter Anlass kann darin bestehen, dass der Verkäufer dem Entscheider wertvolles Wissen vermittelt. Dieses Wissen sollte den Entscheider befähigen, seine unternehmerischen Aufgaben noch besser wahrzunehmen. Gerade der Bankverkäufer ist häufig in der Lage, derartige Informationen zu präsentieren (Informationen über die allgemeine Wirtschaftsentwicklung, über Branchentrends, über gesetzliche Neuregelungen usf.). Als Grundsatz gilt, dass dem Entscheider allgemeine

---

361 *Miller und Heiman* (1994, S. 148).

362 Zur Frage, wie Einkaufsteams in Unternehmungen organisiert sind und entscheiden, gibt es viele theoretische wie auch empirische Untersuchungen. Als Übersichtsartikel eignen sich *Webster, Jr. und Wind* (1972) oder *Anderson et al.* (1987).

Grundkonzepte zu präsentieren sind. Die damit zusammenhängenden Details müssen auf einer Stufe tiefer verkauft werden.

Der *regelmässige* Kontakt zu *allen* potentiellen Kaufbeeinflussern ist für den langfristigen Verkaufserfolg wichtig.

6.5.2.2 Expertensysteme als Unterstützung im Verkaufsprozess

Hoch[363] schliesst seinen Aufsatz über die Zusammenarbeit zwischen Experten und Expertensystemen mit den folgenden Empfehlungen:

1. „If you can build a model, build it. Even a naive model is often better than no model at all."
2. „If you can have experts who can render judgments and opinions, collect them and archive them along with the rest of the data."
3. „If you can build a model and have access to expert opinion, try combining them together. Experts are inconsistent but often do have valid intuition. Models show no flashes of inspiration, but they are consistent and tractable. Experts and models are complements, not substitutes."
4. „After forecasts and decisions are made, keep score. If you do not monitor outcomes, it will be difficult to improve database models and for that matter increase expert intuition."

Expertensysteme sind „essentially systems where the knowledge base can be encoded as a set of conditions and actions using 'IF/THEN' rules".[364] Die oben beschriebene Methode könnte in „wenn/dann" Regeln übersetzt werden und den Verkaufsteams als Expertensystem zur Verfügung gestellt werden. Mit dem Expertensystem würden die Verkaufsteams einen „sparring-partner" erhalten. Auch der gute Verkäufer unterliegt in der täglichen Arbeit verschiedenen kognitiven Restriktionen: Er hat ein beschränktes Gedächtnis, Zeitlimiten, eine selektive Wahrnehmung und eine limitierte Konzentrationsfähigkeit. Nach *Burke*[365] zielt ein Expertensystem auf die Ueberwindung dieser Limiten: „The objective in developing

---

363 *Hoch* (1994, S. 268).

364 Vgl. *Burke* (1994, S. 204).

365 *Burke* (1994, S. 209).

the expert system is to overcome these cognitive limitations and to help the user to reason broader and deeper. The goal is to discover what is new and to create insights.“ Das Expertensystem würde den Verkäufer zwingen, alle wesentlichen Punkte betreffend seiner Verkaufsstrategie zu überdenken. Mit der Zeit würde sich im Expertensystem ein kundenbezogenes Verkaufsgrundwissen ansammeln. Wie bei den Prognosemodellen würden auch hier wichtige Teile des Verkaufswissens personenunabhängig in der Unternehmung gespeichert sein. Bei regelmässiger Arbeit am Expertensystem würden diese Daten und Informationen immer wieder aktualisiert.

6.5.2.3 Gesprächstechniken

„Here everyone is a resource to everyone else and support is given and received from any direction.“[366]

Im Kapitel 5 wurde festgehalten, dass der Erfolg eines Verkäufers u.a. davon abhängt, inwieweit er fähig und willens ist, seine Verkaufsstrategie immer wieder zu hinterfragen und neuen Gegebenheiten anzupassen. Das Verkaufsteam sollte Zeit finden, um über gemachte Erfahrungen, Analysen, neue Ideen und Konzepte gemeinsam reflektieren zu können. So sollte mit der Zeit im Verkaufsteam eine Lernkultur entstehen, die ein Verkaufskonzept wie „adaptive selling“ mit Leben füllt.

Senge et al.[367] haben in ihrem „Fieldbook“ zu „The Fifth Discipline“[368] einige Techniken beschrieben, die das Lernen im Team begünstigen. Zwei davon sind nachfolgend kurz beschrieben:

---

366 *Helmstein und Leppanen* (1993, S. 15).

367 Vgl. *Senge et al.* (1995, S. 235ff.).

368 Vgl. *Senge* (1990).

1. „Balancing Inquiry and Advocacy“[369]

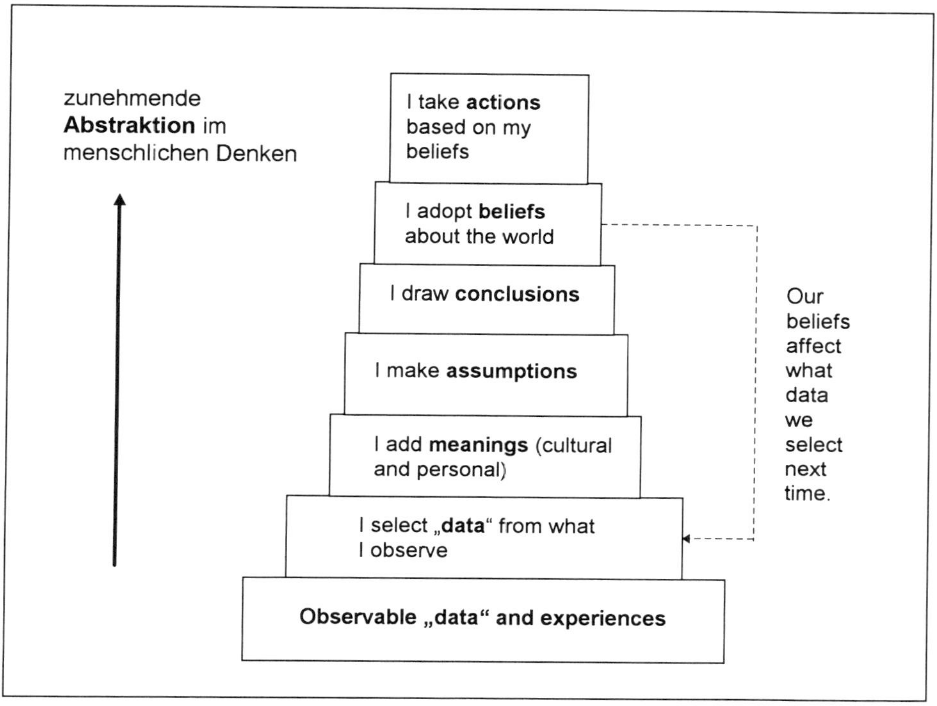

Abb. 6.4: Abstraktionsleiter des menschlichen Denkens[370]

Abbildung 6.4 zeigt graphisch, welche Schritte der menschliche Geist von der Beobachtung bis zum Urteil macht. Vielfach glauben wir, dass unsere Interpretationen und Ansichten auf Daten gestützt und richtig sind. Die gewonnenen Ansichten begründen Verhalten („Actions“). Die „ladder of Inference“ soll den Vorgang, wie man von Daten über Schlussfolgerungen („Conclusions“) zu Ansichten („Beliefs“) kommt, anschaulich machen.[371]

---

369 Vgl. *Senge et al.* (1995, S. 243).

370 *Senge et al.* (1995, S. 243).

371 „A common mental pathway of increasing abstraction, often leading to misguided beliefs.“ *Senge et al.* (1995, S. 243).

Ein Weg der menschlichen Erkenntnisgewinnung führt immer über die zunehmende Abstraktion von einst kontextgebundenen Daten (Induktion). Dabei ist aber die Transparenz und Nachvollziehbarkeit der zunehmenden Abstraktion (Intersubjektivität) von grösster Bedeutung. Die Zwischenschritte bei der Abstraktion und die am Ende erhaltenen Ergebnisse müssen immer wieder in Frage gestellt werden. Zu diesem Zweck führen die zwei Autoren Gesprächstechniken ein. Sie nennen diese Techniken „Inquiry" und „Advocacy". Bei der ersten Technik wird der Gesprächspartner aufgefordert, seine „ladder of Inference" transparent und nachvollziehbar darzustellen. Im Gespräch ist diese Technik wie folgt anzuwenden:

1. „Identify the conclusions someone is making."
2. „Ask for the data that lead to the conclusion."
3. „Inquire into the reasoning that connects data and conclusion."
4. „Infer a possible belief or assumption."
5. „State your inference and test it with the person."

Menschliches Verhalten beruht vielfach auf impliziten „Theories in use"[372]. Ein Beispiel: Es gibt Menschen, die genaue Vorstellungen darüber haben, wie sich ein guter Führer zu verhalten hat. Sie beschreiben diesen als entscheidungsfreudig, extravertiert, belastbar, durchsetzungsfähig usf. Diese halbbewusste „Theorie" hat im Alltagsleben konkrete Folgen. So wird unter Umständen ein Führer, der diese Eigenschaften nicht oder nur schwer erkennbar hat, nicht akzeptiert. Mit der obigen Technik kann es gelingen, dem Träger einer derartigen „Theorie" die dahinter stehenden Annahmen und deren Unzulänglichkeiten bewusst zu machen. Wenn ein Gesprächsteilnehmer seine Schlussfolgerungen aus den von ihm gewählten Daten für richtig hält, wird er sie verteidigen. Die Verteidigung („advocacy") der Abstraktion ist die zweite Technik. Für die Qualität des Gespräches und die Lernfortschritte im Team ist es wichtig, dass sich „inquiry" und „advocacy" in etwa die Waage halten.

372 „... a logical process indside the mind, reasoning, 'If this, then that'." *Senge et al.* (1995, S. 293).

2. „left-hand column“-Methode

In den meisten Fällen unterscheiden sich das, was man in einem Gespräch sagen möchte und das, was man wirklich sagt, voneinander. Die Gründe hierfür sind vielfältig: Man möchte den Gesprächspartner nicht verletzen, es ist taktisch nicht opportun, alles zu sagen oder man täuscht sich selber. *Argyris*[373] hat in seinem Artikel „Skilled incompetence“ eine Methode vorgestellt, mit deren Hilfe die Gesprächskultur im Team verbessert werden kann. Jeder Gesprächsteilnehmer nimmt ein Blatt zur Hand und unterteilt es in zwei Spalten. In der zweiten Spalte hält er den Wortlaut eines Gespräches fest (Skript), das er als unbefriedigend in Erinnerung hat. In der ersten Spalte wird notiert, was der Gesprächsteilnehmer bei der jeweiligen Textstelle im Skript eigentlich sagen wollte und nicht gesagt hat. Zusätzlich hält er fest, was er bei diesen Stellen gefühlt hat. Diese Arbeit dient als Vorbereitung für ein zweites Gespräch mit dem gleichen Gesprächspartner. Beim zweiten Gespräch sind sich beide bewusst, was sie eigentlich sagen wollten und trotzdem nicht gesagt haben. Mit etwas Geschick können diese Informationen dann gegenseitig ausgetauscht oder eben ganz bewusst ausgeklammert werden. Allen Gesprächsteilnehmern ist nach diesen Übungen klar, dass es bei jedem Informationsaustausch mindestens noch eine weitere, *unausgesprochene* Gesprächsebene gibt. Wenn ein Gesprächsteilnehmer das Gefühl hat, das Unausgesprochene werde zu gewichtig, kann er auf die „left-hand-column“-Methode zurückgreifen. Mit der Zeit wird die Methode zu einem gelebten Teil der Gesprächskultur.

6.6 Ergebnisse

6.6.1 Aktionsplan (Aktionsdaten)

Die produkt- und verkaufsprozessbezogene Analysetätigkeit muss zu einem kundenbezogenen Aktionsplan führen. Für jedes „account“ sollten die kurz-, mittel- und langfristigen Ziele fixiert und EDV-mässig erfasst werden. Der Verkäufer muss festlegen, mit welchen Massnahmen und in welchem Zeitraum er die Ziele realisieren will. Auch die geplanten Massnahmen müssen EDV-mässig erfasst werden. Daraus

[373] Vgl. *Argyris* (1986).

ergibt sich ein bottom-up Planungsprozess, der sich nach dem Potential der einzelnen Kundenbeziehungen richtet. Parallel dazu findet ein „top-down" Planungsprozess statt. Dieser widerspiegelt mehrheitlich die Vorstellungen der Produkteverantwortlichen. Das definitive Verkaufsbudget ist eine Synthese beider Planungen. Die Feinplanung an der Front darf nicht zu starr sein. Es ist möglicherweise zu aufwendig, für alle Firmenkunden einen *detaillierten* Marketingplan zu erarbeiten. In diesem Fall sollte man sich im Sinne der 20/80-Regel[374] auf die Kunden beschränken, deren Bearbeitung ökonomisch am sinnvollsten ist.

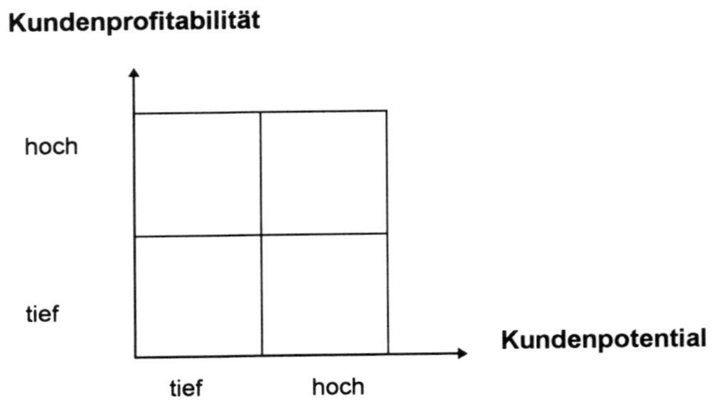

Abb. 6.5: Profitabilitäts/Potential-Matrix

Die Abbildung 6.5 zeigt eine Matrix mit zwei Dimensionen: Profitabilität und Potential. Beide Dimensionen sollten nach einer leistungs- und prozessbezogenen Kundenanalyse ersichtlich sein. Die Positionierung der einzelnen Kundenbeziehungen auf der Matrix bestimmt weitgehend die weiteren Verkaufsmassnahmen. Etwas plakativ kann man die Positionen in den einzelnen Quadranten wie folgt zusammenfassen: Kunden mit hohen Werten bei Profitabilität und Potential sichern den *heutigen* wie auch den *zukünftigen* Verkaufserfolg. Kunden mit heute geringer Profitabilität, aber hohem Potential, sichern den *zukünftigen* Verkaufserfolg. Kunden mit hoher heutiger Profitablität, aber geringem Potential, sichern den *heutigen* Verkaufserfolg. Zusätzlich sollte die eigene relative Wettbewerbsposition bei den

374 Erfahrungen zeigen, dass häufig etwa 20% der Kunden etwa 80% der Deckungsbeiträge erbringen.

einzelnen Kunden sorgfältig ermittelt werden. Die daraus abgeleiteten Verkaufsmassnahmen müssen sich in die Kontinuität der Kundenbeziehung einfügen und zeitlich terminiert sein. Diese Massnahmen können anschliessend auf einer Zeitachse abgebildet werden. Daraus ergeben sich Wochenpläne. Der Wochenplan legt die in einer bestimmten Woche durchzuführenden Massnahmen fest. Damit eine sinnvolle Wochenplanung entsteht, muss das Verfahren flexibel gehandhabt werden. Alle Massnahmen erhalten durch dieses Vorgehen einen dreifachen Bezug: einen Bezug zu den Jahreszielen der Vertriebseinheit, einen Bezug zum Kundenpotential und einen Bezug zur Aktivitätenplanung des Verkäufers.

Das eben vorgestellte Verfahren kann als systematisch und praxisbezogen erachtet werden. Am Anfang steht die Positionierung der Kundenbeziehung auf der Profitabilitäts/Potential-Matrix. Die Positionierung basiert auf einer leistungs- und verkaufsprozessbezogenen Analyse der Kundenbeziehung. Aus der Positionierung ergeben sich Verkaufszielsetzungen. Potential will realisiert werden. Ziele können grundsätzlich nur mit zielkonformen Massnahmen erreicht werden. Diese Massnahmen sind zu bestimmen und in einen zeitlichen Rahmen zu stellen.

6.6.2 Konzept des „Verkaufstrichter“

Die Abbildung 6.6 zeigt einen Verkaufstrichter. Er besteht aus drei Trichterebenen:

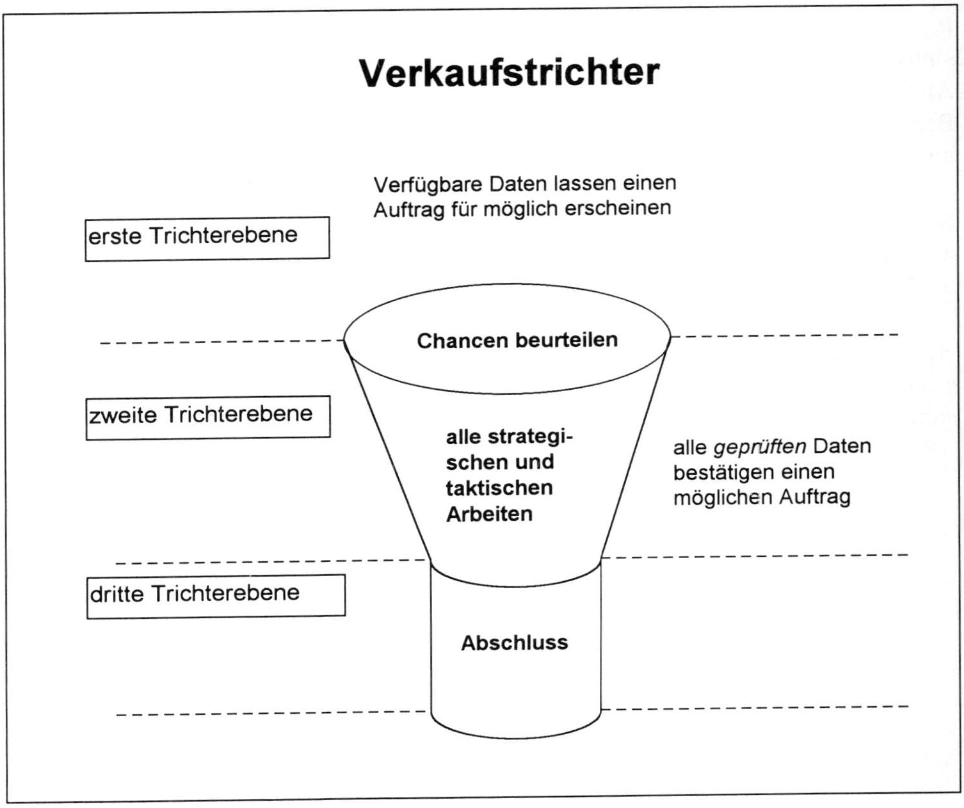

Abb. 6.6: Verkaufstrichter[375]

Jeder Ebene ist eine bestimmte Verkaufsaktivität zugeordnet. Am Anfang steht die Aufgabe, Kaufinteressenten ausfindig zu machen und die Erfolgschancen für einen Abschluss zu bewerten. Zu den Kaufinteressenten gehören bestehende Kunden und neue Kunden. Wenn der Käufer mindestens einen Kaufbeeinflusser kontaktiert und bei ihm eine negative Diskrepanz festgestellt hat, die in einer Wachstums- oder Pro-

375 *Miller und Heimann* (1994, S. 219).

blemhaltung begründet ist, kann er diesen Verkaufsvorgang in die zweite Trichterebene hinübernehmen. Dabei positioniert man nicht den Kunden (Firma XY) *sondern den Verkaufsvorgang* (also z.B. das Ziel, dem Kunden einen Kredit zu verkaufen) im Verkaufstrichter. Innerhalb der zweiten Trichterebene sind dann alle für den Verkauf relevanten strategischen und taktischen Arbeiten zu erledigen:[376]

- Der Verkäufer muss sämtliche Kaufbeeinflusser identifizieren und direkt oder indirekt kontaktieren;
- Der Verkäufer muss die Haltungen jedes einzelnen Kaufbeeinflussers bezüglich der verkaufsbezogenen Unternehmensrealität ermitteln und sich darauf konzentrieren, Lösungen für die wahrgenommenen Diskrepanzen zu finden;
- Der Verkäufer muss die Resultate ermitteln, die jeder Kaufbeeinflusser benötigt, um zu gewinnen;
- Der Verkäufer muss klar seine Absicht zu erkennen geben, dass er jeden Kaufbeeinflusser gewinnen lassen will;
- Der Verkäufer muss seine Verkaufsstrategie kontinuierlich überprüfen.

Der Verkaufsvorgang kommt in die dritte Trichterebene, wenn der Verkäufer kurz vor dem Abschluss steht. Alle Kaufbeeinflusser sind identifiziert und kontaktiert. Die Gewinnerresultate für jeden Kaufbeeinflusser sind definiert. Es verbleiben noch wenige Abschlussarbeiten wie z.B. vorhandene Unklarheiten und Einwände zu beseitigen, Konditionenverhandlungen zu führen usf. Eine mehr oder weniger gleichmässige Verteilung der initiierten Verkaufsvorgänge auf alle drei Trichterebenen ist grundsätzlich als Ziel anzustreben. Damit wird sichergestellt, dass immer eine möglichst konstante Anzahl Verkaufsvorgänge abschlussbereit ist und sich als Folge davon das Verkaufsergebnis zunehmend verstetigt.

6.6.3 „War-room wall“

Eine „War-Room wall“ ist nach *Gale*[377] eine Informationswand, auf der die wichtigsten erfolgsrelevanten Informationen visuell dargestellt sind, wie die allgemeine strategische Stossrichtung der Geschäftseinheit, Verkaufsstatistik, Marktdaten und Ergebnisse von Konkurrenzanalysen, Kundenzufriedenheit, Auswertung der

---

376 Vgl. *Wilson et al.* (1991) und *McQuiston* (1989) für praktische Ratschläge und Einsichten in dieser Verkaufsphase.

377 Vgl. *Gale* (1994, S. 241ff.).

Kundenreklamationen usf.[378] Es handelt sich um ein visuelles Führungsmittel. Ein mit dieser Wand verbundenes Ziel beschreibt *Gale*[379] wie folgt: „The objective data on the war-room wall is essential to keeping managers' team-thinking *realistic.*" Die Umsetzung dieser Idee in einem Verkaufsteam sollte nicht allzu schwer fallen. Nicht zuletzt auch deshalb, weil die meisten Mitarbeiter, die in der Armee Dienst leisten, mit diesem Instrument mehr oder weniger vertraut sind. Bei der Umsetzung empfiehlt es sich, pragmatisch vorzugehen. Mit der Zeit wird sich die „war-room wall" für das eigene Verkaufsumfeld konkretisieren. Auch hier handelt es sich um einen Lernprozess.

---

378 „For a business, the war-room wall displays the crucial information about the customers, markets, competitors, technologies, and processes that can drive or prevent success." *Gale* (1994, S. 242).

379 *Gale* (1994, S. 248).

7. Internes Beziehungsmanagement

„... all the specialists in the hospital share a common mission: the care and cure of the sick. The diagnosis is their 'score'; it dictates specific action for the X-ray lab, the dietitian, the physical therapist, and the rest of the medical team."[380]

7.1 Einleitung

Im Kapitel 3 wurde das Konzept der „federated bank" eingeführt. Eine „federated bank" besteht aus drei Arten von organisatorischen Einheiten: Vertriebseinheiten, Produktezentren und dem Corporate Center. Die Vertriebseinheiten sind für die Kundenbetreuung und für den Verkauf der Bankleistungen verantwortlich. Die Produktezentren produzieren die Bankleistungen, entwickeln das bestehende Angebot an Bankleistungen weiter und unterstützen den Vertrieb im Verkauf. Im Corporate Center werden zentrale Leistungen für die ganze Bank erstellt. Im folgenden werden die Betrachtungen auf die Vertriebseinheit „mittlere und grosse Firmenkunden" sowie die zu diesem Segment gehörenden Produktezentren eingeschränkt.

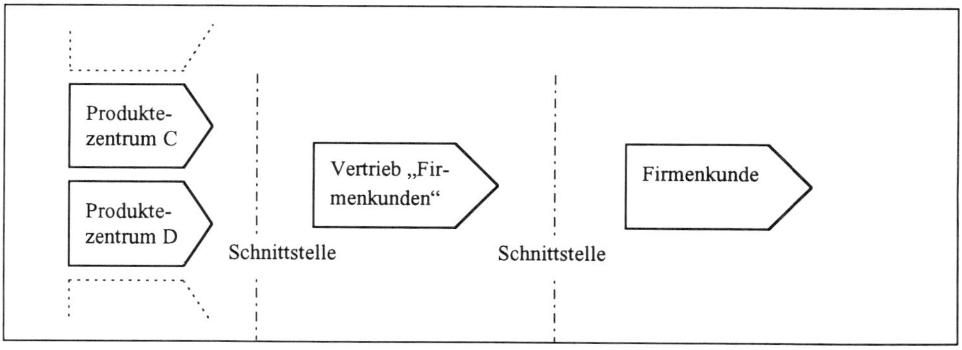

Abb. 7.1: Vertriebssystem in einer „federated bank"[381]

---

380 *Drucker* (1988, S. 48f.).

381 In Anlehnung an *von Löhneysen et al.* (1990, S. 128).

Abbildung 7.1 zeigt das entsprechende Vertriebssystem mit den Elementen Produktezentren, Vertriebseinheit und Firmenkunde. Die Fokussierung bzw. Spezialisierung ist die leitende Idee hinter dem Konzept der „federated bank". Die Vertriebseinheit spezialisiert sich auf die Kundenbetreuung und den Verkauf. Die Produktezentren konzentrieren sich auf die Entwicklung, den Unterhalt und den Vertrieb ihrer Bankleistungen. Über die Spezialisierung werden Kompetenzen aufgebaut.

Die Zusammenarbeit zwischen Vertrieb und Produktezentren erfolgt kundenorientiert. Je nach Bedürfnisstruktur des Kunden sind unterschiedliche Produktezentren an der Leistungserbringung beteiligt. Der Vertrieb als *Kundenspezialist* übernimmt dabei eine zentrale Rolle. Aus Vertriebssicht gibt es in diesem Leistungsverbund zwei Schnittstellen: Die Schnittstelle zum Kunden und die Schnittstelle zu den Produktezentren. Die Schnittstelle zum Kunden wurde in Kapitel 4 eingehend betrachtet. In diesem Kapitel steht die *Schnittstelle Vertrieb/Produktezentren* im Vordergrund. Die Zusammenarbeit zwischen der Vertriebseinheit und den Produktezentren realisiert sich vor allem im Tagesgeschäft. Im täglichen Kontakt mit den Kunden ist das reibungslose Zusammenspiel der einzelnen organisatorischen Einheiten von grosser Bedeutung. Die Zusammenarbeit zwischen Vertrieb und Produktezentren vollzieht sich aber nicht nur im Tagesgeschäft. Auch bezüglich der Weiterentwicklung des bestehenden Leistungsangebotes in den Produktezentren kann der Vertrieb einen Beitrag leisten.

Zwischen Vertrieb und Produktezentren besteht eine wechselseitige Abhängigkeit: Im Verkauf und in der Betreuung der Kunden ist der Vertrieb auf die Produktespezialisten angewiesen. Die Produktezentren wiederum können ihre Absatzziele nur mit dem Vertrieb erreichen.[382] Zur Produkteentwicklung in den Produktezentren kann der Vertrieb wertvolles Markt- und Kundenwissen sowie praktische Erfahrungen beisteuern. Diese Interdependenz zwischen Vertrieb und Produktezentren führt zu einem Koordinationsbedarf. Die Aktionen müssen im Sinne der gemeinsamen Ziele aufeinander abgestimmt werden. Interdependenz kann aber auch zu *Konflikten* führen.[383] *Koordinationsleistungen* und effektive *Konfliktbewältigungs-*

---

382 „Each member of the system is dependent on the performance of others, both for the accomplishment of tasks that serve as inputs or preconditions for their own specialized functions and for the ultimate attainment of common goals." *Ruekert und Walker* (1987, S. 2).

383 „In Mehrpersoneneinheiten wirken die einzelnen Mitglieder bzw. die Subsysteme eines Systems arbeitsteilig an der Aufgabenerfüllung mit. Sie stehen dabei in teils wechselseitigen

strategien werden aus diesem Grund im internen Beziehungsmanagement zu *Erfolgsfaktoren*.

7.2 Schnittstellen zwischen Vertrieb und Produktezentren

„Whatever the specific form, it includes not only the parts and activities of organizations but also communication: the linkage mechanism whereby the parts of the organization coordinate with one another and with other organizations.“[384]

Die Vertriebseinheit „mittlere bis grosse Firmenkunden“ arbeitet mit verschiedenen Produktezentren zusammen. Die Produktezentren sind für den Unterhalt und die Weiterentwicklung der segmentsspezifisch angebotenen Produktepaletten verantwortlich. Der Kredit nimmt im Angebot eine Sonderstellung ein. Die Kreditanträge, vom Vertrieb eingereicht, werden im Produktezentrum Kredit beurteilt und entschieden. Im weiteren werden dort bestehende Kreditengagements überwacht und notleidende Kredite betreut. Neben dem Produkt Kredit werden den mittleren bis grossen Firmenkunden noch weitere Produkte angeboten. Als Beispiele zu nennen wären der Zahlungsverkehr, das Dokumentargeschäft (Akkreditive, Dokumentarinkassi), Garantien und Kautionen, Anlagen (Festgelder, berufliche Vorsorge, Devisen) oder Corporate Finance-Dienstleistungen (Nachfolgeregelungen, Unternehmensvermittlungen, Going-Public). Die konkrete Ausgestaltung der Produktepalette hängt von der verfolgten Produktestrategie ab. In einer „federated bank“ werden alle diese Leistungen in spezialisierten Produktezentren erstellt. Teilweise vertreiben sie in Zusammenarbeit mit dem Kundenverantwortlichen ihre Produkte direkt, wobei der Kundenverantwortliche lediglich eine Türöffner-Funktion übernimmt,[385] oder sie stellen dem Kundenverantwortlichen bei Bedarf Spezialistenwissen zur Verfügung[386].

Abhängigkeitsbeziehungen. Das Vorhandensein solcher Beziehungen bildet eine Grundvoraussetzung für das Entstehen von interpersonellen Konflikten.“ *Handwörterbuch der Organisation* (1980, S. 1071).

384 *Fulk und DeSanctis* (1995, S. 337).

385 Die Produkte der beruflichen Vorsorge wären hierfür ein Beispiel.

386 Hierzu wäre das Produktezentrum Zahlungsverkehr ein Beispiel.

Das von *Ruekert und Walker*[387] entwickelte „Framework“ hilft uns, das Zusammenspiel von zwei organisatorischen Einheiten konzeptionell zu erfassen. Die Abbildung 7.2 zeigt dieses „Framework“.

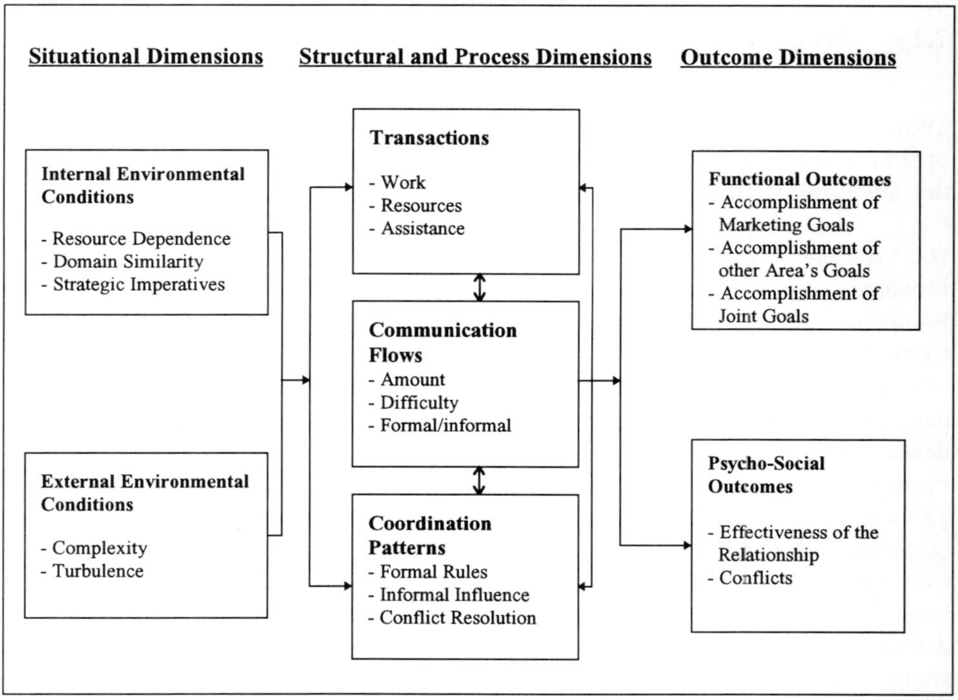

Abb 7.2: „A Framework for Assessing Marketing's Interaction with Another Functional Area“[388]

Die Autoren unterscheiden darin drei Interaktionsdimensionen: Die *Situationsdimensionen*, bestehend aus interner und externer Interaktionsumwelt, determinieren bis zu einem gewissen Grad die *Struktur- und Prozessdimensionen* Transaktion, Kommunikation und Koordination. Diese wiederum beeinflussen in entscheidendem Masse die *Ergebnisdimensionen* der Zusammenarbeit.

387 Vgl. *Ruekert und Walker* (1987).

388 *Ruekert und Walker* (1987, S. 3).

Im folgenden wird das obige „Framework" auf die Beziehungen zwischen dem Vertrieb mittlere bis grosse Firmenkunden und den segmentsspezifischen Produktezentren angewendet.

1. Situationsdimensionen

Den Autoren gemäss wird die Zusammenarbeit zwischen zwei organisatorischen Einheiten massgebend von *internen* und *externen* Umweltbedingungen geprägt. Die Eigenschaften „Turbulenz"[389] und „Komplexität"[390] stehen bei der Beurteilung der *externen Umwelt* im Vordergrund. Das Management einer Grossbank wird das Marktsegment der mittleren bis grossen inländischen Firmenkunden wahrscheinlich als relativ komplex beurteilen. Grössere Firmenkunden haben immer wieder aussergewöhnliche finanzielle Bedürfnisse.[391] Diese Bedürfnisse lassen sich in der Regel nicht routinemässig befriedigen. Bei der Leistungserbringung wird ein gewisses Mass an Flexibilität notwendig. Als Folge davon nimmt der Interaktionsbedarf zwischen den Akteuren zu, wie auch die Anforderungen an die Koordination steigen. In einer komplexen Umwelt entziehen sich die Leistungen, Strukturen und Abläufe *teilweise* einer Standardisierung. Der Markt für „Personal Computers" dient als gutes Beispiel für einen turbulenten Markt. Das Angebot wird *ständig* weiterentwickelt. Bestehende Produkte werden immer wieder verbessert. Neue Produkte kommen auf den Markt. Der technologische Fortschritt ist rasant.[392] Was heute neu ist, kann morgen schon wieder veraltet sein. Es kommen neue Anbieter auf den Markt, alte verschwinden. Vergli-

---

389 Eine Umwelt kann als *turbulent* bezeichnet werden, wenn die Beziehungen der wichtigsten Umweltelemente untereinander unstabil sind und fortwährend neue, einflussreiche Umweltelemente auftauchen und bisherige verschwinden.

390 Eine Umwelt kann als *komplex* bezeichnet werden, wenn die wichtigsten Umweltelemente stabil, deren Beziehungen untereinander aber relativ kompliziert sind. Der gleiche Sachverhalt kann aus einer Produktesicht wie folgt formuliert werden: „Complexity is found where a large amount of information is needed to articulate to potential buyers the features of a particular product." *Fulk und Desanctis* (1995, S. 343).

391 Als Beispiel hierfür könnte man den Gang eines Firmenkunden an die Börse („going public") nennen.

392 „Between 1987 and 1993 the real cost of processing in a PC dropped by no less than a factor of 100. The cost of storing data has in the same time interval dropped approximately 20 fold. Finally, the cost of moving data has again in the same time period dropped in real terms by a factor of 100." *Deloitte Touche Tohmatsu International* (1995).

chen damit kann das Marktsegment der mittleren bis grossen inländischen Firmenkunden aus der Sicht einer Grossbank wohl kaum als turbulent bezeichnet werden. Die Produktepalette bleibt im Kern konstant. Das gilt auch für die Anbieter auf diesem Markt. Es gibt keine spektakuläre Markteintritte oder -austritte.

Die *interne Transaktionsumwelt* erfassen die Autoren über drei verschiedene Konzepte: die Ressourcenabhängigkeit („Resource Dependence“), die kulturelle Gleichheit („Domain similarity“) und die strategischen Prioritäten („Strategic Imperatives“). Das Konzept *Ressourcenabhängigkeit* wurde im Abschnitt 4.2.2 eingeführt. Es erklärt die gegenseitigen Abhängigkeiten organisatorischer Einheiten über die Knappheit der transferierten Ressourcen.[393] Wenn man das Produktezentrum Kredit als Beispiel nimmt, wird die Idee klar. Der Kredit ist für den Firmenkunden das *zentrale* Bankprodukt.[394] Der Kreditanalyst im Produktezentrum hat die Kompetenz, auf Antrag des Verkäufers Kredite zu gewähren. Der Verkäufer beantragt, der Kreditanalyst gewährt. Die Abhängigkeit des Verkäufers vom Analysten beeinflusst die Struktur- und Prozessdimensionen der Zusammenarbeit, u.a. wird dadurch die Zusammenarbeit zwischen den beiden intensiver. Bei den anderen Produktezentren wie Zahlungsverkehr, Dokumentargeschäft, Corporate Finance oder berufliche Vorsorge gibt es eine derart einseitige Abhängigkeit nicht.

Auch beim nächsten Konstrukt, der *„Domain Similarity“,* ist das Produktezentrum Kredit wieder ein Sonderfall. Die Grundidee des Konstruktes ist einfach: Je kulturell ähnlicher die organisatorischen Einheiten sich sind, desto einfacher ist ceteris paribus die Zusammenarbeit. Das Produktezentrum ist für das Risiko aus dem Kreditgeschäft verantwortlich, der Vertrieb für das „Ausschöpfen“ der Kundenbeziehung. Der Vertrieb kann andere Produkte vielfach erst dann absetzen, wenn dem Kunde ein Kredit gewährt wurde. Daraus ergeben sich zwangsläufig unterschiedliche Interessen. Die unterschiedliche Interessenlage widerspiegelt sich auch kulturell: der Kreditanalyst ist risikobewusst, abwägend und analytisch, der Verkäufer eher risikofreudig und aggressiv. Bei den anderen Produktezentren ist der kulturelle

---

393 „Resource dependence reflects the importance to a member of one functional area of obtaining resources from another area to accomplish his or her objectives.“ *Ruekert und Walker* (1987, S. 6).

394 Vgl. Abschnitt 4.2.2.

Unterschied zum Vertrieb weniger bedeutend. Das Produktezentrum Akkreditiv wird als Anschauungsbeispiel genommen. In beiden organisatorischen Einheiten, im Vertrieb wie im Produktezentrum, arbeiten Personen, die verkaufsorientiert sind. Die gegenseitige Verständigung sollte relativ einfach sein.

Als drittes Konstrukt zur Beurteilung der internen Transaktionsumwelt verwenden die Autoren die *strategischen Schwerpunkte* („Strategic Imperatives") der einzelnen Einheiten. Der Vertrieb muss verkaufen. Die Produktezentren müssen verkaufen. Eine Ausnahme davon ist das Produktezentrum Kredit. Es hat eine andere strategische Priorität: Die Risiken aus dem Kreditgeschäft müssen transparent gemacht, kontrolliert und reduziert werden. Diese strategische Differenz macht die Zusammenarbeit zwischen Vertrieb und Produktezentrum Kredit auch nicht einfacher.

2. Struktur- und Prozessdimensionen

Zu den Struktur- und Prozessdimensionen zählen die Autoren *Transaktionsinhalte*, *Kommunikationsflüsse* und *Koordinationsmuster*. Zwischen den organisatorischen Einheiten werden Ressourcen[395], Arbeit und technische Unterstützung *ausgetauscht*. Diese Transaktionen induzieren Informationsflüsse. Gemäss *Lind und Zmud*[396] kommt der Kommunikation bei der interorganisationalen Zusammenarbeit eine wichtige Rolle zu: „Together, improved information and the existence of a common understanding across participants in the IOR (interorganizational relationships) should result in a higher quality of service being provided to end-consumer of the IOR." *Informationsflüsse* können formal oder weniger formal gestaltet werden. Über Regeln und Prozeduren werden Informationsflüsse *koordiniert*. Die Erträge aus einer *Formalisierung* sind bei einem intensiven und gleichförmigen Informationsfluss am grössten. Ein *informeller Einfluss* der einen organisatorischen Einheit auf die andere geht in der Regel auf eine einseitige Ressourcenabhängigkeit zurück. Mit zunehmender Interaktionsintensität nimmt der

395 Zu den möglichen Ressourcen zählen „... real and budgeted funds; products, including clients in a service organization; support services; and information essential for unit performance". *McCann und Ferry* (1979, S. 114).

396 *Lind und Zmud* (1995, S. 446).

informelle Einfluss zu. Um Konflikte zwischen organisatorischen Einheiten zu vermeiden, stehen den Parteien verschiedene *Konfliktlösungsstrategien* zur Verfügung: Man kann einem Konflikt aus dem Weg gehen; man kann einen Konflikt mit dem Hinweis auf gemeinsame Interessen übergehen; man kann einen Konflikt offen austragen und ihn über Verhandlungen und Kompromisse beilegen; man kann eine höhere Autorität um Konfliktbeilegung bitten. Die konkrete Konfliktbewältigungsstrategie sollte situativ gewählt werden. Erfolgreiche Konfliktbewältigungen durch die Beteiligten selbst stärkt in der Regel die Arbeitsbeziehung. Auf der anderen Seite kann Konfliktbewältigung aus eigener Kraft sehr zeitintensiv sein. Deshalb muss der Konflikt unter Umständen auf andere Art beigelegt werden.

3. Ergebnisdimensionen

Hier unterscheiden *Ruekert und Walker* zwischen funktionalem und psychisch-sozialem Ergebnis. Das *funktionale Ergebnis* besteht aus dem Erreichen der einheitsbezogenen und gemeinsamen Ziele. Die Beziehungsqualität[397], wie sie durch die Beteiligten wahrgenommen wird, und entstandene Konflikte[398] gehören zum *psychisch-sozialen Ergebnis*.

Der Kundenverantwortliche ist, will er seine Verkaufsziele erreichen, auf eine gute Zusammenarbeit mit den Produkteverantwortlichen angewiesen. Die Interessen von Verkäufer und Produktespezialist sind in der Regel gleichgerichtet, aber nicht immer deckungsgleich: Beim Produktespezialisten steht eher das Produkt im Vordergrund, beim Verkäufer eher die Kundenbeziehung. Die Beziehung Verkäufer/Kreditanalyst ist ein Sonderfall. Das Konfliktpotential ist offensichtlicher. Der Verkäufer ist für die Kundenbeziehung verantwortlich, der Analyst für die Risikoposition aus dem Kreditgeschäft. Der Konflikt Kreditanalyst/Verkäufer ist *struktureller* Natur, wie es auch der etwas subtilere Konflikt zwischen dem Verkäufer und den anderen Produktespezialisten ist. Wie Abbildung 7.3 zeigt, lassen sich in einer Organisation grundsätzlich drei Konfliktdimensionen unterscheiden:

---

397 „... the perception of personnel who interact with people in another functional area that their relationship is worthwile, equitable, productive, and satisfying.“ *Ruekert und Walker* (1987, S. 6).

398 „The mix of collective goals and self-interest that individuals bring to interfunctional interaction, together with their functional interdependence, creates a situation conducive to disagreement.“ *Ruekert und Walker* (1987, S. 8).

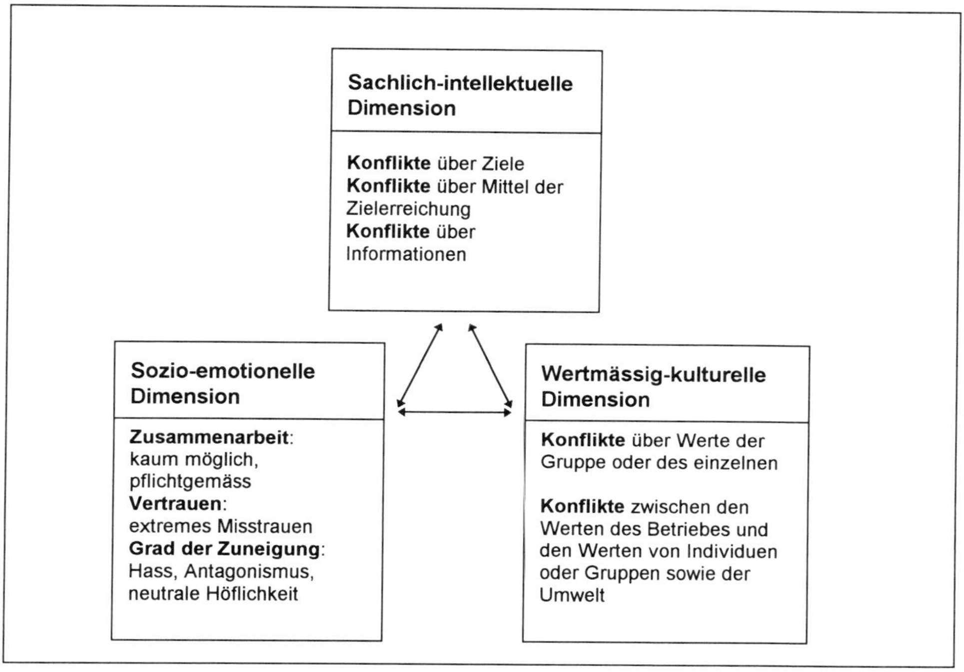

Abb. 7.3: Konfliktdimensionen[399]

Bei der sachlich-intellektuellen Konfliktdimension geht es um *Ziele, Mittel und Informationen*. Unterschiedliche *Werte* sind Konfliktgegenstand der wertmässig-kulturellen Dimension. Die dritte Konfliktdimension deckt den sozio-emotionellen Bereich einer Zusammenarbeit ab. In der Zusammenarbeit zwischen Verkäufer und Produktespezialist werden die Konflikte wohl mehrheitlich in der sachlich-intellektuellen und sozio-emotionellen Dimension stattfinden. Die wertmässig-kulturelle Dimension könnte etwas in den Hintergrund treten, da alle Akteure für die gleiche Bank arbeiten. Gleichwohl darf man kulturelle Unterschiede, die aufgrund unterschiedlicher Tätigkeiten und Ziele in einer Unternehmung entstehen, nicht unterschätzen. Wenn Konflikte hauptsächlich struktureller Natur sind (im System eingebaut), sollte nicht die Konfliktlösung,[400] sondern die Konflikthandhabung im Vor-

399 *Handwörterbuch der Organisation* (1980, S. 1074).

400 In diesem Falle würde eine Konfliktlösung die Änderung der Strukturen bedingen.

dergrund stehen.[401] In Kapitel 4 findet sich eine vergleichbare Ausgangslage. Im Abschnitt 4.2.2 wurden strukturelle Konflikte in der Kunden/Bank-Beziehung identifiziert. Es wird das gleiche Vorgehen wie in Kapitel 4 gewählt. Auch im Falle der Zusammenarbeit zwischen Vertrieb und Produktezentren schlägt die Theorie Beziehungsformen vor, die es erlauben, mit einem Transaktionspartner trotz struktureller Konflikten effizient zusammenzuarbeiten.

Die „federated bank“ ist ein Netzwerk bestehend aus spezialisierten organisatorischen Einheiten. In einem Netzwerk wird die Pflege der Beziehungen, das „Relationship marketing“, zu einem Erfolgsfaktor.[402] Unter „Relationship marketing“ verstehen *Morgan und Hunt*[403] „all marketing activities directed toward establishing, developing, and maintaining successful relational exchanges“. Ob es sich dabei um Beziehungen zu den Kunden oder den Zulieferern, zu den Mitarbeitern oder den Investoren oder eben zu den Produktezentren handelt, ist nicht entscheidend. Das Grundproblem bleibt das gleiche: Wie gelingt es, mit Netzwerkpartnern funktionierende, möglichst effiziente Austauschbeziehungen aufzubauen und aufrechtzuerhalten trotz bestehenden, schwächeren und stärkeren strukturellen Konflikten? Abbildung 7.4 zeigt verschiedene interne und externe Beziehungen einer Unternehmung.

---

401 Vgl. *Handwörterbuch der Organisation* (1980, S. 1072).

402 „... to be an effective competitor in today's global marketplace requires one to be an effective cooperator in some network of organizations.“ *Morgan und Hunt* (1994, S. 34).

403 *Morgan und Hunt* (1994, S. 22).

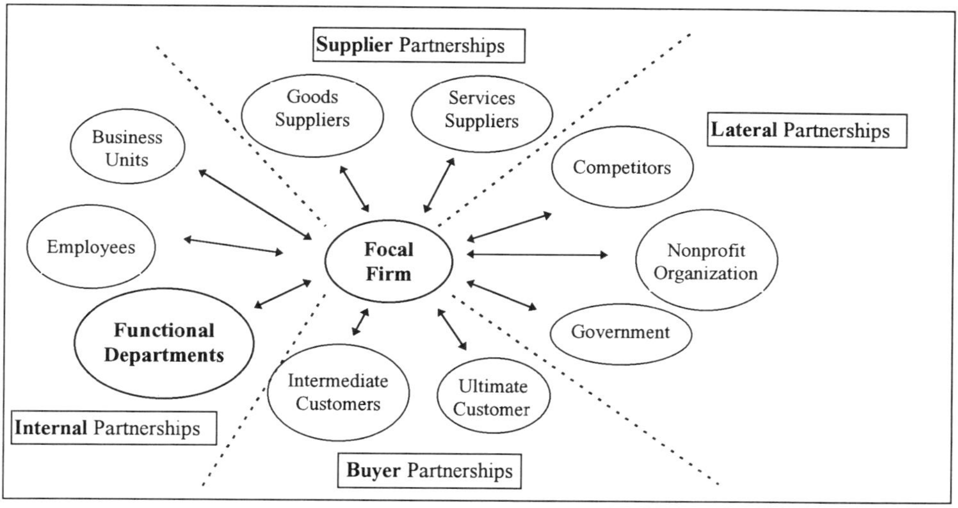

Abb. 7.4: Austauschbeziehungen im „Relationship Marketing“[404]

„Commitment“[405] und „Trust“[406] sind für *Morgan und Hunt*[407] in diesem Zusammenhang zentrale Begriffe. Gegenseitiges Vertrauen hilft den Interaktionspartnern, mit Konflikten struktureller oder nicht struktureller Natur produktiv umzugehen. In einer Beziehung entstehen immer wieder Konflikte. Wenn diese als Herausforderung zum Überdenken von Bestehendem wahrgenommen werden, kann die gemeinsame Konfliktbewältigung produktiv sein. Eine gute Kommunikation zwischen den Interaktionspartnern, gemeinsame Werte, ein sichtbarer Nutzen aus der Beziehung[408]

404 Vgl. *Morgan und Hunt* (1994, S. 21).

405 „Commitment to the relationship is defined as an enduring desire to maintain a valued relationship.“ *Morgan und Hunt* (1994, S. 23).

406 „Trust is defined as a willingness to rely on an exchange partner in whom one has confidence.“ *Moorman et al.* (1994, S. 82).

407 Vgl. *Morgan und Hunt* (1994, S. 21).

408 Der Nutzen einer Partnerschaft wird wie folgt ermittelt: „... assessment of the results (reward obtained minus costs incurred) from a given working partnership in comparison with expectations based on present and past experience with similar relationships, and knowledge of other firms' relationships.“ *Anderson und Narus* (1990, S. 44)

und hohe „Austrittsbarrieren" fördern das gegenseitige Vertrauen und das „Commitment".

Vertrauen und „Commitment" in einer Beziehung führen ihrerseits zu einer verstärkten Kooperation[409], zu einer funktionalen Betrachtung von Konflikten und zu einer grösseren Entscheidungssicherheit[410]. Das eben Gesagte wird in der Abbildung 7.5 veranschaulicht.

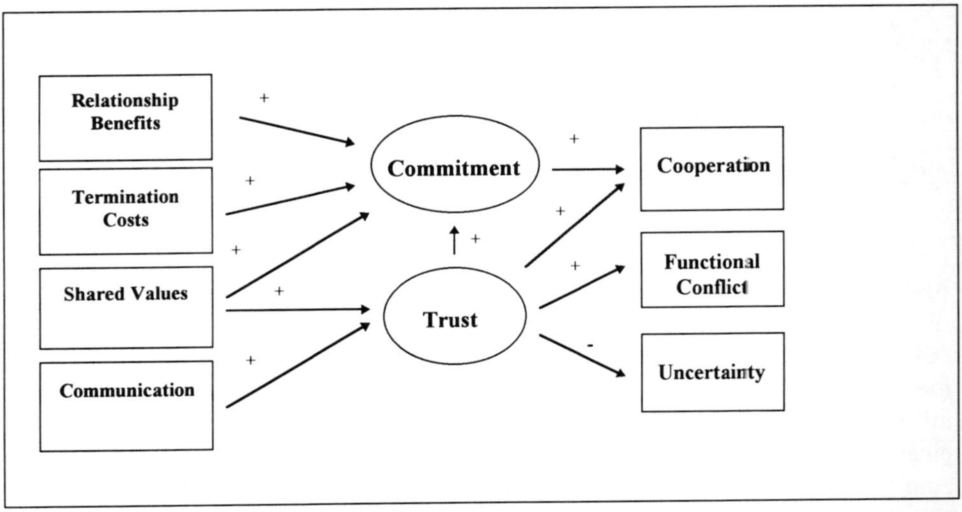

Abb. 7.5: „Model of Relationship Marketing"[411]

Der *Aufbau von Vertrauen* wird im „Relationship Management" gegen innen wie gegen aussen zur *zentralen Aufgabe*. Man kann nicht gegen aussen Vertrauen leben und es gegen innen verkümmern lassen. *Anderson und Narus*[412] kommen in ihren

409 „Cooperation is defined as similar or complementary coordinated actions taken by firms in interdependent relationships to achieve mutual outcomes or singular outcomes with expected reciprocation over time." *Anderson und Narus* (1990, S. 42).

410 „We posit that trust decreases a partner's decision-making uncertainty because the trusting partner has confidence that the trustworthy party can be relied on." *Morgan und Hunt* (1994, S. 26).

411 Vgl. *Morgan und Hunt* (1994, S. 22).

412 Vgl. *Anderson und Narus* (1990).

Untersuchungen zu einem ähnlichen Resultat. Sie führen das Beziehungskonstrukt „Working Partnership“ ein. Eine „Working Partnership“ definieren sie wie folgt: „... the extent to which there is mutual recognition and understanding that the success of each firm depends in part on the other firm with each firm consequently taking actions so as to provide a coordinated effort focused on jointly satisfying the requirements of the customer marketplace.“[413] Wenn „firm“ durch „unit“ ersetzt wird, erhält man eine zweckmässige Definition. Auch bei *Anderson und Narus* steht das Vertrauen im Mittelpunkt. Die zentrale Rolle des Vertrauens in einer Interaktionsbeziehung wird auch *empirisch* bestätigt: „A growing body of empirical evidence suggests that norms of fairness have a significant effect on economic exchange. These investigations imply that perceptions of equity operate as a lower-bound constraint on efficiency (i.e., events increasing either risk or decreasing trust improve the likelihood that parties will rely more heavily on equity than efficiency in assessing their relationship).“[414]

Wie bereits erwähnt, sind Konflikte in der Beziehung Kundenverantwortlicher/Produktespezialist auch bei weitgehender Interessengleichheit vielfach unvermeidbar. Wenn die Partner Konflikte als zur Beziehung gehörend akzeptieren („just another part of doing business“[415]), diese Unstimmigkeiten gemeinsam thematisieren und einer Lösung zuführen, werden strukturelle Interessengegensätze entschärft. Gegenseitiges Vertrauen ermöglicht den Parteien, Konflikte in diesem Sinne, d.h. funktional, wahrzunehmen. Als wichtigster Gradmesser der internen Beziehungsqualität dient, wie bei der Beziehung Bank/Firmenkunde, die Zufriedenheit des Interaktionspartners: „We contend that satisfaction, by its nature, is not only a close proxy for concepts such as perceived effectiveness, but also may be more predictive of future actions by partner firm managers.“[416]

Nach diesen allgemeinen Betrachtungen zur Schnittstellenproblematik im Firmenkundengeschäft wird im folgenden die Zusammenarbeit zwischen Vertrieb „mittlere bis grosse Firmenkunden“ und den segmentsspezifischen Produktezentren etwas detaillierter betrachtet. Dabei wird die Beziehung des Vertriebs zum Produktezentrum Kredit gesondert und die Beziehung des Vertriebs zu den anderen Produktezentren

413 *Anderson und Narus* (1990, S. 42).

414 *Ring und Van de Ven* (1994, S. 94).

415 *Anderson und Narus* (1990, S. 45).

416 *Anderson und Narus* (1990, S. 46).

am Beispiel des Produktezentrums Berufliche Vorsorge behandelt. Dem gewählten Vorgehen liegt die Annahme zugrunde, dass sich die Produktezentren, das Produktezentrum Kredit davon ausgenommen, in der Zusammenarbeit mit dem Vertrieb nicht wesentlich voneinander unterscheiden.

7.2.1 Schnittstelle Vertrieb/Produktezentrum Berufliche Vorsorge

Die *zentrale* Frage bezüglich der Zusammenarbeit zwischen Produktespezialist und Kundenverantwortlicher ist: Wie kann der Produktespezialist optimal in den Verkaufsprozess integriert werden? Im CS Konzern ist die CS Columna als Produktezentrum für die Produkte der beruflichen Vorsorge verantwortlich. Im folgenden wird zuerst die CS Columna und deren Zusammenarbeit mit den Kundenverantwortlichen im Firmenkundengeschäft kurz beschrieben. Dann wird diese Zusammenarbeit aus verschiedenen theoretischen Blickwinkeln betrachtet. Schliesslich werden die gemachten Betrachtungen dazu genutzt, Verbesserungsvorschläge bezüglich der Zusammenarbeit zwischen Vorsorgeberater und Firmenkundenberater zu formulieren.

Die CS Columna als Vorsorgezentrum der CS-Gruppe bietet den Firmenkunden eine breite Palette von verschiedenen beruflichen Vorsorgelösungen an, vom Standardplan bis zur individuellen Lösung.[417] Dazu gehören neben der Führung von Pensionskassen auch spezifische Dienstleistungen im Vorsorgebereich wie z.B. Expertisen, Verwaltung oder Rechtsberatung. Banken und Versicherungsgesellschaften liefern sich im Vorsorgemarkt einen harten Konkurrenzkampf. Der Vorsorgeberater ist in diesem Wettbewerb auf die Mithilfe des Firmenkundenberaters angewiesen. Im Kontakt mit seinen Kunden hat der Firmenkundenberater immer wieder Gelegenheit, das Thema der beruflichen Vorsorge anzusprechen, z.B. bei Bilanzgesprächen, Kreditgesprächen, Firmengründungen, Fusionen oder Firmenrestrukturierungen. Konkrete Stichworte in einem Kundengespräch sind Personal, AHV, 3. Säule, Rendite/Performance der Pensionskassengelder oder Versicherungen.

Stellt der Firmenkundenberater bei einem seiner Kunden eine Abschlusschance fest, muss er seinen Vorsorgeberater so schnell als möglich bei diesem Kunden einführen. Wird die Beziehung Firmenkundenberater/Vorsorgespezialist mit Hilfe des „Framework“ von *Ruekert und Walker* betrachtet, so stellt man u.a. fest, dass es in dieser Beziehung eine *Ressourcenabhängigkeit* seitens des Produktespezialisten

417 Vgl. *CS Columna* (1995)a und *CS Columna* (1995)b.

gibt. Das knappe Gut (die Ressource) sind *detaillierte Kundenkenntnisse.* Der Firmenkundenberater weiss in der Regel frühzeitig um vorsorgerelevante Vorkommnisse bei seinen Firmenkunden wie personelle Mutationen (Finanzchef, Pensionskassenverwalter), Firmengründungen, geplante Fusionen etc. Er führt den Vorsorgespezialist beim Firmenkunden ein und tritt dann wieder in den Hintergrund. Die rechtzeitige Einführung des Vorsorgeberaters beim Kunden ist in höchstem Grade erfolgsrelevant. Die *Kommunikation* zwischen Vorsorgeberater und Firmenkundenberater ist eher informell, der Kommunikationsfluss nicht sehr intensiv. Die *kulturelle Ausrichtung* („Domain Similarity") ist beim Vorsorgespezialisten wie beim Firmenkundenberater in etwa die gleiche. Den Vorsorgeprodukten haftet ein gewisser „Versicherungsgeruch" an. Es handelt sich bei ihnen nicht um klassische Kommerzprodukte wie es z.B. der Kredit oder das Akkreditiv sind, sondern um eigentliche Versicherungsprodukte. Dazu sind sie stark erklärungsbedürftig. Das kann im Vertrieb zu Schwierigkeiten bei der Produkteidentifikation führen. Bei der *strategischen Ausrichtung* gibt es kleine Differenzen. Während der Vorsorgeberater Produkteziele im Vorsorgebereich zu erreichen sucht, will der Firmenkundenberater vor allem den kundenbezogenen Deckungsbeitrag erhöhen. Wenn es dem Vorsorgeberater gelingt, einen Kunden von den Vorteilen einer Banklösung bei der Verwaltung von Pensionskassengeldern zu überzeugen, gewinnt auch der Firmenkundenberater. Er vertieft die Beziehung zum Kunden, erhöht dessen Austrittsbarriere und partizipiert in der einen oder anderen Form an den eingehenden Passivgeldern und den erwirtschafteten Kommissionen.

Die *Interdependenz*[418] zwischen Vertrieb und Produktezentrum „Berufliche Vorsorge" wird aus dem bisher Gesagten gut sichtbar. Der Vorsorgeberater ist auf die aktive Mitarbeit des Firmenkundenberaters angewiesen, denn nur dieser kann ihm verkaufsrelevante vorsorgebezogene Kundeninformationen liefern (Information als Ressource). Der Firmenkundenberater ist bezüglich seiner Zielerfüllung weniger auf den Vorsorgeberater angewiesen. Dieses Beziehungsungleichgewicht kann zu Kommunikationsstörungen führen.[419] Der Vorsorgeberater muss aus einer etwas schwächeren Position den Firmenkundenberater motivieren, aktiv bei seinen Kunden Verkaufschancen für Vorsorgeprodukte aufzuspüren. Der „Commitment-Trust Theory

418 „Interdependence exists when actions taken by one referent system affects the actions or outcomes of another referent system." *McCann und Ferry* (1979, S. 113).

419 „This is a source of conflict if one unit perceives high interdependence and attempts to coordinate via the personal and group modes while the other unit perceives low interdependence and resists these attempts." *McCann und Ferry* (1979, S. 116).

of Relationship Marketing"[420] gemäss stehen dem Vorsorgeberater hierfür *zwei* Hebel zur Verfügung: die *Kommunikation* („meaningful and timely information"[421]) und die Darstellung eines möglichen *Beziehungsertrages*. Der Vorsorgeberater muss zum Firmenkundenberater eine Beziehung aufbauen und ihm den Nutzen aus einer funktionierenden Zusammenarbeit aufzeigen. Dies wird ihm dann am besten gelingen, wenn sich die ersten Erfolgserlebnisse aus der Zusammenarbeit schnell einstellen.[422] Der Aufbau von gegenseitigem Vertrauen wird der Theorie gemäss u.a. zu einer verstärkten Kooperation führen.[423]

Anfänglich werden sich die beiden in von der Organisation vorgegebenen Rollen begegnen. Nach einigen Interaktionen werden sie sich vertrauter. Eine persönliche Beziehung kann entstehen. Zusammen mit den ersten positiven Ergebnissen der gegenseitigen Zusammenarbeit kann die entstehende persönliche Beziehung vom Vorsorgeberater für den Aufbau von gegenseitigem Vertrauen genutzt werden. Mit dem Aufbau einer Beziehung werden transaktionsspezifische Normen entstehen. *Kotter*[424] beschreibt diesen Prozess am Beispiel der Personalrekrutierung. Implizite Erwartungen, d.h. Erwartungen, die dem anderen nicht bekannt sind, spielen bei diesem „joining up" eine zentrale Rolle. Das Beziehungsergebnis und die Zusammenarbeit wird u.a. an diesen impliziten Erwartungen gemessen. Für die Effizienz der Beziehung ist es vorteilhafter, wenn die impliziten Erwartungen dem anderen jeweils bekannt sind. Die vormals impliziten Erwartungen könnten dann Bestandteil der gemeinsamen Zielsetzungen werden und würden damit transparent und überprüfbar. Dieses Vorgehen verbessert die Kommunikation und die gemeinsame Arbeit. *Lind und Zmud*[425] halten fest, dass „it is the nature of the communication exchanges

---

420 Vgl. Abschnitt 7.2.

421 *Anderson und Narus* (1990, S. 44).

422 „Increase in trust between parties, which are produced through an accumulation of prior interactions that were judged by the parties as being efficient and equitable, increase the likelihood that parties may be willing to make more significant and risky investments in future transactions." *Ring und Van de Ven* (1994, S. 101).

423 Das gleiche Vorgehen wird im Rahmen des „Hidden Information Model" vorgeschlagen: „... hire agents on the basis of the imperfect information provided by their signals, and then learn from subsequent experience the true characteristics of the agents hired." *Bergen et al.* (1992, S. 6).

424 Vgl. *Kotter* (1973).

425 *Lind und Zmud* (1995, S. 446).

among key actors that largely determines the effectiveness of the IOR[426] which, in turn, contributes significantly to enhanced organizational performance." Die Kommunikation zwischen Vorsorgeberater und Firmenkundenberater könnte auch über eine *Standardisierung* verbessert werden. Aufnahme und Weitergabe von pensionskassenrelevanten Informationen an den Vorsorgeberater würden in diesem Fall zu einem festen Bestandteil der Verkaufsführung. So wäre z.B. das Thema der beruflichen Vorsorge Bestandteil jeder kundenbezogenen Berichterstattung. Man würde damit Managementressourcen für das Gestalten und Steuern der Beziehung zum Vorsorgeberater einsetzen.

Der Kommunikationsfluss zwischen den Kundenverantwortlichen und den Produktespezialisten könnte auch über moderne Kommunikationsmittel wie Intranet[427] entschieden verbessert werden.[428] Im Verkaufsprozess müssen die Produktespezialisten jeweils bedürfnis- und kundengerecht eingesetzt werden. Der Kundenverantwortliche übernimmt dabei die Koordinationsaufgabe. Befragungen von *Mercuri International Deutschland*[429] zu „Team Selling" haben ergeben, dass der Erfolgsfaktor Nummer eins für ein Verkaufsteam der intensive Austausch und die enge Kooperation unter den Teammitgliedern ist. In einem Team, bestehend aus dem Kundenverantwortlichen und den Produktespezialisten, wäre die erfolgs- und kundenorientierte Kundenbetreuung wohl einfacher zu erbringen. Reine Verkaufsteams sind im Firmenkundengeschäft schon aus Kostengründen schwer zu realisieren. Möglicherweise gelänge es aber auch über eine Vernetzung der Vertriebspartner (Kundenverantwortlicher und Produktespezialisten), diesen intensiven Informationsaustausch und diese enge Kooperation zu erreichen. Bei einer effizienten Vernetzung würde die Gesamtheit aller Kundenverantwortlichen und Produktespezia-

---

426 Definition. *IOR*: „interorganizational relationship".

427 Das Intranet ist eine firmeninterne Kommunikationsmöglichkeit, die auf dem Internet-Protokoll TCP/IP basiert. Intranet erlaubt es, Informationen in der für den Empfänger optimalen Form zu übermitteln: als Text, Grafik, Animation, in Audio- oder Videoform. Vgl. *Kern* (1996, S. 10).

428 „One of the mechanisms for improving individual communication behaviors involves enlarging the portfolio of pathways through which these communicating partners interact." *Lind und Zmud* (1995).

429 Vgl. *Mercuri International Deutschland* (1996).

listen eines Segmentes zusammen ein Netzwerk[430] bilden.[431] Die einzelnen Netzwerkteilnehmer würden weiterhin räumlich getrennt arbeiten,[432] wären aber über ein effizientes Kommunikationssystem miteinander verbunden. Aus diesem Netzwerk heraus könnte man *virtuelle Verkaufsteams*[433] definieren. Ein virtuelles Verkaufsteam bestände aus dem entsprechenden Kundenverantwortlichen und den benötigten Produktespezialisten. In den einzelnen Verkaufsteams entstände ein kundenbezogenes Wir-Gefühl. Der einzelne Produktespezialist wäre Mitglied von verschiedenen kundenbezogenen Verkaufsteams. Alle Teammitglieder hätten Zugriff auf die Kundendaten in der Datenbank. Die Idee mag etwas spekulativ klingen, sie zeigt aber, dass die moderne Technologie möglicherweise neue Lösungsansätze für bekannte organisatorische Probleme bereithält.[434] IT erhält eine gestaltende Kraft. Organisatorische und technologische Probleme sollten simultan und kreativ gelöst werden.

7.2.2 Schnittstelle Vertrieb/Krediteinheit

„The operational question for such a dyad is not whether to get 'married', but rather how to make the marriage work."[435]

Folgt man einer der organisatorischen Ideen von *Wuffli und Hunt*[436] für das Kreditgeschäft, so erhält man in der „federated bank" eine strikte personelle Trennung von

---

430 „Pre-defined control between fixed organizational units is being supplanted with neutral relationships which are continually redefined and re-negotiated as activities shift and the organizational form changes." *Fulk und DeSanctis* (1995, S. 339).

431 Diese Überlegungen sind inspiriert durch und basieren teilweise auf einer empirischen Studie von Mercuri International Deutschland zum Status Quo von Vertriebsteams in Deutschland. Vgl. *Mercuri International Deutschland* (1996).

432 „Electronic communication technologies are enablers of changed forms by offering capabilities to overcome constraints on time and distance, key barriers around which organizational forms traditionally have been designed." *Fulk und DeSanctis* (1995, S. 337).

433 „Virtual organizations consists of individuals working out of physically dispersed workspaces, or even individuals working from mobile devices and not tied to any particular workspace." *Fulk und DeSanctis* (1995, S. 340).

434 „The design of information technology and the design of organizations are largely becoming the same task." *Lucas und Baroudi* (1994, S. 9).

435 *Ring und Van de Ven* (1994, S. 96).

Kunden- und Kreditverantwortung. Die Kundenverantwortung wird vom Verkäufer, die Kreditverantwortung vom Kreditanalysten wahrgenommen. Der Verkäufer betreut den Kunden und versucht das Kundenpotential zu erschliessen. Beantragt ein Kunde einen Kredit, muss der Verkäufer diesen Wunsch in Form eines Gesuches an den Analysten weitergeben. Dieser beurteilt den Antrag und entscheidet darüber.

Diese Kompetenzregelung begründet eine relativ starke Abhängigkeit des Verkäufers vom Kreditanalysten. Mit Hilfe einer Matrix kann man die Entscheidungssituation veranschaulichen, die dieser Beziehung zugrunde liegt.[437] Wenn ein Kunde ein Kreditgesuch einreicht, haben beide zwei Entscheidungsalternativen: Sie können dem Gesuch zustimmen oder sie können es ablehnen. Es wird angenommen, dass die beiden das Ergebnis ihrer Zusammenarbeit bewerten können. Beide vergleichen mögliche Ergebnisse der Zusammenarbeit und bewerten diese mit Hilfe numerischer Werte. Wenn der eine das mögliche Ergebnis a mit +7 bewertet und das mögliche Ergebnis b der Zusammenarbeit mit +5, dann weiss man, dass er beide Ergebnisse positiv bewertet und dass er das Ergebnis a dem Ergebnis b vorzieht. Bei einer strikten Trennung von Kundenverantwortung und Kreditkompetenz will der Kreditanalyst möglichst wenig Risiko. Der Verkäufer möchte „Geschäfte machen" (Der Kredit ist vielfach „the ticket to the dance"). Das führt häufig zu einer Konfliktsituation. Dies veranschaulicht Abbildung 7.6.[438]

436 Vgl. *Wuffli und Hunt* (1993, S. 99).

437 Vgl. *Victor und Blackburn* (1987).

438 Zur Darstellung vgl. *Dixit und Nalebuff* (1995, S. 90).

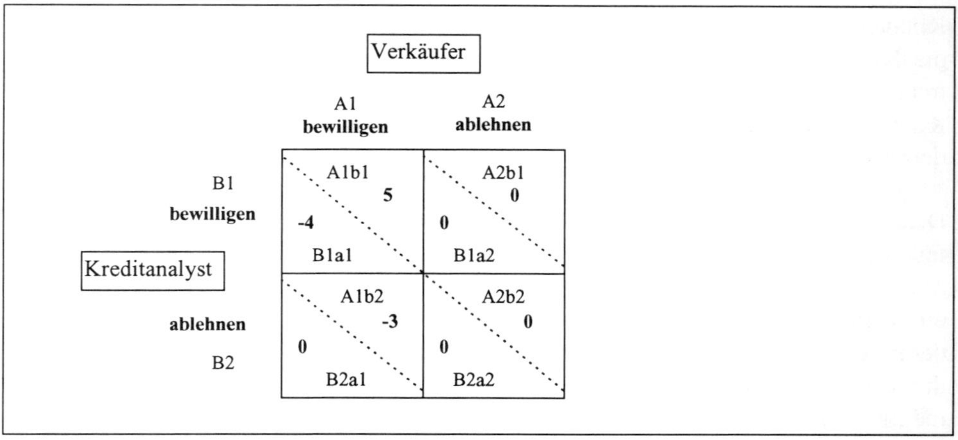

Abb. 7.6: Konfliktsituation zwischen Kreditanalyst und Verkäufer[439]

Es wird angenommen, dass der beantragte Kredit relativ risikoreich ist. Der Verkäufer würde eine Kreditgewährung positiv beurteilen (+5; A1b1). Wenn der Analyst den Kredit ablehnt, würde der Verkäufer das Ergebnis negativ bewerten (-3; A1b2), da er u.a. die Geschäftsbeziehung zum Kunden nicht vertiefen kann (Anschlussgeschäfte). Der Analyst bewertet eine theoretisch mögliche Zustimmung zum Kredit negativ (-4; B1a1) und eine Ablehnung des Kreditantrages mit (0; B2a1). In dieser Entscheidungssituation wird der Kreditanalyst den Kreditantrag ablehnen und der Verkäufer dem Kreditantrag zustimmen. Die Interessen der beiden gehen stark auseinander. Die unterschiedlichen Werte (-4,5; 0,-3) in den Quadranten der Matrix widerspiegeln diesen Konflikt.

Es gibt grundsätzlich zwei Möglichkeiten, mit diesem Konflikt umzugehen: Man kann ihn als gegeben akzeptieren oder man kann versuchen, ihn zu entschärfen. Wenn man den Konflikt als *gegeben* nimmt, dann sollte man versuchen, die Beziehung derart zu gestalten, dass sie trotz hohem Konfliktpotential mehr oder weniger effizient funktionieren kann. *Victor und Blackburn*[440] empfehlen folgende Koordinationsstrategie für eine Zusammenarbeit mit hohem Konfliktpotential: „To resolve increasing amounts of conflict, more and more formalization, centralization, and control are needed.“ Für die Zusammenarbeit zwischen Verkäufer und Kreditanalyst

439 In Anlehnung an *Victor und Blackburn* (1987, S. 489).

440 *Victor und Blackburn* (1987, S. 495).

lässt sich daraus folgendes ableiten: Die Kommunikation zwischen Verkauf und Analyse sollte technisch unterstützt und teilweise formalisiert werden. Als Folge davon sollte die anfänglich rollenorientierte Beziehung zwischen Verkäufer und Kreditanalyst mit der Zeit in eine persönlichere Beziehung übergehen. Das mit der Zeit aufgebaute Vertrauen sollte helfen, entstehende Konflikte besser zu *handhaben*.[441] In Ergänzung zur direkten Beziehung sollte ein formalisierter und zentralisierter Entscheidungsmechanismus geschaffen werden, der kontroverse Kreditgesuche, die Anlass zu ernsthaften Konflikten geben könnten, aufnimmt und abschliessend beurteilt. Damit wird das Risiko reduziert, dass ein Kreditentscheid zuviel Zeit beansprucht und die Beziehungseffizienz zwischen Verkäufer und Analyst beeinträchtigt. Will man den Konflikt *entschärfen*, muss man versuchen, auf die *subjektiven* Bewertungen der Zusammenarbeitsergebnisse Einfluss zu nehmen. In der Matrix sollten sich als Folge dieser Bemühungen die numerischen Werte in den Quadranten einander annähern. Für diese Einflussnahme gibt es verschiedene Ansatzpunkte:

1. **Anreizsystem**

   Wenn der Verkäufer teilweise für die Risiken und der Kreditanalyst teilweise für die Erträge mitverantwortlich wären, gäbe es wahrscheinlich eine Annäherung der Interessen. Im Gegenzug würde man aber die klaren Verantwortlichkeiten verlieren. Möglicherweise wäre ein solches „Mischsystem" auf die Dauer zu kompliziert.

2. **Kreditpolitik**

   Die Kreditpolitik enthält die Grundregeln für das Kreditgeschäft einer Bank. Diese Grundregeln gelten im Sinne einer zwingenden „unité de doctrine" für *alle* Mitarbeiter. Die Kreditpolitik kann u.a. vorschreiben, dass in gewissen, im voraus definierten Fällen keine Kredite gewährt werden dürfen. Damit werden u.a. Kreditanträge mit hohem Konfliktpotential frühzeitig eliminiert.

3. **Laufbahnplanung**

   Wenn jeder Analyst einmal als Verkäufer und jeder Verkäufer einmal als Analyst arbeitet, würde wahrscheinlich automatisch eine Annäherung zwischen den beiden Funktionen stattfinden.

---

441 „... if personal relationships do not supplement formal role relationships over time, then the likelihood increases that conflicts will escalate between the role specialists of the organizational agents" *Ring und Van de Ven* (1994, S. 109).

Ob all diesen Überlegungen darf man aber nicht vergessen, dass der Konflikt zwischen Verkauf und Analyse *strukturell gewollt* ist. Er soll mithelfen, die Risikosituation im Firmenkundengeschäft wieder in den Griff zu bekommen. Die hier gemachten Überlegungen zielen in erster Linie auf die *bessere Handhabung* dieses Konfliktes.

7.3 Beitrag des Vertriebs zur Produkteentwicklung

„Converting an abstract idea into a tangible product, delivering it to potential customers when and where they want it, providing it at a price they are willing to pay, and earning at least a reasonable profit, require the application of many different skills and the solution of a variety of functional problems.“[442]

Ein weiteres Thema in der Zusammenarbeit von Vertrieb und Produktezentren ist der Beitrag des Vertriebs zur Produkteentwicklung. Um diesen Beitrag und die Bedingungen seiner Entstehung erfassen zu können, wird zuerst die Produkteentwicklung bei Banken im allgemeinen erläutert. Anschliessend wird versucht, den erfolgsrelevanten Beitrag des Vertriebs bei der Produkteentwicklung zu identifizieren. Und zu guter Letzt werden Ideen entwickelt, wie die Zusammenarbeit zwischen Vertrieb und Produktezentren in der Produkteentwicklung aussehen könnte. Es wird dabei auf theoretische Konzepte abgestützt, die empirischen Prüfungen standgehalten haben.

7.3.1 Virtuelle Wertschöpfungsketten im allgemeinen

Rayport und Sviokla[443] haben das Konzept der physischen Wertschöpfungskette um eine virtuelle ergänzt. Die virtuelle Wertschöpfungskette widerspiegelt informationsmässig die physische.[444] Die Abbildung 7.7 zeigt dies grafisch.

---

442 *Olson et al.* (1995, S. 53).

443 Vgl. *Rayport und Sviokla* (1995).

444 „When companies integrate the information they capture during stages of the value chain - from inbound logistics and production through sales and marketing - they construct an information underlay of the business. The integrated information provides managers with the ability to 'see' their value chains from end to end.“ *Rayport und Sviokla* (1995, S. 78).

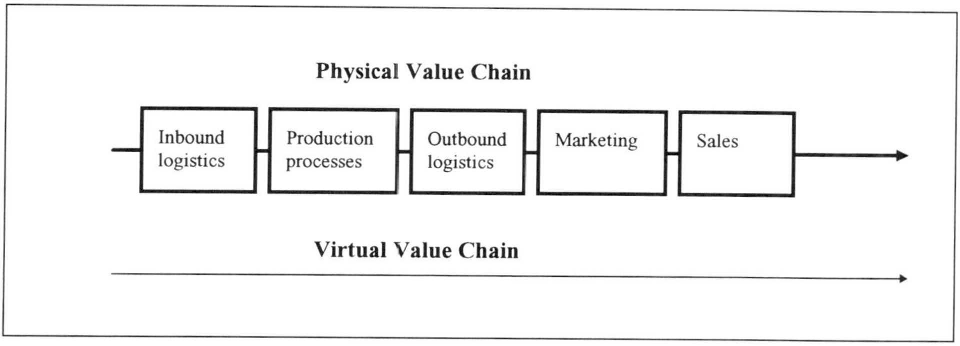

Abb. 7.7 : Aufbau der „Virtual Value Chain“[445]

In den letzten dreissig Jahren wurden mit zunehmender Intensität Informationen über die physische Wertschöpfungskette gesammelt und ausgewertet. Die internen Prozesse wurden und werden auf der Basis dieser Auswertungen permanent verbessert. Als ein Beispiel unter vielen könnte man Bally nennen. Das Verkaufspersonal bei Bally weiss dank eines Informationssystems genau, wo ein bestimmtes Paar Schuhe im Filialnetz noch erhältlich ist. Dieses Informationssystem hilft u.a., den Produktefluss im Bally-Filialnetz zu optimieren.

Der nächste Entwicklungsschritt zur virtuellen Wertschöpfungskette war der Versuch, gewisse Tätigkeiten, wie die Entwicklung eines Fahrzeuges, aus der physischen in die virtuelle Welt zu überführen. In der virtuellen Welt verlieren räumliche und zeitliche Schranken an Bedeutung. Internationale Teams können dank modernster Kommunikationstechnik an einem Entwicklungsprojekt, z.B. einem neuen Fahrzeug, simultan und räumlich getrennt arbeiten. Die Vorschläge und Arbeitsergebnisse der einzelnen Teams können laufend ausgetauscht und diskutiert werden. Heute geht es darum, die in den Unternehmungen aufgebauten virtuellen Wertschöpfungsketten für neue Produkte zu nutzen und für die Verbesserung von Kundenbeziehungen einzusetzen. Produkteentwicklungen finden gemäss den Autoren heute nicht mehr nur auf dem „marketplace“ als Resultat physischer Wertschöpfungen, sondern auch im „marketspace“ als Resultat virtueller Wertschöpfungen statt.

---

445 *Rayport und Sviokla* (1995, S. 78).

7.3.2 Produkteentwicklung in der virtuellen Wertschöpfungskette

Im Laufe der Zeit haben die Unternehmungen eigene Informationswelten geschaffen. *Rayport und Sviokla* erfassen diese Informationswelten mit dem Konzept der virtuellen Wertschöpfungskette. Die virtuelle Wertschöpfungskette, ursprünglich aus der physischen Wertschöpfungskette entstanden, soll für die Produkte- und Serviceentwicklungen genutzt werden. In anderen Worten geht es um eine *kreative Zweckentfremdung* der aufgebauten Informationswelt. Die Abbildung 7.8 zeigt die „Value Matrix".

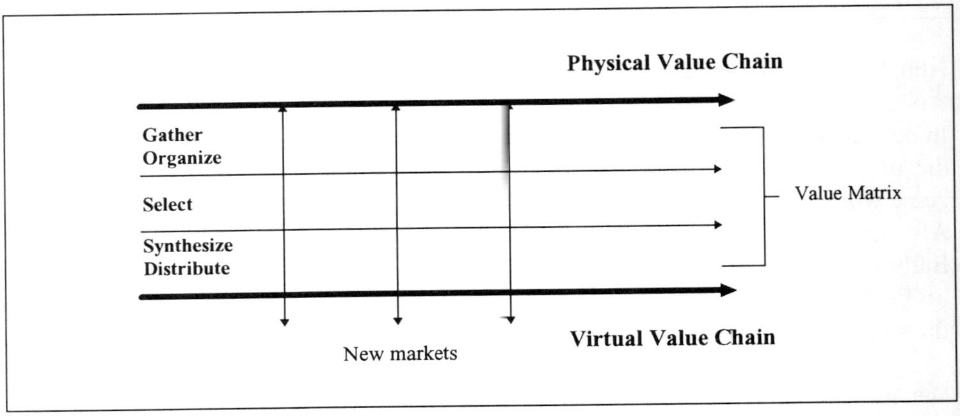

Abb. 7.8: Wertematrix[446]

„If managers want to pursue any of these opportunities, they need to put into place processes to gather the information, organize it for the customer, select what's valuable, package (or synthesize) it, and distribute it - the five value-adding steps unique to the information world."[447] Die „Value Matrix" dient dabei als Hilfsmittel.[448] Wird die „Value Matrix" auf die Vertriebswertschöpfungskette angewendet, muss man sich zuerst bei jeder Wertschöpfungsaktivität fragen, was für Informationen parallel zur entsprechenden Aktivität in der virtuellen Wertschöpfungskette ge-

446 *Rayport und Sviokla* (1995, S. 82).

447 *Rayport und Sviokla* (1995, S. 81).

448 „Companies create new markets and new relationships with existing markets by applying the five generic value-adding steps of the information world to each activity in the virtual value chain. They create a value matrix." *Rayport und Sviokla* (1995, S. 82).

neriert werden. Wurde die entsprechende Informationswelt erschlossen, kann man mit Hilfe der fünf Wertschöpfungsschritte - „gather, organize, select, synthesize and distribute“ - daran gehen, zusätzliche Wertschöpfungspotentiale für die Kunden zu identifizieren. Die Wertschöpfungsaktivität „Check-up“, die im Kapitel 6 untersucht wurde, wird im folgenden als Anwendungsbeispiel genommen. Bei dieser Aktivität fallen eine Menge kundenbezogener Informationen an wie allgemeine Branchenentwicklung, Stellung des Kunden in seiner Branche, kritische Branchenentwicklungen usf. Es wäre z.B. denkbar, einen Teil dieser Informationen dem Kunden als Zusatzservice gegen Entgelt anzubieten. Man könnte daran denken, die Ergebnisse der Analysen mit den Kunden im Sinne eines „Consulting Banking“[449] zu besprechen. In der gleichen Art müsste man die anderen Wertschöpfungsaktivitäten bzw. die dazugehörige Informationswelt nach kundenbezogenen Leistunspotentialen „abtasten“.

Zusammenfassend kann gesagt werden, dass das Konzept der virtuellen Wertschöpfungskette und das Konzept der „Value Matrix“ interessante Ideen sind, die *ungewohnte* Blicke auf die Unternehmung und die Produkteentwicklung erlauben und damit möglicherweise den Weg für die eine oder andere kreative Leistungsentwicklung frei machen.

7.3.3 Produkteentwicklung in der physischen Wertschöpfungskette

„Ist ihre Produktpalette stringent auf Marktbedürfnisse konzentriert, oder leidet die Durchschlagskraft im Markt durch produktpolitische Verzettelung mit der Folge permanenter Handlingskosten auch für ‘Gelegenheitsprodukte’“?[450]

7.3.3.1 Kaufentscheidungsprozess beim Kunden

Wie Abbildung 7.9 zeigt, kann man sich den Kaufentscheidungsprozess bei einem Kunden schematisch folgendermassen vorstellen:[451] Das Gesamtangebot der Pro-

---

449 „‘Consulting Banking’ bedeutet: Der Kommerzkunde wird nicht mehr wie bisher nur im finanzwirtschaftlichen Bereich beraten, sondern sein ‘Banker’ ist auch sein Sparringpartner für strategische Diskussionen über die Chancen und Risiken des zukünftigen Weges des Unternehmens.“ *Benölken* (1995, S. 581).

450 *Benölken* (1995, S. 569).

451 Vgl. *Jasny* (1996, S. 24).

dukte, die zur Deckung eines konkreten Kundenbedürfnisses theoretisch in Frage kommen, wird vom Kunden nur beschränkt wahrgenommen. Bei den wahrgenommenen Produkten unterscheidet der Kunde zwischen unakzeptablen Produkten, Produkten mit unklarer Bewertung und akzeptablen Produkten.

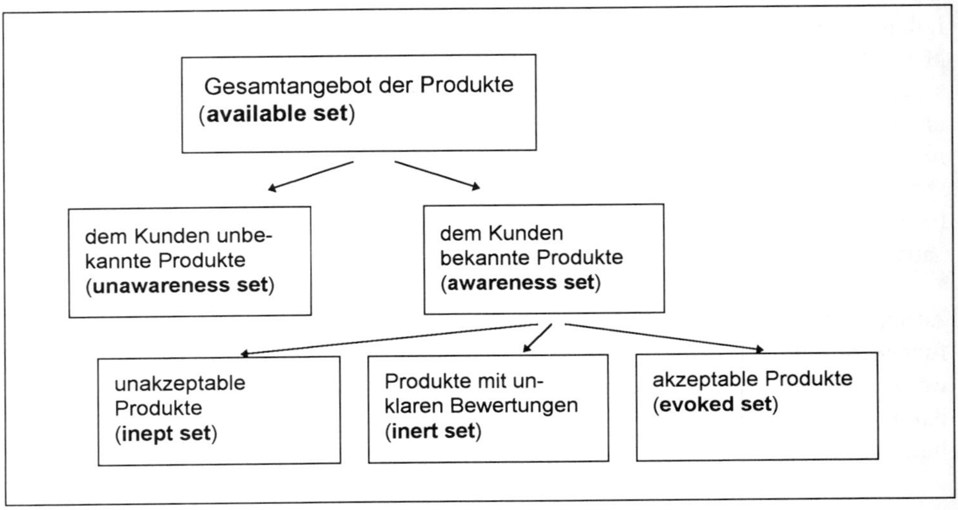

Abb. 7.9: Produktemengen aus der Sicht des Kunden[452]

In den engeren Kreis der Auswahl kommen nur noch die akzeptablen Produkte. Meist dienen dann bestimmte Produkteigenschaften als Auswahlkriterien, um die Menge der akzeptablen Produkte nochmals zu reduzieren. Erfüllt ein Produkt diese Mindestanforderung nicht, scheidet es aus. Dieses Vorgehen wird, wenn nötig, mit immer wieder neuen Mindestanforderungen solange durchgeführt, bis die in Frage kommende Produktemenge auf ein paar wenige Produkte reduziert ist. Diese Produkte werden dann genauer und simultan beurteilt.

Wenn man den Kaufentscheidungsprozess, wie er oben dargestellt wird, grundsätzlich als Orientierungshilfe akzeptiert, kann man daraus folgende Konsequenzen für die Produkteentwicklung einer Bank ziehen: Ziel der Bank muss es sein, dass der Kunde ihr Produkt wahrnimmt, das Produkt in die engere Auswahl nimmt und sich letztlich für ihr Produkt entscheidet. Hat die Bank beim Kunden ein positives Image

452 *Jasny* (1996, S. 24).

und der Kunde eine gute Beziehung zu seinem Berater, so stehen die Chancen gut, dass der Kunde die Bankprodukte seiner Bank wahrnimmt. Die Beziehungsqualität lässt sich, wie in Kapitel 4 gezeigt wurde, über die beiden Konstrukte Kundenzufriedenheit und Kundenvertrauen erfassen. Das Image einer Bank kann über eine Imagestudie erfasst werden. Beim Produktevergleich in der engeren Auswahl entscheiden andere Qualitäten. Das eigene Produkt muss die Kundenbedürfnisse am besten erfüllen: „Eine kundenorientierte Produktegestaltung gewährleistet, dass die spezifischen Vorteile des Produktes für den Kunden subjektiv wahrnehmbar sind.“[453] Das Preis/Qualitäts-Verhältnis muss vorteilhafter sein als bei den Konkurrenzprodukten. Fehlen Differenzierungsmerkmale bezüglich der Leistung, wird das jeweils billigste Produkt gekauft.[454] Aus diesem Entscheidungsprozess kann man folgende Forderungen an die Produkteentwicklung ableiten: Die Produkte müssen einfach konzipiert sein. Dadurch wird auch der Leistungserstellungsprozess vereinfacht. Sie müssen sich konsequent am Kundennutzen orientieren. Der Produktenutzen muss klar und einfach kommunizierbar sein. Das Preis/Leistungs-Verhältnis muss besser sein als bei den Konkurrenzprodukten.

7.3.3.2 Zusammenarbeit zwischen Vertrieb und Produktemanagement

“Thus, the bottom line for managers appears to be that they should - whenever possible - adopt more bureaucratic and formal coordination mechanisms to manage projects involving relatively familiar line extensions and product modifications but develop more participative, self-governing structures for projects involving more unfamiliar, ill-defined, and innovative new product concepts.“[455]

Eine *Produktinnovation* durchläuft bis zur Markteinfühurng schematisch gesehen verschiedene Phasen:[456] Zuerst muss eine Markt- und Konkurrenzanalyse durchgeführt werden. Auf der Basis dieser Analysen werden Ziele für die Produkteinnovation formuliert. Darauf folgt eine Machbarkeitsstudie. Wird die Machbarkeit be-

---

453 *Jasny* (1996, S. 27).

454 „Why do customers choose one product or service over another? The reason is simple: They believe that they'll get better value than they could expect from the alternative.“ ... „And value is simply quality, however *the customer* defines it, offered at the right price.“ *Gale* (1995, S. 25f.).

455 *Olson et al.* (1995, S. 61).

456 Diese Ausführungen basieren auf CS-internen Angaben.

jaht, muss in einem nächsten Schritt die Projektorganisation definiert werden. Anschliessend wird das neue Produkt spezifiziert. Nach der Spezifikation wird ein Prototyp erstellt. Dann sind die gesetzlichen, steuerlichen und übrigen regulatorischen Rahmenbedingungen abzuklären. Im weiteren sind die Auswirkungen auf das finanzielle und betriebliche Rechnungswesen zu beziffern. Eine Risikoanalyse muss durchgeführt werden und die Anforderungen an den Vertrieb, an die Informatik und an die Abwicklung sind zu definieren. Sobald das Konzept von der zuständigen Stelle bewilligt ist, muss Personal rekrutiert und ausgebildet werden. Parallel dazu muss ein internes und externes Produktkommunikationskonzept entworfen werden. Das Produkt muss getestet und ein Projekt-Controlling aufgebaut werden. Dann erst erfolgt der eigentliche Markttest: Das Produkt wird lanciert. Selbstverständlich werden gewisse Tätigkeiten im Produkteinnovationsprozess nicht nacheinander, sondern simultan ablaufen. Eine *Produktmodifikation* ist um einiges einfacher, da das entsprechende Produkt bereits auf dem Markt eingeführt ist. Damit fallen gewisse der oben genannten Tätigkeiten weg, wie z.B. der Aufbau einer Projektorganisation oder die Realisierung einer Machbarkeitsstudie. Andere Tätigkeiten werden einfacher in der Durchführung, wie z.B. die verschiedenen Anforderungsdefinitionen bezüglich Verkauf, Informatik und Abwicklung oder die Abklärungen betreffend rechtlichen, steuerlichen und regulatorischen Rahmenbedingungen.

Unter Abschnitt 7.3.3.1 wurden die Anforderungen an die Bankprodukte aus dem Produkteentscheidungsprozess der Kunden formuliert. Oben wurde schematisch der Produkteentwicklungsprozess in einer Bank skizziert. Nachfolgend stellt sich nun die Frage, welchen Beitrag der Vertrieb in diesem Zusammenhang leisten kann.[457] Man kann sagen, dass sich in der Zusammenarbeit zwischen Vertrieb und Produktemanagement die Marktorientierung und die Lernfähigkeit einer Unternehmung teilweise konkretisiert. Die Lernfähigkeit einer Unternehmung basiert auf vier Basisvorgängen:[458]

1. „*Knowledge acquisition* is the process by which knowledge is obtained."
2. „*Information distribution* is the process by which information from different sources is shared and thereby leads to new information or understanding."

457 „Product innovation is a multidisciplinary process. Although all functional interfaces are important in the product development process, the R&D-marketing interface is one of the most critical ones." *Gupta et al.* (1986, S. 7).

458 *Huber* (1991, S. 90).

3. „*Information interpretation* is the process by which distributed information is given one or more commonly understood interpretations."
4. „*Organizational memory* is the means by which knowledge is stored for future use."

Der Abschnitt 6.1 beschäftigt sich mit dem Konzept „organizational learning". In der Zusammenarbeit zwischen Vertrieb und Produkteentwicklung stehen die beiden ersten Basisvorgänge „Knowledge acquisition" und „Information distribution" im Vordergrund. Wie sollte die Zusammenarbeit zwischen Vertrieb und Produkteentwicklung organisiert sein und was kann der Vertrieb zugunsten der Produkteentwicklung leisten? *Olson et al.*[459] zeigen, dass die optimale Art der Zusammenarbeit Produkteentwicklung/Vertrieb vom Neuigkeitsgrad des zu entwickelnden Produktes abhängt. Die Autoren unterscheiden zwischen „*true innovation*" und den restlichen Innovationen und Produktemodifikationen. „True innovations are those that are entirely new to both the firm and the marketplace and are described as new-to-the-world products."[460] In diesen Fällen ist es der Bank nicht möglich, auf eigene Erfahrungen zurückzugreifen. Bei einer wirklichen Innovation müssen Mitarbeiter mit aufgabenbezogenem Wissen intensiv zusammenarbeiten. Die wissens- und ressourcenbezogene Interdependenz zwischen den Mitarbeitern ist hoch. Wissen und Ressourcen müssen untereinander ausgetauscht werden. Als Folge davon nimmt der Informationsfluss zwischen den Mitarbeitern zu.[461] Die Autoren empfehlen in diesem Fall den Einsatz von „Design teams"[462] als aufgabengerechte organisatorische Struktur. „Design teams" sind Projektteams. Sie haben folgende Vorteile: „The participative decision making, consensual conflict resolution, and open communication processes that are common in such structures can help reduce barriers between individuals and functional groups. This, in turn, can create an atmosphere where innovative ideas are proposed, critiqued, and refined with a minimum of financial or social risk."[463] Zum Nachteil dieser Organisationsform ist

---

459 Vgl. *Olson et al.* (1995).

460 *Olson et al.* (1995, S. 52).

461 „A firm that ventures into totally new and unfamiliar products, markets, and technologies is likely to have greater need for information about the market and technology to reduce the risk of new product failure. Obtaining this knowledge is likely to necessitate a highly integrated effort between marketing and R&D." *Gupta et al.* (1986, S. 9).

462 „... design teams bring together a set of functional specialists to work on a specific new product development project." *Olson et al.* (1995, S. 49).

463 *Olson et al.* (1995, S. 51).

folgendes zu sagen: „Creating and supporting multiple development teams - each incorporating a full complement of functional specialists and dedicated resources - can generate substantial redundancy in both personnel and facilities. In addition, informal communication patterns, participative decision making, and consensual conflict resolution can be more time consuming and less efficient than more centralized and bureaucratic processes.“[464] Bei Produkteentwicklungen, mit denen die Bank Neuland betritt, kann es nützlich sein, wenn ein Vertreter des Vertriebes im „design team“ vertreten ist.[465]

In der Regel besteht das Ziel einer *Produkteinnovation oder -variation* in der noch besseren Erfüllung der Kundenbedürfnisse. Der Verkäufer steht in einem permanenten Austausch mit den Kunden. Deshalb kann er sich ein gutes Bild darüber machen, wie ein bestimmtes Produkt von den Kunden aufgenommen wird, wo die Stärken und Schwächen der eigenen Produkte und der Konkurrenzprodukte liegen. *Trumler*[466] zeigt in seiner empirischen Untersuchung, dass Marktkenntnisse, das Erkennen von Kundenbedürfnissen und das interne Marketing (das interne Verkaufen der Produkteinnovation) für den Erfolg einer Produkteinnovation von entscheidender Bedeutung sind. Auch in diesem Fall liegt ein Kommunikationsproblem vor: Wie gelangen die Markt- und Kundeninformationen von den Verkäufern zu den betroffenen Produktverantwortlichen? Der einzelne Verkäufer arbeitet in einem Verkaufsteam. Dieses Team trifft sich mindestens einmal pro Woche zu einer Verkaufssitzung. In diesen Verkaufssitzungen sollte das Thema Marktinformationen als ständiges Traktandum geführt werden (Das Verkaufsteam als „Aufklärer“ mit Kundenkontakt.[467]). Die in diesen Sitzungen gesammelten Marktinformationen[468] können dann verdichtet und je nach Bedarf im „war room“[469] für das Team optisch sichtbar gemacht werden.

---

464 *Olson et al.* (1995, S. 51).

465 „It is, therefore, well-established that R&D-marketing integration has a strong positive relationship with innovation succes.“ *Gupta et al.* (1986, S. 14).

466 Vgl. *Trumler* (1996, S. 258ff.).

467 „An important function that organizations must perform during the innovation process is gathering and processing environmental information.“ *Gupta et al.* (1986, S. 10).

468 Für konkrete Erhebungsinhalte vgl. *Häussermann* (1990, S. 23f.).

469 Vgl. Abschnitt 6.6.3.

Da verschiedene Verkaufsteams an unterschiedlichen Standorten in der Schweiz tätig sind, stellt sich das logistische Problem, wie diese gesammelten Marktinformationen möglichst aktuell und ungefiltert zu den verantwortlichen Personen in der Produkteentwicklung gelangen. Der Kommunikationsfluss zwischen den Verkaufsteams und den Produkteverantwortlichen muss technisch unterstützt und teilweise standardisiert werden. Als Kommunikationsmittel könnte sich für diesen Zweck das Informationssystem „Group ware" eignen. Bei „Group ware" handelt es sich um eine Software, die der Verarbeitung von Informationen innerhalb einer Gruppe von Personen dient.[470] „Group ware" bietet verschiedene Kommunikationsarten an: Nachrichten können per E-Mail gesendet werden. Dokumente, die in Datenbanken gespeichert sind, können gemeinsam genutzt werden. Für die Zusammenarbeit zwischen Vertrieb und Produkteentwicklung wären vor allem diskussionsorientierte Datenbanken nützlich. „Der Vorteil von Diskussionsdatenbanken liegt in der strukturierten Verwaltung von Beiträgen zu einem bestimmten Thema und in der Tatsache, dass aus dem Austausch von Ideen und Meinungen wertvolles Wissen im Unternehmen entsteht."[471] Mit dem Einsatz von „Group ware" würden die Verkaufsteams und die Produktezentren ein effizientes Diskussionsforum erhalten. Die Produktezentren könnten neue Produktideen vorstellen und diese mit den Verkaufsteams diskutieren. Die Informationen würden in beide Richtungen fliessen.[472]

Wenn der Vertrieb frühzeitig in die Produkteentwicklung oder -variation miteinbezogen wird, steigen die Chancen, dass die Verkäufer später positiv hinter der Neuerung stehen. Diese Unterstützung des Vertriebes ist eine Grundvoraussetzung für den späteren Verkaufserfolg. „Eine erfolgreiche Produktumsetzung und Marktplacierung ist erst dann sinnvoll durchführbar, wenn die Mitarbeiter, speziell des Vertriebes, von den Merkmalen und dem Nutzen des Neuproduktes überzeugt sind."[473]

---

470 Vgl. *Bürge und Müller* (1996, S. 3).

471 *Bürge und Müller* (1996, S. 11).

472 „A highly comprehensive study into the use of group ware has been conducted in collaboration between the John E. Anderson Graduate School of Management at UCLA and Arthur Andersen. The study shows, amongst other things, that the three primary areas of organizational improvement are (in order of priority): Communication, knowledge sharing and knowledge storage." *Andersen* (1996, S. 19).

473 *Trumler* (1996, S. 258).

Zusammenfassend kann man festhalten, dass *bei Produktmodifikationen* moderne Kommunikationsmittel wie „Group ware“ geeignete Mittel sind, um den erfolgskritischen produkteentwicklungsbezogenen Kommunikationsfluss zwischen Vertrieb und Produktemanagement zu unterstützen. Bei *echten Produktinnovationen* wird dies nicht reichen. Die Theorie schlägt in diesem Fall als adäquates organisatorisches Mittel „design teams“ vor. Die Zusammensetzung eines „design team“ ist problembezogen. Zur Sicherstellung des Wissenstransfers Vertrieb/Projektteam sollte der Vertrieb im „design team“ vertreten sein.

Teil III

Sekundäre Wertschöpfungsaktivitäten im Verkaufsprozess

8. Qualitätsmanagement

„Allein der Kunde entscheidet über die Qualität der Leistung; die Zufriedenstellung seiner Erwartungen und Bedürfnisse muss somit oberster Massstab jeglichen Qualitätshandelns sein.“[474]

8.1 Beziehungsqualität

“High relationship quality means that the customer is able to rely on the salesperson’s integrity and has confidence in the salesperson’s future performance because the level of past performance has been consistently satisfactory.“[475]

Die Qualität der Kundenbeziehung hat für eine *beziehungsorientierte* Verkaufsstrategie zentrale Bedeutung. Die empirische Untersuchung von *Crosby et al.*[476] zeigt zwar, dass die Beziehungsqualität den Verkaufserfolg *nicht direkt* beeinflusst. Der Verkaufserfolg hängt gemäss dieser Untersuchung in erster Linie von der Fachkompetenz („expertise“) des Verkäufers ab sowie der Ähnlichkeit von Käufer und Verkäufer bezüglich physischer Erscheinung, Lebensstil und sozioökonomischem Status. Dabei ist die Wahrnehmung des Kunden entscheidend. Die Beziehungsqualität hat aber *indirekten* Einfluss auf den Verkaufserfolg: „The continuity of interaction that relationship quality provides then creates for the seller ongoing opportunities to identify the customer’s unmet needs and propose new business.“[477] Je vertrauter der Verkäufer mit einem Kunden ist, desto besser kann er dessen produkte- und verkaufsprozessbezogenen Bedürfnisse erkennen.

---

474 *Lehmann* (1993, S. 71).

475 *Crosby et al.* (1990, S. 70).

476 Vgl. *Crosby et al.* (1990).

477 *Crosby et al.* (1990, S. 76).

Die Beziehungsqualität ist ein theoretisches Konstrukt, das sich aus zwei Komponenten zusammensetzt:[478]

1. **Kundenvertrauen**
   Der Kunde glaubt, dass der Verkäufer auch in Zukunft die *langfristigen* Interessen des Käufers wahrnehmen wird.

2. **Kundenzufriedenheit**
   Kundenzufriedenheit kann als *emotionaler* Zustand bezeichnet werden. Dieser Zustand ergibt sich beim Kunden aus einer Beurteilung vergangener Interaktionen mit einem Anbieter. Die *Kundenzufriedenheit* wiederum hängt von der Bearbeitungs- und Beratungsqualität ab.[479]

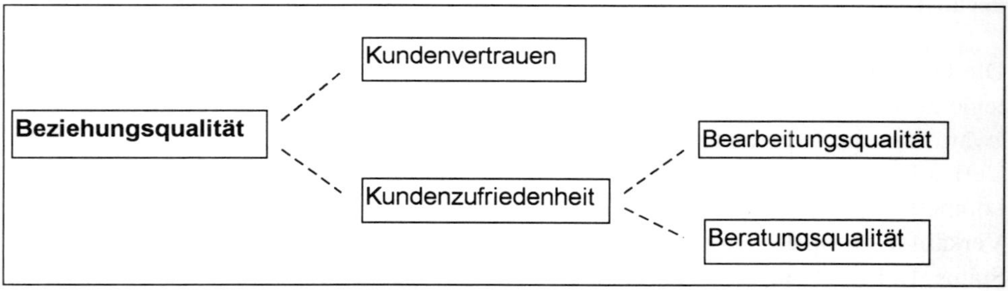

Abb. 8.1: Komponenten der Beziehungsqualität

Die Abbildung 8.1 zeigt die Komponenten der Beziehungsqualität. Die *Bearbeitungsqualität* (industriell-orientierte Sicht) ist die „Fähigkeit, die versprochene Leistung zuverlässig und akkurat zu erbringen." Es zeigt sich, dass auch im Firmenkundengeschäft über die Abwicklungsqualität in der Regel keine neuen Kunden gewonnen werden können.[480] Der Kunde setzt die zuverlässige Erfüllung der Kernleistung voraus. Unter der *Beratungsqualität* versteht *Lehmann* die Art und Weise der Dienstleistungserbringung (interaktions-orientierte Dimension). Die Beratungs-

478 Vgl. *Crosby et al.* (1990, S. 70).

479 Vgl. *Lehmann* (1993, S. 80).

480 Vgl. *Ehresmann* (1996, S. 31).

qualität wird zu Teilen im Verkaufsprozess erbracht. Folgende Punkte[481] sind bei der Qualitätsbeurteilung durch den Kunden besonders wichtig:[482]

- die Annehmlichkeit des sichtbaren Umfeldes („Tangibles“);
- der Einsatzwille und die Schnelligkeit bei der Lösung des Kundenproblems („Responsiveness“);
- die Höflichkeit und Vertrauenswürdigkeit der Mitarbeiter („Assurance“);
- die Bereitschaft, sich um die individuellen Wünsche des einzelnen Kunden zu kümmern („Empathy“).

Da die Bearbeitungsqualität bei allen Grossbanken nahezu gleich ist, nimmt die Bedeutung der *Beratungsqualität* als Differenzierungsmittel zu. Beratungsqualität wird im Tagesgeschäft in erster Linie von Mitarbeitern mit Kundenkontakt erbracht. Aus diesem Grund wird den klassischen vier P's, „Product“, „Place“, „Promotion“, „Price“, des Marketingmixes häufig ein fünftes P hinzugefügt: P für „People“.

Die konzeptionelle Verbindung von Beziehungsqualität und Verkaufserfolg bringt folgende Vorteile:

- Die beiden Konstrukte Kundenzufriedenheit und Kundenvertrauen werden konzeptionell sauber mit dem Verkaufserfolg verbunden;
- Das strategisch wichtige Konzept Beziehungsqualität wird über die Kundenzufriedenheit und das Kundenvertrauen operationalisierbar („When you can't measure it, you can't manage it!“).

Ein Controlling - will es nicht wesentliche, verkaufsrelevante Aspekte einer Kundenbeziehung im dunkeln lassen - sollte diese beiden Grössen für jede Kundenbeziehung erfassen.

---

481 Es gilt die Regel, dass „je komplexer und ungreifbarer der Service ist, um so stärker klammert sich der Benutzer an direkt messbaren Kriterien“. *Horovitz* (1989, S. 36).

482 Vgl. *Lehmann* (1993, S. 80f.).

8.2 Kundenvertrauen

„... trust in relational sales contexts can be defined as a confident belief that the salesperson can be relied upon to behave in such a manner that the long-term interest of the customer will be served.“[483]

Im Kapitel 4 wurde festgehalten, dass die Beziehung Bank/Firmenkunde aus folgenden Gründen nicht unproblematisch ist:

- Die Bank verfügt über eine für den Firmenkunden wertvolle Ressource: Fremdkapital. Das kann ein Ungleichgewicht in der Beziehung begründen;
- Bankleistungen sind in der Mehrzahl Erfahrens- oder Vertrauensgüter. Daraus ergeben sich für den Firmenkunden u.a. Qualitätsunsicherheiten.

Hinzu kommen noch zeitbedingte Gründe:

- Die Banken leiden unter hohen Rückstellungen im Kreditbereich.[484] Dies hat bewusste und unbewusste Auswirkungen auf die Kreditpolitik;
- Die Banken stehen in der Regel unter einem hohen Verkaufsdruck.

Diese strukturellen und zeitbedingten Spannungen in der Beziehung zwischen Bank und Firmenkunde können durch gegenseitiges Vertrauen reduziert werden. Vertrauen äussert sich in der Überzeugung des Firmenkunden, dass sein Kundenverantwortlicher (respektive die Bank in ihrer Gesamtheit) willens und fähig ist, die Interessen des Kreditnehmers in Situationen, die nicht vertraglich definiert wurden, zu wahren. Drei Verhaltensweisen seitens des Verkäufers tragen dazu bei, Kundenvertrauen aufzubauen:

---

483 *Crosby et al.* (1990, S. 70).

484 „Tatsache ist, dass die Schweizer Banken auf den Engagements in der Schweiz hohe Rückstellungen bilden müssen.“ *Jenny* (1995, S. 16).

1. „Cooperative behavior“

Der Verkäufer muss dem Kunden klar und eindeutig seine Absicht signalisieren, kooperativ handeln zu wollen. Kooperatives Verhalten führt allmählich zu einen Vertrauensverhältnis zwischen den Geschäftspartnern.[485]

2. „Mutual disclosure“

Darunter ist der gegenseitige Austausch von vertraulichen und persönlichen Informationen zu verstehen. Es ist wichtig, dass sich die Partner gleichzeitig öffnen. Wenn der eine Partner vertrauliche Informationen preisgibt und der andere nicht, fügt diese Einseitigkeit der Beziehung grossen Schaden zu. Der Verkäufer ist in Kundengesprächen auf vertrauliche Informationen angewiesen, damit er produkt- und prozessbezogene Kundenbedürfnisse richtig erfassen kann.

3. „Efforts to ‘stay in touch’“

Der Verkäufer sollte sich ständig um den Kontakt mit dem Kunden bemühen und nicht nur dann, wenn er etwas verkaufen will.

Das Kundenvertrauen ist ein Aktiva,[486] das in irgendeiner Form quantifiziert und kontrolliert werden muss. Die Kundenzufriedenheit, die nicht weniger abstrakt als das Kundenvertrauen ist, wird heute von vielen Unternehmungen routinemässig gemessen.[487] Eingedenk dessen sollte die Quantifizierung und Kontrolle des Kundenvertrauens, z.B. mittels Fragebogen, kein allzu grosses Problem sein. Mit der konsequenten, regelmässigen Messung dieser beiden Grössen, wenn möglich auf Einzel-

---

485 Vgl. *Axelrod* (1984).

486 Auch ohne theoretische Untersuchungen wissen alle, die im Bankgeschäft tätig sind, dass das Bankgeschäft ein Vertrauensgeschäft ist!

487 Es lohnt sich, falls man bedenkt, dass 91% der unzufriedenen Kunden nichts mehr kaufen. Vgl. *Genève Consulting Group* (1995, S. 15).

kundenebene, würde die beziehungsorientierte Verkaufsstrategie sehr viel an Führbarkeit gewinnen.[488]

8.3 Kundenzufriedenheit

„Nicht die Unternehmung oder das Marketing, sondern die spezifische Zielkundschaft legt durch ihre umfassenden Erwartungen und Bedürfnisse die Qualität des angestrebten Service fest."[489]

In der Abbildung 8.2 wird die Kundenzufriedenheit bzw. die Servicequalität als Funktion von fünf „Gaps" (Differenzen) dargestellt.

488 „... Kundenkritik nicht ignoriert, sondern sie objektiviert, indem er Kundenzufriedenheit als messbare Zielgrösse den traditionellen Unternehmenszielen gleichstellt." *Bühler* (1995, S. 68).

489 *Lehmann* (1993, S. 90).

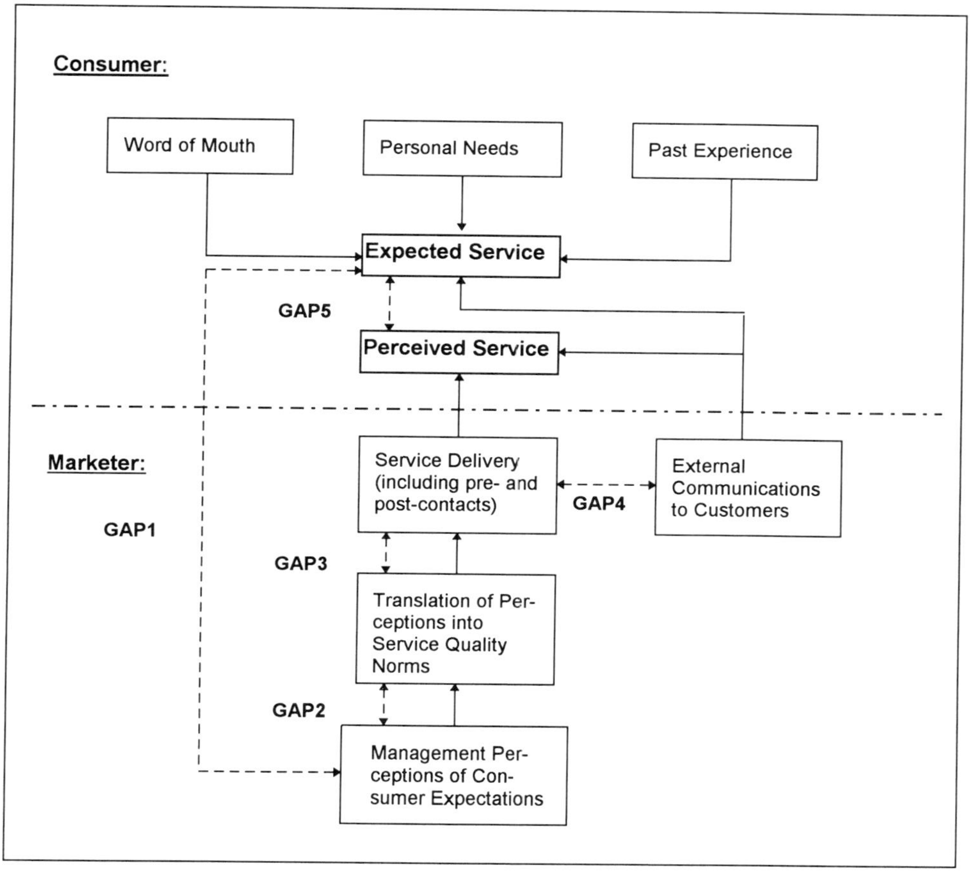

Abb. 8.2: „Conceptual Model of Service Quality"[490]

Kundenzufriedenheit ist ein gefühlsmässiger Zustand eines Kunden gegenüber seinem Anbieter. Der Zustand ergibt sich aus einer Bewertung der mit diesem Marktpartner in der Vergangenheit vollzogenen Transaktionen.[491] Dabei vergleicht der Kunde die gemachten Qualitätserfahrungen mit seinen Qualitätserwartungen. Die Abbildung 8.2 zeigt, dass sich diese Erwartungen aus den persönlichen Bedürfnissen, den bisher gemachten Erfahrungen, der Mund-zu-Mund-Werbung und der ex-

490 *Zeithaml et al.* (1988).

491 Vgl. *Westbrook* (1981, S. 69).

ternen Kommunikation des Anbieters bilden. Je kleiner die vom Kunden wahrgenommene Differenz zwischen Qualitätserwartung und -erfahrung ist, desto zufriedener ist er.

Die Qualitätsdifferenz wird im Modell als Summe von vier verschiedenen Differenzen (Gaps) konstruiert: Das Management wird versuchen, die Kundenerwartungen möglichst gut zu erfassen. Eine vollständige Erfassung wird kaum gelingen. Trotzdem, je besser das Management die Kundenerwartungen wahrnimmt, desto fundierter werden die darauf bauenden Massnahmen sein („Gap 1"). Das Management wird in einem nächsten Schritt seine Wahrnehmungen der Kundenerwartungen in Servicenormen übersetzen. Erwartungen und Normen haben unterschiedliche Komplexitätsgrade. Servicenormen sollten möglichst einfach und klar sein. Erwartungen sind in der Regel relativ komplex. Dadurch wird die Übersetzung erschwert. Dem Management wird es kaum gelingen, die Erwartungen ihrer Kunden vollständig in Servicenormen zu übersetzen („Gap 2"). Die Mitarbeiter setzen die definierten Servicenormen um. Der Kunde nimmt diese Umsetzung wahr und bewertet sie. Das Verhalten der Mitarbeiter wird in der Leistungserbringung nicht immer normgerecht sein („Gap 3"). Als weiterer Einflussfaktor kommt die externe Kommunikation des Anbieters hinzu. Die Kundenerwartungen werden durch die externe Kommunikation des Anbieters beeinflusst. Zeichnet der Anbieter z.B. in der Werbung ein unrealistisches Bild seiner Leistungen, werden die Kundenerwartungen zwangsläufig enttäuscht („Gap 4").

Die Abbildung 8.2 zeigt schön, wie diese vier „Gaps" zusammen den „Gap 5" ergeben. Der „Gap 5" ist die Differenz zwischen *erwarteter* und *wahrgenommener* Servicequalität. Die vom Kunden wahrgenommene Servicequalität ist ein Produkt der ersten vier „Gaps". Je kleiner diese vier „Gaps" sind, desto grösser ist die Übereinstimmung zwischen Kundenerwartung und erbrachter Leistung. Je grösser die Übereinstimmung ist, desto grösser ist die Kundenzufriedenheit. Das Management kann also über die *Verringerung* dieser vier „Gaps" die Kundenzufriedenheit beeinflussen. Im folgenden werden die vier „Gaps" aus der Sicht des Management detaillierter erörtert.

8.3.1 Differenz zwischen Kundenerwartungen und Wahrnehmung dieser Erwartungen durch das Management

Die Fähigkeit des Management, die Erwartungen ihrer Kunden richtig zu erfassen, steht hier im Vordergrund. Ein Kunde vergleicht in der Regel erhaltene Leistungen mit seinen Erwartungen. Genügen die erhaltenen Leistungen seinen Anforderungen, ist der Kunde zufrieden, bzw. vice versa. Für diesen Vergleich benötigt der Kunde leistungsbezogene Beurteilungskriterien. Der Anbieter muss diese kundenspezifischen Beurteilungskriterien kennen, will er nicht riskieren, wesentliche Leistungsanforderungen der Kunden zu vernachlässigen und unwesentliche überzugewichten. Der Versand von Kontoauszügen an die Kunden ist ein gutes Beispiel für den letzteren Fall. Während Jahren haben sich die Banken bemüht, ihren Kunden die Kontoauszüge am Monatsende so schnell als möglich nach Hause zu senden. Die Kosten dieser Leistung waren hoch, da am Monatsende die EDV-Kapazitäten wegen der bankinternen Monatsendverarbeitung bereits intensiv genutzt wurden. In den letzten Jahren hat man bei den Banken realisiert, dass der Wert dieser Anstrengungen aus der Sicht der Kunden in den meisten Fällen gering war. Als Folge davon hat man begonnen, die Auszüge Mitte Monat zu versenden.

Die verkaufsrelevanten Beurteilungskriterien können in Kundenpanels oder Kundenbefragungen ermittelt werden.[492] Die Teilnehmer werden dabei zuerst nach ihren wichtigsten leistungsbezogenen Beurteilungskriterien befragt. Die Befragungsresultate werden anschliessend derart geordnet, dass sich daraus eine Liste von überschaubaren, untereinander unabhängigen und klar definierten Beurteilungskriterien gewinnen lässt. Dabei müssen evt. einzelne Kriterien zu neuen Kategorien zusammengefasst werden („Researchers must work out a short, 'clean' list of non-overlapping attributes that accurately represents what the customers are saying.“[493]).[494] Diese Liste wird den Teilnehmern wieder vorgelegt, mit der Bitte, insgesamt hundert „Entscheidungsgewichtspunkte“ auf die verschiedenen Kriterien zu verteilen. Als Resultat erhält der Befrager eine Gewichtung der einzelnen Kriterien. Die Gewichtung (Anzahl erhaltene Punkte im Verhältnis zum Total der abgegebenen Punkte) widerspiegelt die Bedeutung eines bestimmten Beurteilungskriteriums im Entscheidungsprozess der Kunden. Dieses Verfahren ist relativ einfach und

---

492 Vgl. *Gale* (1995, S. 30) und auch *Kövesi-Grafinger und Schmoll* (1995, S. 209).

493 *Gale* (1995, S. 36).

494 Bei der Kundenbefragung der SKA wurden aus den ermittelten Qualitätskriterien zwölf Qualitätskomponenten gebildet: Aufmerksamkeit, Zuverlässigkeit, Erscheinungsbild, Wertschätzung, Zugang, Kompetenz, Dokumente, (Pro-)aktives Verhalten, Spezialsituationen, Organisation Betreuung, Öffnungszeiten sowie Gebühren und Konditionen. Vgl. *Schwarzenbach* (1995).

praxisbewährt. Es kann bezüglich statistischer Fundierung aufwendiger oder weniger aufwendig durchgeführt werden.[495]

In einem nächsten Analyseschritt interessiert vor allem die Frage, wie die eigene Leistung relativ zur Konkurrenz im Licht der ermittelten Beurteilungskriterien von Kunden und Nichtkunden gesehen wird. Die Auswertungen müssen möglichst *unverfälscht* zum Management gelangen und anschliessend unverzüglich in Aktionen umgesetzt werden. Die Umsetzungsgeschwindigkeit wird durch zweckmässige IT-Unterstützung und flache Hierarchien begünstigt.[496]

8.3.2 Differenz zwischen Wahrnehmung der Kundenerwartungen durch das Management und betrieblicher Umsetzung dieser Erkenntnisse

Es geht hier in erster Linie um den Willen und die Fähigkeit des Managements, die Erkenntnisse aus der Kundenbefragung konsequent umzusetzen. Die Umsetzung wird alle Bereiche der Unternehmung (Aufbau- und Ablauforganisation, Systeme, Personelles, Kulturelles usf.) berühren.

Am Anfang steht die Segmentierung der Kunden und die Fokussierung auf den spezifischen Kundennutzen. Produkte wie auch Leistungserstellungs- und Verkaufsprozesse sollten so gestaltet werden, dass sie die Kundenerwartungen in *allen* Phasen erfüllen. Die Abbildung 8.3 stellt diese Forderung graphisch dar. Kundenerwartungen müssen in Prozessvorgaben übersetzt werden. Diese sollten einfach, eindeutig, relevant und objektiv sein. Pro Prozess dürfen nicht zuviele Vorgaben definiert werden. Bei zuvielen Vorgaben verliert die einzelne Vorgabe an Bedeutung. Wenn die schnelle Beantwortung der Kreditgesuche ein wichtiges Anliegen der Kunden ist, wäre eine zeitliche Prozessvorgabe für die Abwicklungszeit von Kreditgesuchen sinnvoll.

---

495 Als Beispiel für ein aufwendigeres Verfahren ist die Kunden- und Mitarbeiterbefragung bei der SKA zu nennen. Vgl. *Lohner und Simmen* (1995).

496 Vgl. auch Abschnitt 6.1.

	„Process of Truth“			
Phasen	**Kontakt-anbahnung**	**Beratung/ Abschluss**	**Betreuung/ Service**	**Reklama-tion**
Erwartungen				
Erfahrungen				
Abweichungen	?	?	?	?

Abb. 8.3: Erwartungs- /Erfahrungsprofil des Kunden im Dienstleistungsprozess[497]

Bei einer Geschäftstransaktion gilt grundsätzlich, dass je länger sie dauert, desto zahlreicher sind die Möglichkeiten, die Kunden zu verärgern. Die im Dienstleistungsprozess involvierten Mitarbeiter, Maschinen, Sachressourcen, Objekte, Räumlichkeiten sowie Hilfsmittel müssen so eingesetzt werden, dass die Kundenerwartungen bei jedem Kundenkontakt erfüllt werden. Die Ausrichtung sämtlicher Unternehmungsaktivitäten auf die Momente, wenn der Kunde mit der Unternehmung in irgendeiner Form in Kontakt kommt, führt zu einem neuen organisatorischen Leitbild:

497 *Lehmann* (1993, S. 69).

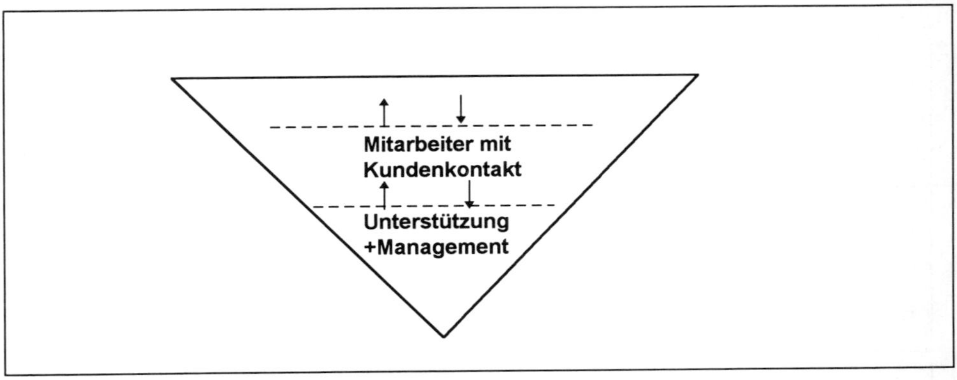

Abb. 8.4: „Serviceorientiertes“ Modell[498]

Abbildung 8.4 zeigt eine umgekehrte Pyramide: An erster Stelle steht der Kunde. Die Mitarbeiter, die mit den Kunden Kontakt haben, sind innerhalb der Unternehmung am wichtigsten. Ihr „Auftritt“ entscheidet täglich darüber, ob die Unternehmung gewinnt oder verliert. Diese Mitarbeiter müssen zielgerichtet und effizient von „support units“[499] und dem Management unterstützt werden.

Aus dem bisher Gesagten folgt, dass der Schnittstelle Kunde/Unternehmung besondere Aufmerksamkeit geschenkt werden muss.[500] Die Schnittstellen sind zu definieren, zu gestalten und in ihrer Wirkung für sich alleine und in ihrem Zusammenspiel auf den Kunden zu kontrollieren.[501] Bei Firmenkunden erfolgt ein grosser Teil der Bankkontakte *telefonisch*. Die Kundenerwartungen bezüglich Telefonservice müssen in einer Bank jederzeit vollumfänglich erfüllt werden. Zu diesem Zweck sind tele-

498 Vgl. *Lehmann* (1993, S. 47).

499 Die Kreditanalyse, der Rechtsdienst, die Produktespezialisten usf. zählen zu den „support units“.

500 „Im Blickpunkt steht die Funktion und Intensität des Kundenkontakts, welcher insbesondere durch die sichtbaren bzw. wahrnehmbaren Teile des Leistungserstellungssystems geprägt ist.“ *Lehmann* (1993, S. 93).

501 „Die Bank muss lernen, sich so zu sehen, wie der Kunde sie sieht.“ *Saurais* (1995, S. 39).

fonisch geschulte Mitarbeiter, interne Servicenormen[502] für Telefongespräche, durchdachte Verbindungsregeln, gute Erreichbarkeit der Verkäufer, funktionierende Stellvertretungen und leistungsfähige Telefonzentralen notwendig. Alle Mitarbeiter sollten einen guten Telefonservice verinnerlicht haben. (Es könnte ja einmal vorkommen, dass sich ein Kunde telefonisch in der Bank verirrt und plötzlich mit dem Archivmitarbeiter verbunden wird.)

Auch die *Kundenkorrespondenz* ist erfolgskritisch. In der Regel gibt es auf einer Bank nur wenige Mitarbeiter, die wirklich gute Geschäftsbriefe schreiben können. Die Qualität der Geschäftskorrespondenz kann u.a. über eine Standardisierung der Inhalte entschieden verbessert werden. Die Resultate der heutigen Anstrengungen in Richtung papierloses Büro, in dem verschiedene „Workflow-Manager"[503] den internen, elektronischen Dokumentenfluss steuern, wird das Arbeiten und Denken in Prozessen weiter standardisieren und vereinfachen. Ein Kundenschreiben kann dann, sobald es zur Bank gelangt, computermässig erfasst („gescannt"[504]) und nach vorgegebenen Prozessregeln verarbeitet werden. Der Einsatz von IT in diesem Bereich hat verschiedene Vorteile:

- Die Dokumentenbearbeitung wird zentral gesteuert;
- Das Dokument kann nicht verloren gehen;
- Die räumliche Distanzen werden aufgehoben;
- Das Dokument kann von verschiedenen Personen gleichzeitig gelesen und bearbeitet werden;
- Das Dokument kann elektronisch archiviert werden.

Die *elektronische* Schnittstelle[505] zum Kunden ist möglichst benützerfreundlich zu gestalten. Die Vorteile dieser Schnittstelle, bessere Serviceverfügbarkeit und tiefe

---

502 „Damit Normen echte Leistungsindikatoren und nicht nur rein funktionale Vorschriften sind, muss man sie so definieren, dass sie das für den Kunden relevante Resultat ausdrücken: Der Kunde wird haben ... der Kunde erwartet ... der Kunde wünscht ..." *Horovitz* (1989, S. 87).

503 Definition. *„Workflow Management"*: Modellierung und Automatisierung von Geschäftsprozessen: Der Computer steuert weitgehend die Aktivitäten in einem Geschäftsprozess.

504 Definition *„scannen"*: Aus einer gedruckten Vorlage wird ein Bild generiert, das vom Computer gelesen werden kann.

505 Zu „Electronic Banking" vgl. z.B. *Danziger und Vogel* (1996).

Kosten, kommen dann zum Tragen, wenn der automatisierte Kundenkontakt einwandfrei und kundengerecht funktioniert. Die telefonische, schriftliche und elektronische Schnittstellen zum Kunden lassen sich bis zu einem gewissen Grade gestalten und kontrollieren. Schwerer wird die gestalterische Durchdringung und Kontrolle des *persönlichen* Kundenkontakts.[506] *Levitt*[507] formuliert das Problem wie folgt: „The more people-intensive a product, the more room there is for personal discretion, idiosyncrasy, error, and delay." Dies kann auch im Bankalltag beobachtet werden. Kundenbeziehungen entwickeln sich plötzlich in eine Richtung, die mit der ökonomischen Vernunft nicht mehr viel gemein hat. Kultur als informelles Kontrollsystem kann hier als Korrektiv wirken.[508] Wenn eine klare und konsistente Unternehmungskultur vorhanden ist, können sich die Mitarbeiter daran orientieren.[509] Die Rolle des Vorgesetzten wandelt sich in Richtung eines Coaches:[510] „Er erteilt seinen Mitarbeitern weniger Vorschriften und Anweisungen, sondern seine Aufgabe besteht darin, seine Mitarbeiter mit den nötigen Informationen, Ressourcen und Freiräumen zu versorgen, die sie zur Verwirklichung ihrer Ziele benötigen."[511] Der Einsatz von zwischenmenschlichen Service-Interaktionen in den verschiedenen Leistungserstellungsphasen sollte grundsätzlich gut durchdacht sein. Folgende Fragestellungen stehen dabei im Vordergrund:[512]

- Wo entstehen für den Kunden wünschbare und nützliche (zwischenmenschliche) Service-Interaktionen?
- Können wenig ergiebige Kundenkontakte reduziert und in einem Punkt zusammengefasst werden?
- Stehen die eigenen personellen und sachlichen Ressourcen in einem ausgewogenen Verhältnis zu den zu erfüllenden Anforderungen in den einzelnen Dienstleistungsphasen?

---

506 Die Kunden/Verkäufer-Interaktion wurde im Rahmen der „Skripttheorie" und dem „Adaptive Selling" im Kapitel 5 näher betrachtet.

507 *Levitt* (1981, S. 98).

508 Vgl. *Jaworski* (1988, S. 25).

509 Vgl. hierzu auch Kapitel 9.

510 Siehe dazu auch die „Path-Goal Theory" als Führungsansatz im Abschnitt 5.2.2.

511 *Lehmann* (1993, S. 45).

512 Vgl. *Lehmann* (1993, S. 93).

- Wo kann ein verstärkter Technologieeinsatz die Leistungen der Mitarbeiter unterstützen und fördern?
- Wo können technologische Systeme den Menschen ersetzen und gleichzeitig dem Kunden einen zusätzlichen Nutzen schaffen?

Alle für den Kunden sichtbaren Leistungserstellungsphasen müssen besonders sorgfältig gestaltet werden. Dabei sollten die Überlegungen von *Levitt*[513] beachtet werden: „Intangible products - travel, freight forwarding, insurance, repair, consulting, computer software, investment banking, brokerage, education, health care, accounting - can seldom be tried out, inspected, or tested in advance. Prospective buyers are generally forced to depend on surrogates to assess what they're likely to get." und „In all cases, the idea is to provide reassuring tangible surrogates for what's promised but can't be more directly experienced before the sale."

8.3.2.1 Die Service-Gewinn-Kette

„Qualität für den Kunden kann sich nur dann in gelebten Serviceleistungen manifestieren, wenn die entprechende Qualität auch nach innen gelebt wird. *Qualität nach innen* wird somit zur eigentlichen Voraussetzung für das Qualitätshandeln nach aussen."[514]

Der Verkäufer ist, will er seinen Kunden einen guten Service bieten, darauf angewiesen, intern als Kunde behandelt zu werden. Diesen Gedanken nehmen *Heskett et al.*[515] mit ihrer Service-Gewinn-Kette[516] auf: „... die Service-Gewinn-Kette, die verdeutlicht, wie eng solche Elemente wie Kundenzufriedenheit und -treue, Servicenutzen, Mitarbeiterproduktivität, -treue, -zufriedenheit und Servicequalität letztlich mit Gewinn und Wachstum zusammenhängen." Die Abbildung 8.5 zeigt, dass interne Servicequalität über externe Servicequalität zu Kundenzufriedenheit führt.

513 *Levitt* (1981, S. 96).

514 *Lehmann* (1993, S. 95).

515 *Heskett et al.* (1994, S. 50).

516 Die Service-Gewinn-Kette wird z.B. in der SKA als theoretisches Fundament für die Umsetzung von Servicequalität verwendet. Vgl. *Schwarzenbach* (1996, S. 29).

Kundenzufriedenheit führt zu Kundentreue. Kundentreue[517] führt zu einer höheren Rentabilität.

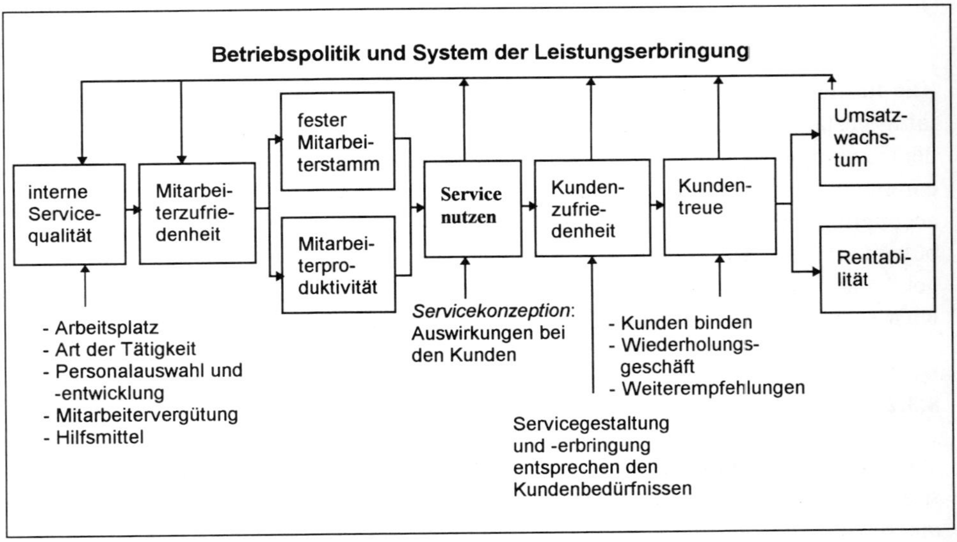

Abb. 8.5: Die Glieder der Service-Profit-Kette[518]

Folgende Aspekte der Kundentreue sind für eine erhöhte Unternehmensrentabilität verantwortlich:[519]

1. **„Customer retention“**
   „This first and basic effect of loyalty means ensuring that the customer repurchases the same product from the same supplier or renews a service contract with the supplier.“

517 „Customer Loyalty is a twofold customer behaviour resulting in an effective continuation and development of the business relationship on one hand and on the recommendation of the supplier, its brand, its products/services to any potential customers on the other hand.“ *European Foundation for Quality Management* (1996, S. 7).

518 *Heskett et al.* (1994, S. 51).

519 *European Foundation for Quality Management* (1996, S. 7).

2. **„Customer longevity"**
„The profit per customer can increase 3 to 4 times if customers can be retained over a period of 4 to 5 years, in sectors like industrial distribution and auto servicing."

3. **„Price premium"**
„When a long and reliable business relationship has been developed, it may happen that customers are so delighted with a 'no-problem' experience that they are ready to pay for it more than at market level."

4. **„Customer penetration"**
„For instance, a computer vendor may start its relationship selling only computers then develop it by adding solutions, service, then develop further its customer share through a service contract covering multi-vendor equipment."

5. **„Recommendation"**
„As an industry average, about half of new customer acquisitions are generated by recommendations from active customers to their families, friends, colleagues or to any potential customer."

Das letzte Kettenglied, Kundentreue zu Unternehmensrentabilität, wurde von *Reichheld und Sasser*[520] eingehend untersucht. In ihrem Artikel fordern sie, dass kein Kunde, der profitabel ist, verloren gehen darf („zero defection").[521] Jeder profitable Kunde hat für die Unternehmung einen Barwert („customer life time value"). Der Barwert ist gleich dem abdiskontierten Wert aller mit dem Kunden zukünftig realisierbaren Deckungsbeiträge. Je zufriedener der Kunde mit der Unternehmung ist, desto mehr kann die Unternehmung von diesem Barwert realisieren. Wechselt der Kunde zur Konkurrenz, verliert der Anbieter den Kundenbarwert.[522]

520 Vgl. *Reichheld und Sasser* (1990).

521 Vgl. *Reichheld und Sasser* (1990, S. 105).

522 „It generally costs about 5 - 8 times as much to attract new customers as it costs to retain old ones." *Genève Consulting Group* (1995, S. 16).

Die Finanzbuchhaltung weist heute weder den Barwert des aktuellen Kundenstammes noch die Wertvernichtung durch „defection" aus. Da der Firmenkunde in den meisten Fällen über mehr als eine Bankverbindung verfügt, kann er Geschäftsvolumen mehr oder weniger unbemerkt von einer Bank auf die andere übertragen. Dieser schleichende Beziehungsabbau ist für eine Bank schwer erkennbar. Systemmässig installierte Warnindikatoren, die signifikante Volumenveränderungen (z.B. bei Festgeldern oder Kontoumsätzen) über automatische Abweichungsanalysen in einer Geschäftsbeziehung erkennen können, wären ein Lösungsansatz. Diese Indikatoren würden es dem Verkäufer erlauben, schnell und zielgerichtet auf die Geschäftsverlagerung zu reagieren. Auch sogenannt „schlafende" Beziehungen (Kunden, die seit längerem keine neuen Geschäfte mehr mit der Bank tätigen) sollten systemmässig eruiert werden. Kunden, die ihre Beziehung zur Bank aufgehoben haben oder bedeutende Anteile ihrer Bankgeschäfte auf eine andere Bank verlagert haben, sollten von einer unabhängigen Stelle routinemässig befragt werden.

Alle diese Massnahmen zielen darauf, den eigenen Kundenstamm möglichst profitabel zu „bewirtschaften" und eigene Schwachstellen so schnell als möglich zu erkennen und zu eliminieren. *Reichheld und Sasser*[523] belegen die Profitabilität einer „zero defection"-Strategie mit konkreten Zahlen: „Although the shape of defection curves vary across industries, in general, profits rise as defection rates fall. Reduction defections by just 5% generated 85% more profits in one bank's branch system, 50% more in an insurance brokerage, and 30% more in an auto-service chain. MBNA America has found that a 5% improvement in defection rates increases its average customer value by more than 125%." ... „For instance, in the credit card business, a 10% reduction in unit costs is financially equivalent to a 2% decrease in defection rate. Low-defection strategies can overwhelm low-cost strategies."

8.3.2.2 Produkte

Die Produkteentwicklung muss sich an der sachlichen Problemlösung für den Kunden orientieren. „Die Fähigkeit, Dienstleistungsprodukte in ihre Elemente zu zerlegen und später um Kundenfunktionen herum zu eigentlichen Problemlösungen zu bündeln, kann sich zu einem entscheidenden strategischen Wettbewerbsparameter entwickeln."[524] Ein modulares Produkteangebot hat einen entscheidenden Vorteil:

523 *Reichheld und Sasser* (1990, S. 107).

524 *Lehmann* (1993, S. 91).

Während der Anbieter standardisiert produziert, erhält der Kunde eine individuelle Lösung. Als gutes Beispiel für die Realisierung dieser Produktephilosophie dient ein Reisebüro. Im Reisebüro können die Ferien aus verschiedenen, standardisierten Angeboten individuell zusammengestellt werden. Das modulartig aufgebaute Kontokonzept „Liberty" der SBG[525] wäre hierfür ein Beispiel der Bankbranche. Erst wenn das Produktedesign kundengerecht ist, kann die Vertriebseinheit erfolgreich verkaufen. Für die Entwicklung, Produktion und Unterhalt der Produktepalette sind die einzelnen Produktezentren verantwortlich. Im Bankproduktionsbereich kommen häufig moderne Techniken des industriellen Qualitätsmanagements zum Einsatz.[526] Bei der Qualitätssicherung ist zu beachten, dass „je stärker dezentralisiert die Dienstleistung angeboten wird, um so grösser ist die Gefahr der Abweichung von den Qualitätsnormen und um so schwieriger lässt sich die Qualität kontrollieren".[527] Es lohnt sich, darüber nachzudenken, wie der Kunde sinnvoll in den Leistungserstellungsprozess integriert werden kann. Ein Beispiel: Wenn der Firmenkunde über Telebanking[528] seine Zahlungsaufträge erledigt, wird eine Aktivität, die EDV-mässige Erfassung von Zahlungsdaten, die früher bei der Bank verrichtet wurde, dem Kunden übertragen. Als sehr gutes Referenzmodell für die Integration der Kunden in den Erstellungsprozess eignet sich das Möbelhaus IKEA.

8.3.3 Differenz zwischen Qualitätsvorgaben und effektiv erbrachter Servicequalität

Wenn die Qualitätsvorgabe nicht erreicht wird, ist das eine Folge mangelhafter Umsetzung. *Zeithaml et al.*[529] gehen davon aus, dass die Umsetzungsqualität in der täglichen Arbeit vor allem von folgenden Faktoren abhängt:

525 Vgl. *SBG Dialog* (1996).

526 Vgl. *Frohmüller und Russ* (1995).

527 *Horovitz* (1989, S. 44).

528 Definition *Telebanking*: „... alle Möglichkeiten und Techniken, die dem Kunden ermöglichen, von seinem Standort aus, unter Benützung telematischer Systeme, direkt Bankgeschäfte zu tätigen." *Straub* (1990, S. 129).

529 Vgl. *Zeithaml et al.* (1988, S. 41ff.).

1. **Teamarbeit**
   Wieweit anerkennen sich die Mitarbeiter als Teamspieler? Gibt es eine starke interne Servicekultur? Unterstützen („coachen") die Vorgesetzten ihre Mitarbeiter?

2. **Mitarbeitereinsatz**
   Sind die Mitarbeiter richtig eingesetzt? Wie gut funktioniert der Selektionsprozess?

3. **Selbstvertrauen und Spielraum der Mitarbeiter**
   Haben die Mitarbeiter einen gewissen Spielraum im Kundenkontakt und fühlen sie sich der Aufgabe gewachsen?

4. **Kontrollsystem**
   Wird nicht nur der quantitative Qutput, sondern auch das Verhalten evaluiert?

5. **Rollenklarheit**
   Sind die Erwartungen des Management an die Mitarbeiter klar formuliert? Werden mögliche Interessenkonflikte zwischen Unternehmung und Kunden thematisiert? Genügt die Unterstützung der Mitarbeiter im Kundenkontakt? Sind die Mitarbeiter von administrativen Aufgaben weitestgehend entlastet?

Die meisten hier genannten Punkte wurden bereits im Kapitel 5 als Bestandteil einer guten Führungsarbeit im Verkauf identifiziert und beschrieben. Der im Kapitel 5 beschriebene Führungsansatz schafft die Voraussetzungen für eine zielkonforme Umsetzung der Servicequalität.

8.3.3.1 Messung der Servicequalität

Die Erfüllung der Kundenerwartungen muss *gemessen* werden. Die Qualitätsmessung muss beim Kunden ansetzen, da er am besten weiss, ob seine Erwartungen erfüllt wurden oder nicht. Für die Erfassung der Servicequalität gibt es verschiedene Möglichkeiten:[530]

---

[530] Vgl. *Lehmann* (1993, S. 85).

- Persönliche oder schriftliche Kundenbefragungen;
- Auswertung der Kundenbeschwerden und -reklamationen;
- Stichproben;
- „Mistery Shopper" (Mitarbeiter besucht inkognito Bankfilialen und lässt sich dort beraten);
- Interne Mängelberichte/ -statistiken;
- Marktforschungsberichte;
- Imageanalysen usf.

Die Auswertung der Kundenreklamationen ist ein gutes Mittel, um Schwachstellen in der Servicequalität erkennen zu können. Nach *Horovitz*[531] schreiben und senden von hundert unzufriedenen Kunden gerade vier einen Reklamationsbrief und bei einer schnellen und guten Antwort können bis zu 95% dieser Kunden wieder zurückgewonnen werden. Eine „schnelle" Antwort heisst, innerhalb von 48 Stunden den Empfang der Reklamation bestätigen und innerhalb von 14 Tagen zum Reklamationsgrund Stellung nehmen. In der Regel ist die Beantwortung von Reklamationsschreiben heikel. Die meisten Reklamationen erfordern ein behutsames Vorgehen. Nach eigenen Erfahrungen sollte das Beschwerdemanagement hierarchisch relativ hoch angesiedelt sein. Damit ist sichergestellt, dass auch die vorgesetzten Stellen bei der Reklamationsbehandlung involviert sind. Der damit verbundene Führungsdruck bewirkt, dass die einzelne Reklamation ernster genommen wird.

Die bearbeiteten Beschwerden sollten nachträglich ausgewertet werden. Wenn die verschiedenen Reklamationen auf die wichtigsten kundenbezogenen Beurteilungskriterien aufgeteilt werden, ist schnell erkennbar, bei welchen Kriterien die Kundenerwartungen nur ungenügend oder überhaupt nicht erfüllt werden. Solchen Auswertungen sollten, wenn nötig, immer konkrete Massnahmen folgen. Unter Umständen ist es sinnvoll, die schriftliche Reklamationschwelle zu reduzieren. In der Schalterhalle können z.B. vorgedruckte Beschwerdeformulare aufgelegt werden, adressiert an den Präsidenten der Generaldirektion.[532]

531 Vgl. *Horovitz* (1987, S. 130).

532 Die SBG hat im Wirtschaftsraum Graubünden eine direkte und gebührenfreie Linie zur Direktion installiert. Der Wirtschaftsraumleiter in Chur nimmt das „Beschwerdetelefon" direkt ab. Solche Massnahmen helfen der Bank, regelmässig und relativ kostengünstig wertvolle Informationen zur eigenen Servicequalität zu erhalten. Vgl. *Personalzeitung SBG* (1996, S. 2).

8.3.3.2 Umsetzung von Servicequalität - ein Beispiel

Schwarzenbach, ehemaliger Leiter Region Basel der SKA, hat in einem Vortrag[533] und in einem Artikel[534] über seine Erfahrungen bei der Umsetzung von Servicequalität in der Bank berichtet. Vor der Durchführung einer systematischen Kunden- und Mitarbeiterbefragung durch die SKA hatte er verschiedene Qualitätsförderungsmassnahmen initiert und umgesetzt. Diese Massnahmen hatten einen grossen Nachteil: Sie waren punktueller Natur. Es fehlte das theoretische Fundament. Im Herbst 1993 wurde eine systematische Kunden- und Mitarbeiterbefragung durchgeführt.[535] Ziel der Kundenbefragung war es:

1. Stärken/Schwächen des SKA-Kundenservice zu identifizieren;
2. Service-Komponenten mit hohem Einfluss auf Kundenzufriedenheit/-verhalten herauszukristallisieren;
3. Differenzen zwischen Fremd- und Eigenbild zu eruieren (Erfüllungsgrad der Service-Komponenten);
4. Massnahmen zur Verbesserung der Kundenzufriedenheit und -bindung abzuleiten und umzusetzen.

Ein unabhängiges Marktforschungsinstitut hat die Befragung von insgesamt 1'200 Kunden durchgeführt. Aus dem Datenmaterial wurden die wichtigsten Qualitätskriterien für Kunden und Mitarbeiter herauskristallisiert. Diese Qualitätskriterien wurden zu Qualitätskomponenten wie Aufmerksamkeit, Erscheinungsbild, Kompetenz, Gebühren und Konditionen usf. zusammengefasst. Im Anschluss daran wurden die Wirkungen der einzelnen Qualitätskomponenten auf die Kundenzufriedenheit und der Einfluss der Kundenzufriedenheit auf ausgewählte Aspekte des Kundenverhaltens ermittelt, wie Empfehlungsbereitschaft, Absicht, Bankgeschäft nicht zu verlagern.

Jeder Führungsverantwortliche erhielt die Resultate der Kundenbefragung für seinen Verantwortungsbereich als „Gap"-Analyse. Die „Gap"-Analyse gab Auskunft über Diskrepanzen in der Fremd- und Eigeneinschätzung bezüglich der einzelnen Qualitätskomponenten. Damit gewannen die Führungskräfte Handlungswissen. Sie

533 Vgl. *Schwarzenbach* (1996).

534 Vgl. *Schwarzenbach* (1996).

535 Vgl. *Lohner und Simmen* (1995).

kannten fortan nicht nur die wichtigsten kundenbezogenen Leistungsbeurteilungskomponenten, sondern auch deren Einfluss auf die Kundenzufriedenheit. Dieses Wissen erlaubt ihnen, die Massnahmen mit den grössten Hebelwirkungen zu identifizieren. Diese Massnahmen wurden über ein regionales Koordinationsteam und über Arbeitsgruppen umgesetzt.

Nachfolgend einige Beispiele für die vielen kleinen und grösseren Massnahmen:

- Erstellen von Verkaufshilfsmittel zur verbesserten Kommunikation des Preis-/Leistungsverhältnisses;
- Schulung der Verkaufsmitarbeiter an Randstunden zur Steigerung der Produkte- und Verkaufskenntnisse;
- Gruppendiskussionen über Vor- und Nachteile der eigenen Dienstleistungen und derjenigen der Konkurrenz;
- Zielvereinbarungsgespräche und Beurteilung anlässlich von Qualifikationsgesprächen;
- Überarbeitung des Reklamationswesens.

Die Resultate der Kunden- und Mitarbeiterbefragung haben *Schwarzenbach* und seinen Mitarbeitern erlaubt, auf solider theoretischer Basis verschiedenste Massnahmen zur Qualitätsförderung *zielgerichtet* zu definieren und umzusetzen.

8.3.4 Differenz zwischen kommunizierten Qualitätsversprechen und effektiver Serviceleistung

Unter Wettbewerbsdruck neigen Unternehmungen in ihrer Werbung dazu, mehr zu versprechen, als sie am Ende halten können. Mit diesem Verhalten erhöhen sie die Kundenerwartungen auf ein unrealistisches Mass. Die nicht erfüllten Erwartungen wirken sich negativ auf die Kundenzufriedenheit aus. Unrealistische Werbeversprechen können u.a. über eine horizontale Kommunikation innerhalb der Unternehmung verhindert werden. In einem Gespräch kann der Verkäufer dem Werbefachmann eine realistische Idee für das Machbare vermitteln. Genauso wertvoll ist ein Gespräch zwischen Verkäufer und Produkteverantwortlichen. Der Produkteverantwortliche gewinnt eine realistischere Einschätzung der Absatzchancen, und der Verkäufer wird aus erster Hand über die Leistungsfähigkeit der Produkte informiert. Damit soll sichergestellt werden, dass die Versprechen der Verkäufer während des Verkaufsgespräches realistisch bleiben.

In diesem Kapitel stand die Beziehungsqualität im Vordergrund. Sie spielt im externen Beziehungsmanagement eine wichtige Rolle. Die Qualität einer Kundenbeziehung ist ein Produkt aus Kundenzufriedenheit und Kundenvertrauen. Kundenvertrauen kann der Verkäufer massgeblich über sein Verhalten aufbauen. Kundenzufriedenheit ergibt sich dann, wenn die Erwartungen der Kunden erfüllt werden. Das eingeführte Modell von *Zeithaml et al.*[536] zeigt die kritischen Phasen in der Planung und Erbringung von kundenorientierten Leistungsprozessen. Die in diesem Kapitel gemachten Überlegungen sollen mithelfen, den Verkaufsprozess kundengerecht zu gestalten und zu führen. Damit wird sich die Beziehungsqualität erhöhen. Als Folge davon wird der Verkäufer mehr Gelegenheiten für Verkaufsabschlüsse erhalten. Wenn er sie nutzt, werden auch die Verkaufserträge zunehmen.

536 Vgl. *Zeithaml et al.* (1988).

9. Kulturmanagement

„Unternehmungskultur oder Verhalten wird nicht davon geprägt, was auf Hochglanzpapier irgendwo gedruckt ist, was am Sonntag oder bei Betriebsveranstaltungen gesagt wird, sondern Unternehmungskultur wird nur durch das Verhalten der Vorgesetzten in den Niederungen des Tagesgeschäfts geprägt."[537]

9.1 Einführung

„Most people prefer to intervene in a system at the level of rules, physical structure, work processes, material and information flows, reward systems, and control mechanisms - where the elements are more visible and it requires less skill to work with them. But as you move toward the more intangible elements, such as people's deep-seated attitudes and beliefs, your leverage for effective change increases. You come closer to looking at the underlying reasons why the rules, physical structure, and work processes take their current form."[538]

Als realisiert wurde, dass mit den verfügbaren wissenschaftlichen Konzepten die oft ungenügende Implementierung strategischer Absichten oder allgemeiner gesprochen, der Unterschied zwischen organisatorischen Zielen und deren Umsetzung nicht vollständig erklärt werden konnte, begann man nach einer in den Erklärungsansätzen noch nicht berücksichtigten Variable zu suchen. Mit dem dannzumal relativ neuen Konzept „Kultur" fand man eine derartige Variable. 1985 hielten *Ouchi und Wilkins*[539] fest, dass Organisationsmodelle ohne Kultur als Variable unvollständig seien. Mit dem Buch „In Search of Excellence"[540] wurde das Konzept „Kultur" popularisiert. In der betriebswirtschaftlichen Literatur existiert keine einheitliche Kulturdefinition.[541] Dieses Kapitel folgt der Definition von *Deshpande und*

---

537 *Ulrich* (1987, S. 175).

538 *Senge et al.* (1995, S. 93).

539 Vgl. *Ouchi und Wilkins* (1985).

540 Vgl. *Peters und Waterman* (1982).

541 Vgl. *Deshpande und Webster* (1989, S. 4).

Webster[542]: „We define organizational culture as the pattern of shared values and beliefs that help members of an organization understand why things happen and thus teach them the behavioral norms in the organization.“ Kultur wird als Orientierungsmittel verstanden: Kulturelle Normen definieren wünschbares Verhalten und helfen, Vorkommnisse innerhalb und ausserhalb der Unternehmung zu interpretieren. Kultur wird funktional gesehen. Sie dient dem Unternehmenserfolg.[543]

Dem Kapitel liegen zwei Annahmen zugrunde:

1. **Kultur ist real und erfolgsrelevant**

   Man braucht nur durch verschiedene Abteilungen in der gleichen Unternehmung zu gehen, um Kulturunterschiede wahrzunehmen. In der einen Abteilung werden Telefone sofort beantwortet, ungeachtet dessen, ob der Mitarbeiter mit dem Abteilungsleiter spricht oder alleine arbeitet. In der anderen Abteilung geht das Gespräch mit dem Vorgesetzten vor. In der einen Abteilung sind die Schränke numeriert und angeschrieben. In der anderen Abteilung nicht. Es gibt unzählige Beispiele (Artefakte) dafür, wie gelebte Kultur sich manifestiert und die tägliche Arbeit in einem positiven wie auch negativen Sinn beeinflussen kann. Es wäre *kurzsichtig*, diese Kraft zu ignorieren.

2. **Die Kultur wird durch die tägliche Führungsarbeit stark geprägt**

   Die Istkultur ist stark von der Führungsarbeit des Teamleaders beeinflusst. Nicht nur für den Verkaufserfolg, auch bei einer Kulturveränderung oder -verstärkung ist gute Führung von zentraler Bedeutung.

Es wird davon ausgegangen, dass zwischen dem Unternehmenserfolg und der Unternehmenskultur ein *kausaler* Zusammenhang besteht:[544] Der Unternehmenserfolg kann über die Kultur und die Kultur kann über die Führungsarbeit beeinflusst wer-

542 *Deshpande und Webster* (1989, S. 4).

543 "... culture as a lever or tool to be used by managers to implement strategy and to direct the course of their organization more effectively." *Deshpande und Webster* (1989, S. 7).

544 Vgl. *Morgan* (1995, S. 17 - 31) für einen konzentrierten, wissenschaftlichen Überblick über aktuelle Kulturkonzepte und deren Anwendungen.

den. „Aus der Einsicht heraus, dass die Unternehmungskultur ein bedeutsamer *Erfolgsfaktor* sein kann, sowie aufgrund der Tatsache, dass sie *beeinflussbar* und *veränderbar* ist, folgt die Aufforderung, in der Unternehmung ein *bewusstes Kulturmanagement* zu betreiben."[545] Die Führungskraft braucht eine konkrete Vorstellung der angestrebten Kultur, um sich diesen Zusammenhang zwischen Kultur und Unternehmenserfolg nutzbar machen zu können. Ist diese Vorstellung erarbeitet, kann die kulturbezogene Führungsarbeit *zielgerichtet* geleistet werden.

9.2 Entwicklung und Umsetzung einer Sollkultur

9.2.1 Modell „Mission"

Eine „Mission" ist nach *Campbell und Yeung*[546] ein „cultural 'glue' which enables an organization to function as a collective unity. This cultural glue consists of strong norms and values that influence the way in which people behave, how they work together and how they pursue the goals of the organization". Die Abbildung 9.1 zeigt den Aufbau einer „Mission". Sie besteht aus vier Elementen.

545 *Rühli* (1991, S. 16).

546 *Campbell und Yeung* (1995, S. 51).

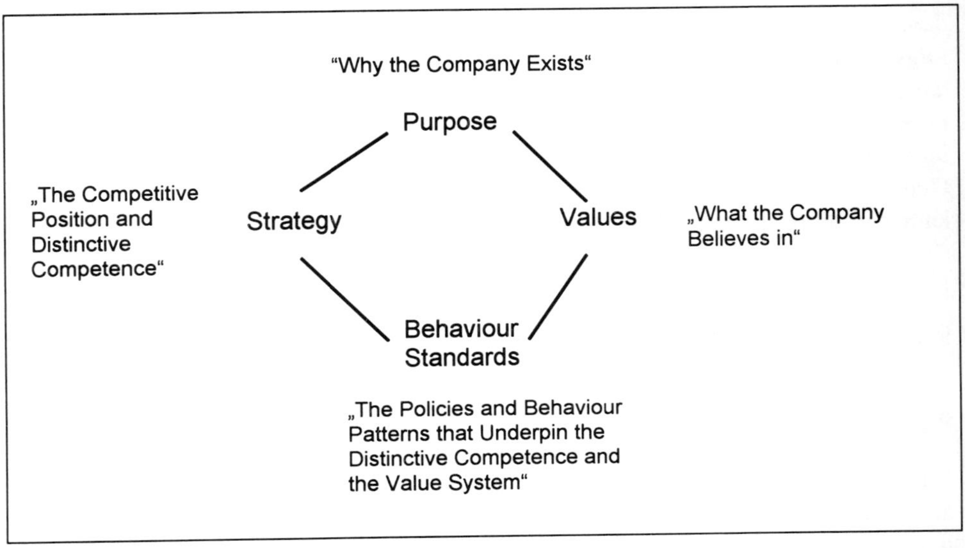

Abb: 9.1 Missionsmodell von Ashridge[547]

a) Der *Zweck*[548] („Purpose") gibt Antwort auf die Frage, warum eine Unternehmung oder ein strategisches Geschäftsfeld existiert.[549] Der Unternehmenszweck sollte auf ein höheres Ziel gerichtet sein,[550] da nach *Campbell und Yeung* ein Unternehmenszweck, der allein auf ökonomische Grössen ausgerichtet ist, Mitarbeiter nur schwer mobilisieren kann. Der Existenz-

547 *Campbell und Yeung* (1995, S. 55).

548 "IBM, AT&T, Kellogg's, Digital, Xerox, Procter & Gamble, the Red Cross, most large corporations, many small firms and nonprofits, and even many government agencies have a visionary leader in their past - a person with a deep sense of purpose that the firm used as a reference point for decades." *Senge et al.* (1995, S. 341).

549 "What is the company for? For whose benefit is all the effort being put it? Why should a manager or an employee do more than the minimum required? For a company these questions are the equivalent of a person asking 'why do I exist?'" *Campbell and Yeung* (1995, S. 55).

550 "We believe that leaders will find it easier to create employees with commitment and enthusiasm if they choose a purpose aimed at a higher ideal." *Campbell and Yeung* (1995, S. 57).

zweck eines Teams sollte gemäss *Katzenbach und Smith*[551] sowohl rational wie auch emotional, sowohl leistungsorientiert wie auch sinngebend sein. Im weiteren sollte nach *Peter Senge et al.*[552] der Existenzzweck eine Beziehung zur eigenen Unternehmensgeschichte haben.[553] Aus der im Kapitel 4 eingeführten *Netzwerkidee* kann ein derartiger Zweck für das Firmenkundengeschäft hergeleitet werden. Zur Erinnerung sei nochmals kurz das Wesentliche der Netzwerkidee wiederholt: Die Bank ist neben anderen Akteuren wie Treuhänder, Zulieferer, Kunden oder Berater Teil des Netzwerkes ihres Firmenkunden. Das Netzwerk kennt nur ein Ziel: unablässig Mehrwert für die Mitglieder zu schaffen! Gelingt der Bank diese Wertschöpfung zugunsten ihres Kunden nicht, wird sie ausgetauscht. Wenn der Firmenkunde *dank Bankleistungen* bei gleicher Qualität preisgünstiger als die Konkurrenz anbietet oder auf dem Markt eine Differenzierungsprämie abschöpft, erfüllt die Bank ihre Aufgabe. Der *Zweck*, aus der Netzwerkidee abgeleitet, kann kurz und prägnant formuliert werden: Die Bank will, dass ihre Firmenkunden auf ihren Märkten erfolgreicher werden. Oder noch kürzer als Slogan formuliert: „We make *you* win!".

b) In einem Netzwerk scheint das Kooperationsmodell „Relationship"[554] die adäquate Austauschform zwischen Bank und Firmenkunden zu sein. Über eine *beziehungsorientierte Verkaufsstrategie* versucht der Verkäufer, dem Kunden Mehrwert zu schaffen. Durch die Analyse und Interpretation der Kundendaten erhält der Verkäufer ein Verständnis für den Kunden, dessen Wertschöpfungskette und Wettbewerbssituation. Dieses Kundenverständnis führt dazu, dass eine allfällige Produkteorientierung zugunsten einer Kundenorientierung korrigiert wird.

c) *Deshpande und Webster*[555] verstehen unter Kultur gemeinsame Werte und Überzeugungen („as the pattern of shared values and beliefs"). Diese *Werte*

---

551 Vgl. *Katzenbach und Smith* (1993, S. 83).

552 Vgl. *Senge et al.* (1995, S. 341ff.).

553 Es ist durchaus möglich, die im Abschnitt 4.2.1 eingeführte Leitidee in der Geschichte der Grossbanken zu verankern. Vgl. *Vontobel* (1996).

554 Vgl. Abschnitt 4.2.3.

555 Vgl. *Deshpande und Webster* (1989, S. 4).

und *Überzeugungen* haben einen Hauptzweck: Sie steuern über Normen das Verhalten der einzelnen Mitarbeiter in der Unternehmung („As the essence of a company's philosophy for achieving success, values provide a sense of common direction for all employees and guidelines for their day-to-day behavior."[556]).

d) *Verhaltensnormen* sind handlungsrelevante Konkretisierungen der Team- und Unternehmenskultur. Sie dienen u.a. der Umsetzung der Servicequalität. Verhaltensnormen für den Kundenkontakt wie den Kunden mit seinem Namen ansprechen, Telefongespräche vorbereiten, im Verkaufsgespräch eine „win/win"-Situation suchen sind dafür gute Beispiele

Zweck, Strategie, Werte und Verhaltensnormen müssen untereinander kompatibel sein. Wenn alle vier Elemente zusammenspielen („link tightly together, resonating and reinforcing each other"[557]), entsteht in der Unternehmung eine Mission. Eine Mission kann als Auftrag mit *ideellem* Überbau verstanden werden. Durch die ideologische Verankerung im Unternehmenszweck gewinnt der Auftrag an Gewicht und wird zur Mission. Die *Strategie* sagt, wie der Auftrag zu erfüllen ist. Die *Kultur* gibt die Werte vor, die bei der Erfüllung des Auftrages gelten sollen. Die *Verhaltensnormen* konkretisieren das Verhalten auf dem Weg zur Auftragserfüllung.

9.2.2 Sollkultur für den Vertrieb im Segment der mittleren bis grossen inländischen Firmenkunden

Bei der Erarbeitung einer Sollkultur muss dem eben Gesagten Rechnung getragen werden. Die Sollkultur muss strategie- und zweckkompatibel sein. *Pümpin et al.*[558] gehen zur Bestimmung einer Sollkultur wie folgt vor:

a) Die Strategie wird auf ihre Kernaussagen reduziert.

b) Nach *Pümpin et al.* gibt es sieben mögliche Grundorientierungen für eine Unternehmungskultur:

556 *Deal und Kennedy* (1985, S. 21).

557 *Campbell und Yeung* (1995, S. 55).

558 Vgl. *Pümpin et al.* (1985, S. 40ff.).

1. **Kundenorientierung**

Überdurchschnittliche Wertschätzung des Kunden; profunde Kunden- und Kundenproblemkenntnisse, regelmässige Kundenkontakte, enge Kundenbeziehungen, intensive Kundenpflege.

2. **Mitarbeiterorientierung**

Überdurchschnittliche Wertschätzung der Mitarbeiter, Partizipation als Selbstverständlichkeit, überdurchschnittliche Entlöhnung und Sozialleistungen, professionelle Personalbetreuung.

3. **Resultats- und Leistungsorientierung**

Ausgeprägtes Zielbewusstsein der Mitarbeiter, starke persönliche Einsatzbereitschaft und Eigeninitiative, überdurchschnittliche Arbeitsintensität, beispielhafte Arbeitsmentalität, gesundes Mass an Aggressivität im Angehen von Zielen, Handeln statt Analysieren und Administrieren, überdurchschnittliche Produktivität dank Menschen, persönliche Leistung als Basis der Entlöhnung.

4. **Innovationsorientierung**

Ausgeprägte Risikofreudigkeit, überdurchschnittliche Lern- und Veränderungsbereitschaft, Experimentiermentalität, Offenheit für Neues, Toleranz gegenüber Abweichungen.

5. **Kostenorientierung**

Stark ausgeprägte Sparmentalität, Kosteneinsparung als Leitmaxime.

6. **Unternehmensorientierung**

Starke persönliche Identifkation mit dem Unternehmen, Solidarität der Belegschaft mit begründeten Anliegen der Firmenleitung.

7. **Technologieorientierung**

Darin enthalten sind u.a. ausgeprägtes Technologiebewusstsein auf allen Stufen, Technologie als Mittel zur Profilierung im Markt.

Aus diesen sieben Grundorientierungen sind die kulturellen Schwerpunkte so zu wählen, dass sie zusammen die gewählte Strategie wirkungsvoll unterstützen.

Eine beziehungsorientierte Verkaufsstrategie besteht aus zwei wesentlichen Elementen:

a) Der Verkäufer versucht zum Kunden ein Vertrauensverhältnis aufzubauen;
b) Nach eingehender Analyse und Interpretation der Kundendaten versucht der Verkäufer, dem Kunden nachhaltigen Mehrwert zu schaffen.

In einem nächsten Schritt sind aus der obigen Liste der kulturellen Grundorientierungen strategiekonforme Kulturschwerpunkte zu wählen:[559]

1. **Kundenorientierung**

   Ohne Kundenorientierung kann kein Vertrauensverhältnis zum Kunden aufgebaut und kein Mehrwert für den Kunden geschaffen werden.

2. **Resultats- und Leistungsorientierung**

   Dem Kunden kann nur nachhaltiger Mehrwert geschaffen werden, wenn der Vertrieb resultats- und leistungsorientiert ist. Das gleiche gilt für den internen Ergebnisbeitrag des Vertriebes zugunsten der Gesamtbank.

---

559 „When the organization's culture results in, for example, a perception of high quality standards, an ability to react to challenge, an ability to change, an ability to put the customer first etc.; then that culture is a contributor to competitive advantage.“ *Hall* (1992, S. 136).

3. Innovationsorientierung

Bei unstrukturierten Verkaufssituationen ist Flexibilität und Lernbereitschaft von grosser Bedeutung. Eine lernende Organisation bedarf der Innovationsorientierung als grundlegende Voraussetzung.

Die Abbildung 9.2 zeigt die drei kulturellen Schwerpunkte einer beziehungsorientierten Verkaufsstrategie.

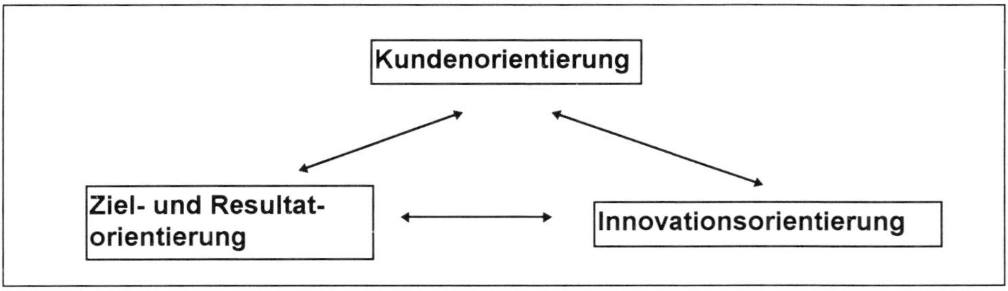

Abb. 9.2: Drei strategiekonforme kulturelle Schwerpunkte

9.2.3 Umsetzung der Sollkultur

Gemäss *Pümpin et al.* stehen zur Umsetzung einer Sollkultur folgende direkten und indirekten Mittel zur Verfügung:

Mittel	Schwerpunkt	**Kundenorientierung**	**Innovationsorientierung**	**Resultatorientierung**
Indirekte Mittel	**Symbolische Handlung**		1)	
	Führung			2)
	Personelles	3)		
	Standards			4)
Direkte Mittel	**Strategien**			
	Strukturen/ Prozesse		5)	
	Führungsinstrumente	6)		
	Aktionen		7)	

Abb. 9.3 : Matrix zur Umsetzung einer Sollkultur[560]

Die Matrix muss situations- und personenspezifisch eingesetzt werden. Zur Veranschaulichung seien ein paar Anwendungsbeispiele genannt:

1) Der oberste Verkaufsleiter besucht seine Verkäufer am Arbeitsort und diskutiert mit ihnen aktuelle Entwicklungen im Verkauf.
2) Der Verkaufsleiter vereinbart mit seinen Mitarbeitern regelmässig (täglich, wöchentlich, monatlich!) Ziele.[561] Die Zielerreichung wird konsequent erfasst und beurteilt.[562]

---

560 Vgl. *Pümpin et al.* (1985, S. 52).

561 Im Abschnitt 5.3.1 haben wir beim Thema Erfolgsfaktoren im Verkauf (Rollenvariablen) festgehalten, dass je klarer der Verkaufsleiter dem Verkaufsteam sagen kann, was er will, desto erfolgreicher wird der einzelne Verkäufer sein.

562 "Ein Tip: Lernen Sie die Kunst des Ungeduldigseins. Drängen Sie immer auf Taten und Antworten hier und jetzt. Fragen Sie immer wieder: 'Was haben wir heute geleistet, um un-

3) Im Verkauf werden nur Menschen mit entwickelter sozialer Kompetenz eingesetzt.[563] Wenn Verkäufer und Kunde nicht harmonieren, wird dem Kunden ein anderer Verkäufer zugeteilt.

4) Die Verkaufsdossiers, wenn möglich EDV-basiert, enthalten, für alle verständlich und einsehbar, genaue Informationen über den Kunden und seinen Markt (Markt, Produkte, Kernkompetenzen, Konkurrenz, Strategien, Management usf.), das verkaufsrelevante Wissen (Ansprechspersonen und deren Charakterisierung, firmeninterne Entscheidungsmechanismen, Verkaufshistorie usf.), den mittelfristigen Marketingplan usf.[564] Diese schriftlich fixierten Standards sind Ziele und müssen regelmässig überprüft werden.

5) „Learnshops" werden regelmässig durchgeführt, in denen Verkaufs-, Produkte- und Kundenwissen über die Teamgrenzen hinaus ausgetauscht, neue Verkaufsbücher vorgestellt und externe Referenten und Verkaufspersönlichkeiten eingeladen werden.[565]

6) Kunden werden regelmässig (monatlich, nach dem Zufallsprinzip ausgewählt) schriftlich oder mündlich von einer neutralen Stelle befragt. Die Befragungsergebnisse gehen an den Verkaufsleiter und sein Team. Das Verkaufsteam leitet daraus Massnahmen ab und setzt diese schnell und konsequent um. Vierteljährlich erfolgt ein kurzer Kundenbefragungs-, Massnahmen- und Ergebnisbericht an die vorgesetzte Stelle.

7) Im Rahmen einer Weiterbildungsveranstaltung arbeiten die Verkäufer mit computergestützten Simulationsmodellen.[566] Simulationsmodelle existieren zu verschiedenen Themen. Ein Thema ist z.B. die politische Führung einer Kleinstadt. Der Benützer übt darin das Amt des Bürgermeisters aus. Als Bürgermeister strebt er danach, den Wohlstand der Kleinstadt zu mehren (Zielvariable). Zu diesem Zweck hat der Teilnehmer gewisse Aktionsparameter zur Verfügung. Gleichzeitig unterliegen seine Handlungen verschie-

---

seren Zielen näherzukommen? Wurde alles getan, um sie zu erreichen?'" *Pacetta* (1995, S. 85).

563 "The exploratory study indicated that service quality problems often occur because contact personnel are not well suited to their positions." *Zeithaml et al.* (1988, S. 42).

564 Vgl. Kapitel 6.

565 "Successful ongoing (learning) programs share several characteristics. First, they work hard to ensure a steady flow of new ideas, even if they must be imported from outside the organization." *Garvin* (1993, S. 82 - 83).

566 Vgl. *Dörner* (1989, S. 33 - 46).

denen Restriktionen. In dieser „nachgebauten“ Wirklichkeit muss der Teilnehmer versuchen, seine Ziele zu erreichen. Er lernt spielerisch mit komplexen Situationen umzugehen.

Mit der Kulturumsetzungsmatrix steht dem Teamleader ein Instrument zur Verfügung, mit dessen Hilfe er konkrete Massnahmen zur Umsetzung der drei kulturellen Schwerpunkte planen und durchführen kann.

10. Schlussbetrachtung

10.1 Zusammenfassung

In dieser Arbeit wird der Verkaufsprozess einer Bankvertriebseinheit „mittlere bis grosse inländische Firmenkunden“ als Zusammenspiel von sechs sogenannten Wertschöpfungsaktivitäten modelliert. Die sechs Aktivitäten und ihr Ineinandergreifen werden in diesem Abschnitt kurz dargestellt.

Die Grossbanken streben Eigenkapitalrenditen in der Grössenordnung von 14% an. Das eigenkapitalintensive inländische Firmenkundengeschäft erfüllt diese Vorgabe nicht. Die Segmentserträge können über eine Verbesserung der Verkaufsleistung gesteigert werden. Damit wird sich ceteris paribus die Eigenkapitelrendite erhöhen. Die Verkaufsleistung wird im Modell über vier primäre und zwei sekundäre Wertschöpfungsaktivitäten erbracht. Das externe Beziehungsmanagement, die eigentlichen Verkaufsaktivitäten, die IT-gestützte Auswertung der kundenbezogenen Daten und das interne Beziehungsmanagement gehören zu den *primären* Aktivitäten. Die *sekundären* Aktivitäten Qualitäts- und Kulturmanagement unterstützen die primären. Der Verkaufsprozess kann als Zusammenspiel dieser sechs Aktivitäten gedacht werden.

Die Konkurrenz unter den Banken um rentable Firmenkunden ist gross. Die einzelne Bank hat Mühe, sich von ihren Mitbewerbern abzuheben. Die angebotenen Produkte, die verrechneten Preise, die gewählten Absatzwege sowie die Werbung sind bei allen weitgehend gleich. Als Differenzierungsfaktor bleibt der Verkäufer. Er kann zu seinen Kunden Beziehungen aufbauen. Gute, tragfähige Kundenbeziehungen haben „monopolcharakter“. Fühlt sich der Kunde gut beraten, vertraut er seinem Kundenbetreuer und der Bank. Als Folge davon reduzieren sich bei beiden die Transaktionskosten. Die kundenseitigen Kostenersparnisse können von der Bank eventuell in Form einer „Relationship-Prämie“ teilweise abgeschöpft werden.

Die Kundenbeziehung wird im Modell über die Wertschöpfungsaktivität „externes Beziehungsmanagement“ aktiv gestaltet. In einer Bank/Firmenkunden-Beziehung existieren latente strukturelle Konflikte. Soll die Beziehung zum Kunden erfolgreich geführt werden, müssen diese Konflikte „überbrückt“ werden. Die Wissenschaft bietet hierfür ein Kooperationskonzept an. Es umfasst fünf Dimensionen:

1. Beide Partner sollten fähig und willig sein, auf Unvorhergesehenes *flexibel* zu reagieren;
2. Beide Partner sollten grundsätzlich bereit sein, sich gegenseitig zu *unterstützen*;
3. Beide Partner sollten beziehungsrelevante Informationen frühzeitig *kommunizieren*;
4. Beide Partner sollten den *Stand* und die *Entwicklung* der Beziehung aufmerksam verfolgen;
5. Beide Partner sollten die Absicht haben, die Beziehung *längerfristig* zu führen und zu gestalten.

Diese Aspekte sind vom Verkäufer bei der Gestaltung der Kundenbeziehung unbedingt zu beachten. Beziehungsqualität kann über die beiden Konstrukte Zufriedenheit und Vertrauen erfasst werden. Zufriedenheit ergibt sich aus dem erhaltenen Beziehungsnutzen. Die gegenseitige Bereitschaft, sich auch zukünftig auf den guten Willen des Geschäftspartners zu verlassen, wird mit dem Konstrukt Vertrauen gemessen.

Jede Verkaufsaktivität realisiert sich im Rahmen einer Kundenbeziehung. Eine hohe Beziehungsqualität begünstigt den Verkaufserfolg. Es wird angenommen, dass Führung ein entscheidender Hebel für den Verkaufserfolg ist. Die wesentlichen Führungsinhalte, Zielsetzung, Motivation und Kontrolle, müssen strategiekonform ausgeübt werden. Aus diesem Grund wird der Verkaufsleiter in dieser Arbeit vornehmlich als Coach betrachtet. Er definiert zusammen mit seinen Mitarbeitern die Verkaufsziele, begleitet seine Verkäufer auf dem Weg zur Zielerreichung und kontrolliert, schwergewichtig prozessorientiert, deren Verkaufsaktivitäten.

Der Verkaufserfolg ist von verschiedenen Faktoren abhängig. Rollenkonstrukte, Fähigkeiten, Motivation, persönliche Faktoren, Befähigungen sowie Organisation und Umwelt gehören zu den in der empirischen Forschung am häufigsten verwendeten Variablen. Die Güte des Erklärungsansatzes steigt in der Regel mit der Anzahl verwendeter Variablen, da eine Variable allein normalerweise nur einen kleinen Teil des Verkaufserfolges zu erklären vermag. Dieser Ansatz über Erfolgsfaktoren hat aber eine grosse Schwäche: Die Dynamik und die Interdependenz in einem Verkaufsgespräch werden weitgehend ausser acht gelassen. Diesen Kritikpunkt nimmt die Skripttheorie auf, indem sie das theoretische Rüstzeug zur Erfassung sozialer Interaktionen bereitstellt. Das erlaubt eine umfassendere Behandlung der Frage, warum einzelne Verkäufer erfolgreicher sind als andere.

Eine Bank verfügt normalerweise über eine grosse Anzahl kundenbezogener Daten. Unglücklicherweise sind diese Daten in der Regel auf verschiedenen Trägern (im EDV-System, auf Disketten, auf Papier sowie in den Köpfen der Mitarbeiter) an verschiedenen Orten der Bank zu finden. In anderen Worten: Sie sind nicht zentral abrufbar. Genauso wie das Rechnungswesen einer Bank danach strebt, alle Erträge und Aufwände, welche eine einzelne Kundenbeziehung generiert, aktuell, objektiv und vollständig zu erfassen und als Steuerungsgrösse auszuweisen, sollten alle verkaufsrelevanten, kundenbezogenen Daten zentral erfasst und gepflegt werden. Die Daten können dann in einer Verkaufsdatenbank mit Hilfe von Modellen und Statistikprogrammen *produktbezogen* (Was für Produktbedürfnisse hat der Kunde?) und *verkaufsprozessbezogen* (Wie gestaltet man den Verkaufsprozess möglichst erfolgreich?) ausgewertet werden. Zudem sollte auch der einzelne Verkaufsprozess erfasst werden (Wann gab es warum, wie und mit welchem Erfolg einen aktiven oder passiven Kundenkontakt?). Die Erfassung sähe wie folgt aus: Die kundenbezogenen Daten werden ausgewertet. Auf der Grundlage dieser Analysen werden konkrete Verkaufsaktionen definiert. Diese werden umgesetzt. Die Resultate davon werden erfasst und wieder ausgewertet. Auch diese Auswertungsergebnisse werden gespeichert. Als Folge dieses Lernprozesses sollte die Trefferquote der Verkaufskontakte wie auch die Kundenzufriedenheit signifikant zunehmen.

Die Bankleistungen für mittlere bis grosse inländische Firmenkunden werden selten vom Kundenverantwortlichen allein erbracht. In der Regel entstehen sie aus einer Zusammenarbeit mit den einzelnen Produktespezialisten. Daher ist das Zusammenspiel zwischen Verkäufer und Produktespezialist in hohem Masse erfolgskritisch. Mit Hilfe eines eingeführten „Framework" kann über Situations-, Struktur-, Prozess- sowie Ergebnisvariablen die Zusammenarbeit zwischen Verkäufer und Produktespezialist differenziert erfasst werden. Der Verkäufer muss die Schnittstelle zum Produktespezialisten über ein *internes* Beziehungsmanagement aktiv mitgestalten. Wie beim externen Beziehungsmanagement spielen auch hier gegenseitiges Vertrauen und Zufriedenheit eine wichtige Rolle.

Die Beziehungsqualität ist für eine beziehungsorientierte Verkaufsstrategie eine wesentliche Führungsgrösse. Die Qualität einer Beziehung ergibt sich unter anderem aus der Kundenzufriedenheit. Der Kunde ist in der Regel dann zufrieden, wenn die Leistungen der Bank seinen persönlichen Qualitätskriterien genügen können. Deshalb wird die Bank versuchen, ihre Leistungserstellungsprozesse - der Verkaufsprozess ist ein Teil davon - auf diese Kriterien auszurichten. Dabei stösst sie auf verschiedene Probleme: Die relevanten, kundenbezogenen Qualitätskriterien sind schwer zu erfassen. Zudem müssen sie, will man eine sinnvolle Aussage erhalten, aggregiert werden. Eine weitere Schwierigkeit besteht darin, dass sich die ermittelten Kriterien nur unvollständig in Prozessnormen übersetzen lassen. Hinzu kommt, dass die vorgegebenen Prozess- und Verhaltensnormen von den Bankmitarbeitern in der Regel unterschiedlich befolgt werden. Diese Erhebungs- und Umsetzungsprobleme sind im Rahmen eines Qualitätsmanagements möglichst gut zu lösen.

Neben den Abläufen ist der kulturellen Dimension in einer Vertriebseinheit Beachtung zu schenken. Kultur konkretisiert sich in Werten. Werte können als Normen verstanden werden, welche wünschbares Verhalten definieren und Vorkommnisse innerhalb und ausserhalb der Unternehmung interpretieren helfen. Die Werte, Kundenorientierung, Ziel- und Resultatorientierung sowie Innovationsorientierung, sind für eine beziehungsorientierte Verkaufsstrategie von zentraler Bedeutung. Kultur ist über eine konsequente Führungsarbeit gestaltbar. Die Verkaufsführung ist gefordert, die genannten Werte im betrieblichen Alltag zu verankern.

10.2 Zur Umsetzung: drei Ratschläge

Das in dieser Arbeit entwickelte und konkretisierte Modell der Wertschöpfungskette für den Bankvertrieb „mittlere bis grosse Firmenkunden“ ist anwendungsorientiert. Es können daraus konkrete Massnahmen abgeleitet werden. Bei der Formulierung und Umsetzung dieser Massnahmen sollten folgende Ratschläge beachtet werden:

1. **Die Kette ist so stark wie das schwächste Glied!**

   Im verwendeten Wertschöpfungsmodell wird die Verkaufsleistung einer Vertriebseinheit über ein Zusammenspiel von sechs Wertschöpfungsaktivitäten erbracht. Diese Aktivitäten können als Hebel zur Steigerung der Verkaufsleistung verstanden werden. In einem Zusammenspiel entscheidet vielfach das schwächste Glied über den gemeinsamen Erfolg. Das gilt auch im Verkaufsprozess. Ausgezeichnete Analysen kundenbezogener Daten bringen wenig, wenn die Qualität der Kundenbeziehung schlecht ist, die daraus abgeleiteten Verkaufsmassnahmen mangelhaft ausgeführt werden und die erfolgskritische Zusammenarbeit zwischen Verkäufer und Produktespezialist bei der Leistungserbringung scheitert. Bei der Gestaltung der sechs Wertschöpfungsaktivitäten ist demzufolge darauf zu achten, dass *alle* Aktivitäten in etwa das gleiche Qualitätsniveau aufweisen. Die Konzentration auf einen Hebel bringt den erwünschten Erfolg nicht!

2. Das Hebelgesetz beachten!

Es wird angenommen, dass

- die qualitative Verbesserung der Verkaufsführung relativ schnell Erfolge zeitigt;
- IT-Investitionen zur Unterstützung der Analyse kundenbezogener Daten erst mittelfristig erfolgswirksam werden. Die Wirkung auf die Erträge dürfte erheblich sein. Das damit verbundene Investitionsrisiko darf aber nicht unterschätzt werden;
- alle Anstrengungen, die interne und externe Beziehungsqualität zu heben, nur langsam Früchte tragen.

Eine erste Ertragssteigerung sollte demzufolge über die Verbesserung der Verkaufsführung gesucht werden. Nach ersten Erfolgen kann man daran gehen, das Ertragssteigerungspotential beim Hebel „Check-up" über IT-Investitionen zu erschliessen. Gleichzeitig können kostengünstige Massnahmen zur nachhaltigen Verbesserung des externen und internen Beziehungsmanagements definiert und umgesetzt werden.

3. Die anderen Vertriebskanäle nicht vergessen!

Der persönliche Verkauf ist ein sehr teurer Vertriebskanal. Verglichen dazu kosten beispielweise Transaktionen im Internet einen Bruchteil davon. Auch das Telefonbanking ist merklich günstiger. Als Folge einer zunehmenden Substitutionsgefahr durch andere, kostengünstigere Vertriebskanäle wird der Druck, die Kosten im persönlichen Verkauf zu senken, in Zukunft noch stärker zunehmen. Deshalb muss versucht werden, den persönlichen Verkauf, wo immer möglich, zu *substituieren*. Dort, wo dies nicht möglich ist, muss die wertvolle Verkaufszeit so *effektiv* und *effizient* wie möglich eingesetzt werden, z.B. über die Modellierung „optimaler" Gesprächsverläufe und über eine effiziente Gesprächsführung[567]. Das bedingt nicht zuletzt ein gut ausgebautes, prozessorientiertes Produktivitäts-Controlling der Verkaufsaktivitäten.

567 Vgl. Abschnitt 5.3.2.

Literaturverzeichnis

Ackermann, J. (1993)

Gedanken zur Strukturveränderung im Schweizer Bankwesen; in: Schweizerische Handelszeitung; Nr. 38a; Sonderbeilage „Bankiertag"; 24. September; S. 5.

Andersen, A. (1996)

Improving Knowledge Sharing in International Businesses; Andersen Worldwide; April.

Anderson, E. et al. (1987)

Industrial Purchasing: An Empirical Exploration of the Buyclass Framework; in: Journal of Marketing 51(July); S. 71 - 86.

Anderson, E. und Oliver, R.L. (1987)

Perspectives on Behavior-Based Versus Outcome-Based Salesforce Control Systems; in: Journal of Marketing 51(October); S. 76 - 88.

Anderson, J.C. und Narus, J.A. (1990)

A Model of Distributor Firm and Manufacturer Firm Working Partnerships; in: Journal of Marketing 54(January); S. 42 - 58.

Argyris, Ch. (1986)

Skilled incompetence; in: HBR 64(1986)5; S. 74 - 79.

Aschwanden, C. (1996)

How Information Technology is transforming the business - How the business is transforming Information Technology; Actes de la conférence 1996 MBA HEC Lausanne; 24 mai; consacrée à "L'entreprise compétitive à l'ère des réseaux d'information".

Axelrod, R. (1984)

The Evolution of Cooperation; Basic Books, Inc.; New York.

Bagozzi, R.P. (1975)

Marketing as Exchange; in: Journal of Marketing 39(Oktober); S. 32 - 39.

Batman, T.S. und Strasser, St. (1984)

A Longitudinal Analysis of the Antecedents of Organizational Commitment; in: Academy of Management Journal; 27(1); S. 95 - 112.

Benjamin, R.I. und Blunt, J. (1992)

Critical IT Issues: The Next Ten Years; in: Sloan Management Review 33(Summer); S. 7 - 19.

Benölken, H. (1995)

Der Kommerzkundenvertrieb am strategischen Scheideweg; Ein Entwicklungsprogramm für das Kommerzkundengeschäft; in: Österreichisches Bank-Archiv; August; S. 569 - 581.

Bergen, M. et al. (1992)

Agency Relationships in Marketing: A Review of the Implications and Applications of Agency and Related Theories; in: Journal of Marketing 56(July); S. 1 - 24.

Bernet, B. (1994)

Relationship Pricing; in: Die Bank; Dezember; S. 708 - 712.

Berry, J. et al. (1994)

A Potent New Tool for Selling: Database; in: Business Week; September 5; S. 34 - 40.

Blattberg, R.C. et al. (1994)

Large-Scale Databases: The New Marketing Challenge; in: The Marketing Information Revolution; Harvard Business School Press; Boston, Massachusetts; S. 173 - 203.

Blattberg, R.C. und Glazer, R. (1994)

Marketing in the Information Revolution; in: The Marketing Information Revolution; Harvard Business School Press; Boston, Massachusetts; S. 9 - 29.

Brown, St.P. und Peterson, R.A. (1993)

Antecedents and Consequences of Salesperson Job Satisfaction: Meta-Analysis and Assessment of Causal Effects; in: Journal of Marketing Research 30(February); S. 63 - 77.

Brown, St.P. und Peterson, R.A. (1994)

The Effect of Effort on Sales Performance and Job Satisfaction; in: Journal of Marketing 58(April); S. 70 - 80.

Bühler, W. (1995)

Zufriedene Kunden durch Quality Banking; in: Die Bank; Februar; S. 68 - 73.

Bürge, A. und Müller, S. (1996)

Der Einsatz von Groupware-Systemen im Controlling; Sonderdruck aus dem Jahrbuch zum Finanz- und Rechnungswesen 1996; Siegwart, H.; (hrsg.); Zürich.

Bulletin SKA (1995)

Bedürfnisorientiert, schneller, rationeller; in: Bulletin (SKA); Nr. 4-5; Juli - August; S. 14 - 16.

Bundesamt für Statistik (1993)

Betriebszählung 1991; Band 3; Erwerbsleben, Arbeitsstätten und Vollzeitbeschäftigte nach Wirtschaftsarten und Grössenklassen; Bern.

Burke, R.R. (1994)

Artificial Intelligence for Designing Marketing Decision-Making Tools; in: The Marketing Information Revolution; Harvard Business School Press; Boston, Massachusetts; S. 204 - 229.

Burns, D.H. und Ross, E.R. (1991)

Developing Data Bases; In the '90s, banks must maximize use of customer information files; in: Bank Management; December; S. 49 - 51.

Campbell, A. und Yeung, S. (1995)

Creating a sense of Mission; in: Strategic Change; Building a high Performance Organization; The Best of Long Range Planning; edited by Sadler, P; Pergamon; Oxford UK; S. 49 - 67.

Child, P. et al. (1995)

Can marketing regain the personal touch? in: The McKinsey Quarterly; Number 3; S. 113 - 125.

Churchill, G.A. et al. (1985)

The Determinants of Salesperson Performance: A Meta-Analysis; in: Journal of Marketing Research 22(May); S. 103 - 118.

Cramer, J. (1995)

Motivation - nicht Mythos, sondern Managementaufgabe; in: Die Bank; August; S. 452 - 457.

Cravens et al. (1993)

Behavior-Based and Outcome-Based Salesforce Control Systems; in: Journal of Marketing 57(October); S. 47 - 59.

Cron, W.L. (1984)

Industrial Salesperson Development: A Career Stages Perspective; in: Journal of Marketing 48(Fall); S. 41 - 52.

Cron, W.L. und Slocum, J.W. (1986)

The Influence of Career Stages on Salespeople's Job Attitude, Work Perceptions, and Performance; in: Journal of Marketing Research 23(May); S. 119 - 129.

Crosby, L.A. et al. (1990)

Relationship Quality in Services Selling: An Interpersonal Influence Perspective; in: Journal of Marketing 54(July); S. 68 - 81.

CS Columna (1995)a

Personalvorsorge - entscheidend ist der Mehrertrag.

CS Columna (1995)b

Personalvorsorge à la carte.

Danziger, U. und Vogel, L. (1996)

Electronic Banking im Firmenkundengeschäft; in: Bank und Markt; Mai; S. 40 - 43.

D'Aveni, R.A. (1994)

Hypercompetition, Managing the Dynamics of Strategic Maneuvering; The Free Press; New York.

Day, G. und Glazer, R. (1994)

Harnessing the Marketing Information Revolution: Toward the Market-Driven Learning Organization; in: The Marketing Information Revolution; Harvard Business School Press; Boston, Massachusetts; S. 270 - 288.

Deal, T. und Kennedy, A. (1985)

Corporate Cultures - The Rites and Rituals of Corporate Life; Reading; Massachusetts.

Deighton, J. et al. (1994)

Consumer Transaction Databases: Present Status and Prospects; in: The Marketing Information Revolution; Harvard Business School Press; Boston, Massachusetts; S. 58 - 79.

Deloitte Touche Tohmatsu International (1995)

The Future of Retail Banking; A Global Perspective; London.

Deshpande, R. und Webster, F.E. (1989)

Organizational Culture and Marketing: Defining the Research Agenda; in: Journal of Marketing 53(January); S. 3 - 15.

Dixit, A.K. und Nalebuff, B.J. (1995)

Spieltheorie für Einsteiger; Strategisches Know-how für Gewinner; Schäffer-Poeschel; Stuttgart.

Dörner, D. (1989)

Die Logik des Misslingen; Rowohlt; Hamburg.

Drucker, P.F. (1988)

The Coming of the New Organization; in: HBR 67(1988)1; S. 45 - 53.

Dwyer, F.R. et al. (1987)

Developing Buyer-Seller Relationships; in: Journal of Marketing 51(April); S. 11 - 27.

European Foundation for Quality Management (1996)

Customer Loyalty; A key to business growth and profitability; An Executive Summary of the Work of the EFQM Customer Loyalty Team; March 1996.

Ehresmann, H.-J. (1996)

Qualität: Erfolgsfaktor im Firmenkundengeschäft; in: Bank und Markt; Februar; S. 29 - 32.

Eiselin, St. (1996)

SBG: Spät ins Ausland; in: Finanz und Wirtschaft; Nr. 28; 13. April; S. 22.

Evans, F. (1963)

Selling as a Dyadic Relationship - A New Approach; in: American Behavioral Scientist 6(May); S. 76.

Fischer, K. (1995)

Vergütungssysteme für den Aussendienst; in: Die Bank; Juni; S. 330 - 334.

Fleishmann und Harris (1962)

Patterns of Leadership Behavior related to Employee Grievances and Turnover; in: Personnel Psychology; No. 15; S. 43 - 56.

Frohmüller, K.P. und Russ, T. (1995)

Fehlermöglichkeits- und -einflussanalyse im Back-Office-Bereich; in: Die Bank; Juni; S. 354 - 358.

Fulk, J. und DeSanctis, G. (1995)

Electronic Communication and Changing Organizational Forms; in: Organization Science; Vol. 6; No. 4; July - August; S. 337 - 349.

Gabler Wirschaftslexikon (1988)

12. Auflage; Gabler Verlag; Wiesbaden.

Gale, B.T. (1994)

Managing Customer Value; The Free Press; New York.

Ganesan, S. (1994)

Determinants of Long-Term Orientation in Buyer-Seller Relationships; in: Journal of Marketing 58(April); S. 1 - 19.

Garvin, D.A. (1993)

Building a Learning Organization; in: HBR 71(1993)4; S. 78 - 91.

Geiger, H. (1995)

Die vernetzte Bank: Herausforderungen, Chancen und Grenzen; Unterlagen zum Referat; gehalten am 30. November im Rahmen des Finance Forum '95 in Zürich.

Genève Consulting Group (1995)

This is What I Mean; „The Service Profit Chain"; Präsentationsunterlagen.

Geus, A.P. (1987)

Planning as Learning; in: HBR 66(1987)2; S. 70 - 74.

Goldmann, H.M. (1990)

Wie man Kunden gewinnt; Das Leitbuch erfolgreicher Verkaufspraxis; Düsseldorf.

Gupta, A.K. et al. (1986)

A Model for Studying R&D-Marketing Interface in the Product Innovation Process; in: Journal of Marketing 50(April); S. 7 - 17.

Gut, R.E. (1996)

Wo 1 plus 1 mehr als 2 ergibt; in: team; Personalmagazin der SKA; Nr. 5; S. 3.

Gutenberg, E. (1953)

Zum „Methodenstreit"; in: Zeitschrift für handelswissenschaftliche Forschung; Heft 7; S. 327 - 355.

Hackman, J.R. und Wageman, R. (1995)

Total Quality Management: Empirical, Conceptual, and Practical Issues; in: Administrative Science Quarterly; No. 40; S. 309 - 342.

Haeckel, St.H. (1994)

Managing the Information-Intensive Firm of 2001; in: The Marketing Information Revolution; Harvard Business School Press; Boston, Massachusetts; S. 328 - 354.

Häussermann, E.A. (1990)

Verkäufer und Vertreter als Helfer der Marktforschung; Band 1; Freiburg i. B.

Hall, R. (1992)

The Strategic Analysis of Intangible Resources; in: Strategic Management Journal; No. 13; S. 135 - 144.

Handwörterbuch der Organisation (1980)

2. Auflage; C.E.Poeschel; Stuttgart.

Heide, J.B. und John, G. (1988)

The Role of Dependence Balancing in Safeguarding Transaction-Specific Assets in Conventional Channels; in: Journal of Marketing 52(January); S. 20 - 35.

Helmstein, M. und Leppanen, R. (1993)

A Note on the Organizational Implications of Globalization; Technical note of the Research Departement at IESE; No. 594-042-6; International Graduate School of Management; University of Navarra; Barcelona-Madrid.

Herzberg, F. (1966)

Work and the Nature of Man; World Publication; Ohio.

Heskett, J.L. et al. (1994)

Dienstleister müssen die ganze Service-Gewinn-Kette nutzen; in: HARVARD BUSINESS manager; April; S. 50 - 61.

Hinterhuber, H.H. et al. (1995)

Handel und Industrie: Der Wertschöpfungspartnerschaft gehört die Zukunft; in: io Management Zeitschrift; Jahrgang 64; Nr. 11; S. 40 - 44.

Hoch, St. J. (1994)

Experts and Models in Combination; in: The Marketing Information Revolution; Harvard Business School Press; Boston, Massachusetts; S. 253 - 269.

Höhler, G. (1996)

„Die Wahrheit entspannt!"; in: KPMG dialog; Nr. 1; S. 24 - 25.

Hörter, St. (1996)

Das Shareholder-Value-Konzept: ein Steuerungsinstrumentarium für Banken; in: Kreditwesen; Nr. 4; S. 146 - 148.

Horovitz, J. (1989)

Service entscheidet; Im Wettbewerb um den Kunden; Campus; Frankfurt.a.M.

House, R.J. (1995)

Leadership for Motivation; Unterlagen zum Doktorandenseminar im Sommersemester 1995 von Prof. Robert J. House, The Wharton School, University of Pennsylvania an der Universität Zürich.

House, R.J. und Mitchell, T.R. (1974)

Path-Goal Theory of Leadership; in: Journal of Contemporary Business; (Autumn); S. 81 - 97.

Houston, F.S. (1986)

The Marketing Concept: What It Is and What It Is Not; in: Journal of Marketing 50(April); S. 81 - 87.

Huber, G.P. (1990)

A Theory of the Effects of Advanced Information Technologies on Organizational Design Intelligence, and Decision Making; in: Academy of Management Review; Vol. 15; No. 1; S. 47 - 71.

Huber, G.P. (1991)

Organizational Learning: The Contributing Processes and the Literatures; in: Organization Science 2(February); S. 88 - 115.

Ing, D. und Mitchell, A.A. (1994)

Point-of-sale Data in Consumer Goods Marketing: Transforming the Art of Marketing into the Science of Marketing; in: The Marketing Information Revolution; Harvard Business School Press; Boston, Massachusetts; S. 30 - 57.

Jacoby, B. et al. (1984)

When Feedback is Ignored: Disutility of Outcome Feedback; in: Journal of Applied Psychology 69(August); S. 531 - 545.

Jasny, R. (1996)

Vermögensanlage: Marketing für Marken; in: Bank und Markt; August; S. 24 - 27.

Jaworski, B.J. (1988)

Toward a Theory of Marketing Control: Environmental Context, Control Types and Consequences; in: Journal of Marketing 52(July); S. 23 - 39.

Jeker, R. (1992)

Das Retail Banking - Strategische Erfolgsposition der SKA; Presseunterlagen zum Referat; gehalten an der Retail Banking-Pressekonferenz der SKA vom 17. Dezember in Zürich.

Jenny, K. (1995)

Wir dürfen keine Strukturpolitik betreiben; Interview mit SKA-GD Dr. Klaus Jenny; in: Finanz und Wirtschaft; Nr. 57; 22. Juli; S. 15 - 17.

Johnston, W.J. und Kim, K. (1994)

Performance, Attribution and Expectancy Linkages in Personal Selling; in: Journal of Marketing 58(October); S. 68 - 81.

Katahira, H. und Yagi, S. (1994)

Marketing Information Technologies in Japan; in: The Marketing Information Revolution; Harvard Business School Press; Boston, Massachusetts; S. 306 - 327.

Katzenbach, J.R. und Smith, D.K. (1993)

Teams: Der Schlüssel zur Hochleistungsorganisation; Wirtschaftsverlag Überreuter; Wien.

Kelley, A. (1973)

The Process of Causal Attribution; in: American Psychologist 28(February); S. 293 - 300.

Kern, T. (1996)

Vom Internet zum Intranet: Unbegrenzte Mitarbeiterkommunikation dient allen; in: Der Bund; Nr. 235; Orbit Beilage; 8. Oktober; S. 10.

Kerr, S. (1975)

On the Folly of Rewarding A, While Hoping for B; in: Academy of Management (December); S. 769 - 783.

Kleb, R.-H. et al. (1990)

Strategische Perspektiven im Topmanagement - Strategieentwicklung ist Ansichtssache; in: Zeitschrift für Organisation; Juni; S. 369 - 378.

Knecht, H. (1995)

Neue Controlling-Anforderungen und -Konzepte bei Schweizer Banken; Unterlagen zum Referat; gehalten am 4. Februar in Brunnen (Doktorandenseminar).

Kövesi-Grafinger, E. und Schmoll, A. (1995)

Der Weg zum zufriedenen Kunden; in: Die Bank; April; S. 209 - 215.

Kohli, A.K. und Jaworski, J. (1990)

Market Orientation: The Construct, Research Propositions and Managerial Implications; in: Journal of Marketing 54(April); S. 1 - 18.

Konsynski, B.R. und McFarlan, F.W. (1990)

Information Partnerships - Shared Data, Shared Scale; in: HBR 68(1990)5; S. 114 - 120.

Kotler, P. (1994)

Marketing Management; Analysis, Planning, Implementation and Control; Prentice-Hall International, Inc.; Eighth Edition; New Jersey.

Kotter, J.P. (1973)

The Psychological Contract: Managing the Joining-Up Process; in: California Management Review; Vol. 15; No. 3; S. 91 - 99.

Krulis-Randa, J.S. (1977)

Marketing-Logistik, Bern.

Lauk, K.J. (1995)

Internationaler Wettbewerb um Kapital; in: Frankfurter Allgemeine Zeitung; Sonderbeilage Investor Relations; 11. September; S. B10.

Lehmann, A. (1993)

Dienstleistungsmanagement; in: Entwicklungstendenzen im Management; Band 9; Institut für Betriebswirtschaft der HSG; Schäffer-Poeschel; Verlag NZZ; Stuttgart/Zürich.

Leichtfuss, R. und Mattern, F. (1994)

Auf dem Weg zur Weltklasse im Retail Banking; in: Die Bank; Dezember; S. 700 - 707.

Leigh, T.W. und McGraw, P.F. (1989)

Mapping the Procedural Knowledge of Industrial Sales Personnel: A Script-Theoretic Investigation; in: Journal of Marketing 53(January); S. 16 - 34.

Lennox, R.D. und Wolfe, R.N. (1984)

Revision to the Self-Monitoring Scale; in: Journal of Personality and Social Psychology 46(June); S. 1349 - 1369.

Leong, S.M. et al. (1989)

Knowledge Bases and Salesperson Effectiveness: A Script-Theoretic Analysis; in: Journal of Marketing Research 26(May); S. 164 - 178.

Leszinski, R. et al. (1995)

Profits in your backyard; in: The McKinsey Quarterly; Number 4; S. 118 - 127.

Levitt, T. (1981)

Marketing intangible products and product intangibles; in: HBR 59(1981)3; S. 94 - 102.

Lind und Zmud (1995)

Improving Interorganizational Effectiveness through Voice Mail Facilitation of Peer-to-Peer Relationships; in: Organization Science; Vol. 6; No. 4; July - August; S. 445 - 461.

Link, J. (1991)

Aufbau und Einsatz eines datenbankgestützten Früherkennungssystems im mittelständischen Unternehmen; in: ZfB; Jahrgang 61; Nr. 7; S. 777 - 791.

Link, J. und Hildebrand, V.G. (1994)

Database Marketing und Computer Aided Selling; Leistungspotential, Abgrenzungsprobleme und Synergieeffekte; in: Marketing ZFP; Nr. 2; S. 107 - 120.

Little, J.D.C. (1979)

Decision Support Systems for Marketing Managers; in: Journal of Marketing 43(Summer); S. 9 - 26.

Lohner, D. und Simmen, A. (1995)

Instrumente zur Messung der Kunden- und Mitarbeiterzufriedenheit bei der SKA: Konzept Kunden- und Mitarbeiterbefragung; Unterlagen zum Thema Nr. 3 des 7. Lehrganges der Swiss Banking School: Messung der Mitarbeiter- und Kundenzufriedenheit als Bestandteil eines integralen Service- (Marketing) Qualitäts-Prozesses.

Lucas, H.C. und Baroudi, J. (1994)

The Role of Information Technology in Organization Design; in: Journal of Management Information Systems; Vol. 10; No. 4; S. 9 - 23.

MacKenzie et al. (1993)

The Impact of Organizational Citizenship Behavior on Evaluations of Salesperson Performance; in: Journal of Marketing 57(January); S. 70 - 80.

Marn, M.V. und Rosiello, R.L. (1992)

Managing price, gaining profit; in: The McKinsey Quarterly, Number 4; S. 18 - 37.

Maslow, A. (1954)

Motivation and Personality; Harper; New York.

Mayer, D. und Greenberg, H.M. (1964)

What makes a Good Salesman; in: HBR 42(1964)4; S. 119 - 125.

McCann, J.M. (1994)

Generating, Managing and Communicating Insights; in: The Marketing Information Revolution; Harvard Business School Press; Boston, Massachusetts; S. 120 - 149.

McCann, J.E. und Ferry, D.L. (1979)

An Approach for Assessing and Managing Inter-Unit Interdependence; in: Academy of Management Review; Vol. 4; No. 1; S. 113 - 119.

McMurry, R.N. (1961)

The Mystique of Super-Salesmanship; in: HBR 39(1961)2; S. 113 - 122.

McQuiston, D.H. (1989)

Novelty, Complexity and Importance as Causal Determinants of Industrial Buyer Behavior; in: Journal of Marketing 53(April); S. 66 - 79.

Meier, P. (1995a)

Strategische Neupositionierung des SKA-Konzerns im Schweizer Firmenkundengeschäft; Unterlagen zum Referat; gehalten am 15. Mai in Zürich.

Meier, P. (1995b)

Auf Zielkurs im Retail Banking; in: Team (SKA); Nr. 6; Juni; S. 3.

Menotti, F. (1994)

Retail Banking ist „en vogue"; in: Der Monat (SBV); Nr. 9; September; S. 4 - 9.

Mercuri International Deutschland (1996)

Team Selling: Vertriebsteams auf dem Vormarsch? Die Ergebnisse einer empirischen Studie zum Status Quo von Vertriebsteams in Deutschland; Meerbusch.

Miller, D. (1993)

The Architecture of Simplicity; in: Academy of Management Review; Vol. 18; No. 1; S. 116 - 138.

Miller, R.B. und Heiman, St.E. (1994)

Strategisches Verkaufen; Die praxiserprobte Miller-Heiman-Methode, um komplexe Verkaufsvorgänge erfolgreich zu bearbeiten; 6. Auflage; Landsberg.

Mohan, L. und Holstein, W.K. (1994)

Marketing Decision Support Systems in Transition; in: The Marketing Information Revolution; Harvard Business School Press; Boston, Massachusetts; S. 230 - 252.

Moorman et al. (1993)

Factors Affecting Trust in Market Research Relationships; in: Journal of Marketing 57(January); S. 81 - 101.

Morgan, M.J. (1995)

How Corporate Culture Drives Strategy; in: Strategic Change; Building a High Performance Organization; The Best of Long Range Planning; Edited by Sadler, P.; Pergamon; Oxford UK; S. 17 - 31.

Morgan, R.M. und Hunt, S.D. (1994)

The Commitment-Trust Theory of Relationship Marketing; in: Journal of Marketing 58(July); S. 20 - 38.

Narver, J.C. und Slater, St.F. (1990)

The Effect of a Market Orientation on Business Profitability; in: Journal of Marketing 54(October); S. 20 - 35.

Noordewier, T.G. et al. (1990)

Performance Outcomes of Purchasing Arrangements in Industrial Buyer-Vendor Relationships; in: Journal of Marketing 54(October); S. 80 - 93.

Normann, R. und Ramirez, R. (1993)

From Value Chain to Value Constellation: Designing Interactive Strategy; in: HBR 71(1993)4; S. 65 - 77.

NZZ (1996a)

Scheinbar am falschen Ort; Thomas K. Escher - ein Ex-IBM-Mann beim Bankverein; in: NZZ; Nr. 99; Wirtschaft im Gespräch; 29. April; S. 7.

NZZ (1996b)

Zunehmender Strukturdruck im Retail Banking; Europas Banken laufen der US-Konkurrenz nach; in: NZZ; Nr. 152; 3. Juli; S. 23.

Oliver, R.L. und Anderson, E (1994)

An Empirical Test of the Consequences of Behavior- and Outcome-Based Sales Control Systems; in: Journal of Marketing 58(1994); S. 53 - 67.

Olson, E. et al. (1995)

Organizing for Effective New Product Development: The Moderating Role of Product Innovativeness; in: Journal of Marketing 59(1995); S. 48 - 62.

Osterloh, M. et al. (1994)

Ablauforganisation; Skript zur Vorlesung Nr. 263 an der Universität Zürich; Sommersemester.

Ouchi, W.G. und Wilkins, A.L. (1985)

Organizational Culture; in: Annual Review of Sociology; No. 11; S. 457 - 483.

Pacetta, F. (1995)

Anfeuern statt feuern; Verkaufsteams mobilisieren, motivieren und begeistern; Haufe; Freiburg i. B.

Personalzeitung SBG (1996)

Der Wirtschaftsraum Graubünden will Qualität leben! in: Personalzeitung SBG; Nr. 11; 13. Juni; S. 2.

Peters, T. und Waterman, R. (1982)

In Search of Excellence; Harper & Row; New York.

Pfeffer, J. and Salancik, G.R. (1978)

The External Control of Organizations: A Resource Dependence Perspective; Harper & Row; New York.

Porter, M. (1985)

Competitive Advantage; Creating and Sustaining Superior Performance; The Free Press; New York.

Porter, M. (1989)

Ein System zur Konkurrenzanalyse; in: Wettbewerbsstrategie; Kap. 3; Campus Verlag; Frankfurt a. M.

Pümpin, C. et al. (1985)

Unternehmungskultur, Basis strategischer Profilierung erfolgreicher Unternehmen; in: Die Orientierung (SVB); Nr. 85; Bern.

Rappaport, A. (1995)

Shareholder Value, Wertsteigerung als Mass-Stab für die Unternehmungsführung; Schäffer-Poeschel; Stuttgart.

Rayport, J.F. und Sviokla, J.J. (1995)

Exploiting the Virtual Value Chain; in: HBR 73(1995)6; S. 75 - 85.

Reichheld, F.F. und Sasser, W.E. (1990)

Zero Defections: Quality Comes to Services; in: HBR 68(1990)5; S. 105 - 111.

Ring, R.S. und Van de Ven, A.H. (1994)

Development Processes of Cooperative Interorganizational Relationships; in: Academy of Management Review; Vol. 19; No. 1; S. 90 - 118.

Rockart, J.F. (1979)

Chief executives define their own data needs; in: HBR 57(1979)2; S. 81 - 93.

Rojot, J. und Bergmann, A. (1989)

Comportement et organisation, comportement organisationnel et théorie des organisations; Librairie Vuibert; Paris.

Rosch, E. (1975)

Cognitive Representation of Semantic Categories; in: Journal of Experimental Psychology; General 104(September); S. 192 - 233.

Rühli, E. (1991)

Unternehmungskultur - Konzepte und Methoden; in: Kulturmanagement in schweizerischen Industrieunternehmen; Rühli, E.; Keller, A. (hrsg.); Haupt Verlag; Bern, Stuttgart, Wien; S. 11 - 49.

Ruekert, R.W. und Walker Jr., O.C. (1987)

Marketing's Interaction with Other Functional Units: A Conceptual Framework and Empirical Evidence; in: Journal of Marketing 51(January); S. 1 - 19.

Ryan, R.M. et al. (1983)

Relation of Reward Contingency and Interpersonal Context to Intrinsic Motivation: A Review and Test Using Cognitive Evaluation Theory; in: Journal of Personality and Social Psychology 45(October); S. 736 - 750.

Ryans, A.B. und Weinberg, Ch.B. (1981)

Sales Force Management: Integrating Managerial and Research Perspectives; in: California Management Review 24(Fall); S. 75 - 89.

Saurais, G. (1995)

Dossier Kundennutzen; Der Kunde, und wie er die Welt sieht; in: Schweizer Bank; Juli; S. 37 - 40.

Saxe, R. und Weitz, B.A. (1982)

The SOCCO Scale: A Measure of the Customer Orientation of Salespeople; in: Journal of Marketing Research 19(August); S. 209 - 219.

SBG-Dialog (1996)

Das Produkte-Magazin Ihrer Bank; 1996.

Schäfer, H. (1995)

Information und Kooperation im Absatz von Bankdienstleistungen; in: zfbf 47(Juni); S. 531 - 544.

Schlechthaupt, W. D. (1995)

Lean Branch Management - ein Element des Retail-Banking-Konzeptes; in: Retail Banking, Visionen, Konzepte und Strategien für die Zukunft; Bernet, B.; Schmid, P. (hrsg.); Gabler; Wiesbaden; S. 255 - 269.

Schüring, H. (1995)

Customer Relation Marketing in Theorie und Praxis; in: Marketing & Kommunikation; März; S. 8 - 10.

Schuppli, P. (1995)

Sterben die Filialdirektoren aus? in: Schweizer Bank; März; S. 32 - 34.

Schwarzenbach, J.H. (1995)

Erfahrungen mit der Kunden-/Mitarbeiterbefragung aus der Sicht eines betroffenen Führungsverantwortlichen; Unterlagen zum Referat; gehalten am 29. August an der Swiss Banking School in Zürich.

Schwarzenbach, J.H. (1996)

Servicequalität in der SKA: von der Theorie zur Praxis; in: io Management Zeitschrift; Jahrgang 65; Nr. 3; S. 29 - 32.

Seger, K. und Stoddard, D.B. (1993)

Managing Information: The IT Architecture; Harvard Business School; Note Nr. 9-193-059.

Senge, P. (1990)

The Fifth Discipline: The Art and Practice of the Learning Organization; Century Business; London.

Senge, P. et al. (1995)

The Fifth Discipline Fieldbook; Nicholas Brealey Publishing; London.

Simon, H.A. und Gilmartin, K. (1973)

A Simulation of Memory for Chess Positions; in: Cognitive Psychologie 5(July); S. 86 - 97.

SKA (1981)

125 Jahre Schweizerische Kreditanstalt; Ein geschichtlicher Rückblick; Zürich.

Smyth, R.C. (1968)

Financial Incentives for salesmen; Properly designed, they can motivate each man to a high level of performance and enable the company to meet its marketing objectives; in: HBR 46(1968)1; S. 109 - 117.

Solomon, M.R. et al. (1985)

A Role Theory Perspective on Dyadic Interactions: The Service Encounter; in: Journal of Marketing 49(Winter); S. 99 - 111.

Spiro, R.L. und Perreault, W.D. (1979)

Influence Used by Industrial Salespeople: Influence Strategy Mixes and Situational Determinants; in: Journal of Business 59(July); S. 435 - 455.

Spiro, R.L. und Weitz, B.A. (1990)

Adaptive Selling: Conceptualization, Measurement and Nomological Validity; in: Journal of Marketing Research 27(February); S. 61 - 69.

Straub, E. (1990)

Electronic Banking - Die elektronische Schnittstelle zwischen Banken und Kunden; Bank- und Finanzwirtschaftliche Forschungen; Band 127; Haupt Verlag; Bern, Stuttgart,Wien.

Strutz, E. (1993)

Wertmanagement von Banken; Bank- und Finanzwirtschaftliche Forschungen; Band 178; Haupt Verlag; Bern, Stuttgart,Wien.

Sujan, H. et al. (1988)

Knowledge Structure Differences Between More Effective and Less Effective Salespeople; in: Journal of Marketing Research 25(February); S. 81 - 86.

Suter, A. (1995)

Kernfähigkeiten aktiv managen - strategisch und operativ; in: io Management Zeitschrift; Jahrgang 64; Nr. 4; S. 92 - 95.

Szymanski, D.M. (1988)

Determinants of Selling Effectiveness: The Importance of Declarative Knowledge to the Personal Selling Concept; in: Journal of Marketing 52(January); S. 64 - 77.

Teas, R.K. und McElroy, J.C. (1986)

Causal Attributions and Expectancy Estimates: A Framework for Understanding the Dynamics of Salesforce Motivation; in: Journal of Marketing 50(January); S. 75 - 86.

Thach, L. und Woodman, R.W. (1994)

Organizational Change and Information Technology: Managing on the Edge of Cyberspace; in: Organizational Dynamics 23(1); S. 30 - 46.

Trumler, W. (1996)

Erfolgsfaktoren des Innovationsmanagements von Bankprodukten; in: Öesterreiches Bank-Archiv; April; S. 253 - 263.

Tyagi, P.K. (1982)

Perceived Organizational Climate and the Process of Salesperson Motivation; in: Journal of Marketing Research 19(May); S. 240 - 254.

Ulrich, H. und Probst, G.J.B. (1991)

Anleitung zum ganzheitlichen Denken und Handeln; Ein Brevier für Führungskräfte; 4. Auflage; Haupt Verlag; Bern, Stuttgart, Wien.

Ulrich, W. (1987)

Verhaltensbeobachtungen im Kreditgeschäft; in: Kreditinformations- und Kreditüberwachungssysteme; Tagungsbericht Banken-Symposium 1987 an der Wirtschaftsuniversität Wien; Bühler, W.; Schuster, L. (hrsg.); Wien.

Vahlens Grosses Wirtschafts Lexikon (1994)

2. Auflage; Beck/dtv; München.

Victor, B. und Blackburn, R.S. (1987)

Interdependence: An Alternative Conceptualization; in: Academy of Management Review; Vol. 12; No. 3; S. 486 - 498.

Volkart, R. (1993)

Kreditgeschäft im Umbruch, Finanzplatz Schweiz 2001; in: Schweizer Bank; Februar; S. 33 - 35.

von Löhneysen, E. et al. (1990)

Emerging roles in European retail banking; in: The McKinsey Quarterly; Number 3; S. 127 - 135.

Vontobel, H. (1996)

Die Banken an der Bahnhofstrasse; Unterlagen zum Referat; gehalten am 15. Februar an der Volkshochschule des Kantons Zürich.

Walker, O.C. et al. (1977)

Motivation and Performance in Industrial Selling: Present Knowledge and Needed Research; in: Journal of Marketing Research 14(May); S. 156 - 168.

Webster, F.E., Jr. und Wind, Y. (1972)

A General Model for Understanding Organizational Buying Behavior; in: Journal of Marketing 36(April); S. 12 - 19.

Wehrli, H.P. (1993)

Relationship Marketing - mehr als ein Modewort; in: Verkauf & Marketing; Kommunikation; November; S. 4 - 7.

Weiner, B. (1980)

Human Motivation; Holt, Rinehart und Winston, Inc.; New York.

Weitz, B.A. (1981)

Effectiveness in Sales Interactions: A contingency Framework; in: Journal of Marketing 45(Winter); S. 85 - 103.

Weitz, B.A. et al. (1986)

Knowledge, Motivation and Adaptive Behavior: A Framework for Improving Selling Effectiveness; in: Journal of Marketing 50(October); S. 174 - 191.

Westbrook, R.A. (1981)

Sources of Consumer Satisfaction With Retail Outlets; in: Journal of Retailing 57(Fall); S. 68 - 85.

Williamson, O. E. (1975)

Markets and Hierarchies, Analysis and Antitrust Implications; The Free Press; New York.

Wilson, E.J. et al. (1991)

Developing and Testing a Contingency Paradigm of Group Choice in Organizational Buying; in: Journal of Marketing Research 28(November); S. 452 - 466.

Wirsig, W. und Lüthy, M. (1996)

Für ein kundenorientiertes Bankmanagement lautet die zentrale Frage: Was verdient die Bank am Kunden; in: Schweizer Bank; Februar; S. 44 - 49.

Wuffli, P.A. und Hunt, D.A. (1993)

Fixing the credit problem; in: The McKinsey Quarterly; Number 2; S. 93 - 106.

Zeithaml, V.A. et al. (1988)

Communication and Control Processes in the Delivery of Service Quality; in: Journal of Marketing 52(April); S. 35 - 48.